JN055311

バウマン

【訳】園部雅久

道徳社会学

論文・インタビュー翻訳集

への招待

Invitation to Bauman's Moral Sociology

上智大学出版
Sophia University Press

バウマン道徳社会学への招待

―――論文・インタビュー翻訳集―――

ジグムント・バウマン
Zygmunt Bauman (1925-2017)
[picture : olivier roller]

【目　次】

第Ⅲ部　バウマンの道徳論批判

第Ⅰ部

個人史と思想

第1章

バウマンについてのバウマン
──自分自身について

ジグムント・バウマン

　私は、自分の50年以上にわたる学究生活における、社会学的な歩みの包括的でまとまった物語を紡ぎ、また、もしあるとするなら、ねじれや転向の背後にある意図を明らかにして、その理路を示すようにとの再三の要請を受けましたが、そういうことには抗ってきました。そのような圧力に抵抗する多くの理由がありました。そして、幸いある種の特異な経歴によって、そのような抵抗が容易になりました。

　まず初めに、私は、大方のそのような自伝的試みは、共感を得ることのない自己宣伝か自己弁護に陥ると思っていましたし、今でもそう思っています。社会学者として私は、なぜそのようなものが書かれ続け、またなぜそのなかのいくつかのものは、貪欲に読まれるようなことになるのかを理解することはできました。でも、習慣を理解することは、その習慣に喜んで従うことは言うまでもなく、必ずしもその習慣を受け入れることを意味するわけではありません。

　でもそのとき私は、その信念を護るために、バリケードを築く必要はありませんでした。多くの同僚たちと異なり、私は幸運にも、アカデミックな職業の厳しい現実によって、自分の経歴を示すことを強要されることはありませんでした。自分の人生においてそれが起きたのは、1953年、ワルシャワ大学の哲学教授の助手になるために、応募の願書を書いた一度だけでした。そして、そこで私は、自分の本当のないしは想定できる学識や高貴な意図を都合よく構成した物語で、自分を売り込んだり、見込みのある買い手に取り

入ったりするような訓練は受けていませんでした。私はそのような物語をこしらえたり、書いたりする術を身につけていませんでした。ただ、そのようなやり方を知らなかったことは、自分が初めにしたいとは思わなかったことをやらないですむのに役立ちました。

　アカデミックな経歴は、もしそういうものがあるとしたら、現在は私にとって問題はなくて、それゆえ自己宣伝の必要もなければ、その見通しもありません。自己弁護については、行ったこと、あるいはするのに失敗したことはすでに終わっていることで、それは罪の贖いは言うまでもなく、今では後悔しても遅すぎます。それゆえ、これまでの経歴をお話することに抵抗を続ける理由はありません。でも、その方法についての実際的な知識はないままなのです。私の若く、学識のある聡明な友人であるミカエル・ヴィード・ヤコブセンとポール・ポーダーのお二人が多分望まれている、秩序立ってエレガントな体系的なお話に代わって、私ができるのは、ばらばらで相互に関連のない、あるいは関連の乏しい幾つかの考えめいたものを提供することだけです。私がやり遂げようとしてきたこと、あるいはしてこなかったことについてというよりも、より多くが私の信条や、信じてきたことで記憶している事柄についてです。

　この雲には銀色の裏側があるけれども、少なくとも一人の人間の人生のなかに寄せ集められた一連の不慮の出来事のなかに、回顧的なロジックは入り込まないでしょう。ですから、私たち、ミカエル・ヴィード・ヤコブセン、ポール・ポーダー、私自身、そして読者は、大昔にヒュームが、無駄ではあるのだけど私たちに避けることを忠告した誤りをしなくてすむでしょう。それは、一時的な継続が、因果関係を意味していると考える論理的な誤りは、必然的に前後即因果の誤謬を意味するというものです。

＊＊＊

　私は1950年代の後半に、アルベルト・カミュの『反抗的人間』を読みました。それ以来この本を再読したことはありません。自分を考えさせたり、自

分の考えを整理させるような他の多くの本は、通常、引用したり引用文を
チェックしたり、正しい語彙を使うためにも、私は何度も読み返したのです
が、『反抗的人間』は私が読んだ他の本とは違っていました。他の本よりも
それが容易く記憶に刻まれるというわけではありません。私の心に刻まれる
溝がより深いということでもなく、取り消したり言い換えたりするのに、ひ
ときわ抵抗があるということでもありません。そしてその溝は、その量や密
度に関して他の溝に勝っているわけではありませんでした。カミュの本を特
別なものにしているのは、私がその本に出会った時期だと思います。母乳は
赤ちゃんが腕と足の違いを理解するときまで、赤ちゃんに授けられます。
まっすぐ立って歩き始めると、赤ちゃんは再び母乳を飲もうとはしません。
その味を忘れているのではなく、その記憶を新たにする必要がないのです。
それ以降の仕事は、まっすぐに立ち、足もとに注意することですから。そし
て、あらゆる動作のなかに、赤ちゃんから大きくなった子供や大人がもう味
を覚えていない、母乳の痕跡、遺産、贈り物があります。

　カミュの反抗者は、〈いいえ〉という人間です。また、〈はい〉という人間
でもあります。そして、もう一方への余地を残して、各々の言葉を使う人間
です。反抗者は、何であるかを受け入れることを拒否し、しかもまた何であ
るかを拒絶することを慎みます。反抗者は、未完成で完成することのできな
い、非人間的なものによって、あるがままに充たされた人間の条件（あのモ
リアーティ教授によって心につきまとわされた、あの反キリスト者、あの分
身、あの内部の悪魔、あの悪夢が現実になる）を大目に見ることはないでしょ
う。人間の条件が、あり得るべきもの、人間がその価値に値するもの、人間
が預言できることに匹敵していないために。しかし、反抗者は、その条件に
不快感を示すことも、その条件を軽蔑することもありません。反抗者は、人
間がそのなかに投げ入れられる侮辱を我慢することは一層ありません。反抗
者の座右の銘は、〈自分ができることは、今ここで証明しなさい〉というも
のです。反抗者は常に位置についていて、行動する準備ができています。し
かし人間性への跳躍のためには、非人間性で仕上げられた現実に存在してい
る人間の条件以外に、他に飛ばすしかけはありません。

　その座右の銘がカミュの反抗者を定義しています。それはまたカミュを形而上的、および歴史的な反抗者から区別します。彼らはとてもよく似ていますが、腕を組む仲間ではありません。彼らはおそらく彼の不倶戴天の敵であり、一番の裏切りの敵ですらあります。

　形而上的な反抗者は人間の条件を、不正義、欺瞞、卑劣さや不条理で充たされているとして拒絶します。形而上的反抗者は、人間の条件が存在する権利であり、承認への権利であることを否定します。その条件は、人間の条件が穢した精神やそれが禁じた方法を捨て去る必要があります。形而上的反抗者は非寛容です。彼は、抵抗しない罪を、免責は無論のこと許さないでしょう。彼は罪を憎みますが、罪を犯した人をより一層憎みます。彼はこの世の非人間的なものを憎みますが、彼はまた軽蔑し、にべもなく拒絶するので、非人間性の奴隷や犠牲者、巻き添えの被害者を一層憎みます。形而上的反抗者は、現実に存在している人間の条件の最も憎むべき犯罪は、反抗させないようにする陰謀だと言うでしょう。そしてしかも彼にとっては、抵抗しない人間はどんな犯罪者よりも一層卑劣なのです。

　歴史的な反抗者の過ちは、もっとすさまじいものです。あるいはすさまじいものに見えてきます。カミュの反抗者が自らの反抗のあり方を、この歴史的な反抗者に対して、主張しなければならなかったからです。カミュが書いた時点で、形而上的反抗者は、その歴史上の従兄弟によってすでに倒されていたか、廃されていたように見えました。そして王朝の交替は取り消すことのできない、概して決定的なことに見えました。また歴史的な反抗者は、彼の謀反を形而上的な奴隷身分の変種に対して行ったけれども、歴史的な反抗者は、新たに改善された奴隷身分の名に於いて、それをしたのはそのときまでに明らかでした。彼は、人間が一人であることと、それに伴う責任という事実に面と向かうことに抵抗しました。歴史的な反抗者は、神の加護や造物主（自然）の平静さが啓示や暗示する、人間の無能力さや無意味さの不条理にも増して、道徳的主体の条件に耐えることができませんでした。奴隷状態は、20世紀の真の受難だとカミュは言います。自分自身の選択や行動によって孤児になること、そしてその孤児の無能力さに怯えることで、歴史的な反

抗者は、彼の降伏を受け入れてくれる新しい権威や従うべき新たな従属を、必死で追い求めて避難所に逃げ込みました。彼はそれらを歴史の法則のなかに見出しました。歴史の法則は、責任のある選択の重みに苦しむ肩の荷を軽くします。歴史の法則はまた、最も痛ましい義務、主体性の義務を免除します。自己、すなわち孤立ではなく自立している主体、見捨てられることなく自己に導かれる主体が誕生したところの、他者を配慮するという主体性の義務です。最後に、歴史の法則は、善悪の区別についての歴史的な進歩は避けられないことを示すことで、残虐行為の罪からの最も有効な逃げ道を提供します。

カミュが同じか似たような言葉でこのようなことを言ったのか、あるいは自分の考えを述べたのかは昔のことなのではっきりしませんが、それでもこれが『反抗的人間』を読んで私が学んだことです。その教訓は、ある意味根絶できないものと思います。それは取り消さないこと、言い換えないこと、事実上明らかな分節化をしないことを要求します。その教訓は、そのような思想がすべての他の思想は思索されるけれども、それ自身についてはほとんど思索されないというところに落ち着きました。ところで、その思想はほぼ半世紀を経て、今、思索されています。ミカエル・ヴィード・ヤコブセンとポール・ポーダーがその復活の助産師役を果たしました。

ここにいわば、私の社会学の非社会学的な源泉（枠組みや土台）があるように思います。そして私が今いる道程の端から初めを振り返ると、会ったことがないカミュとの対話で、彼の獄中時代に彼自身の表現で、「カブラから血を抜く」ことを一生懸命やっていたというアントニオ・グラムシが、彼が自分の本拠地には決して選ばなかった社会学への道を、私に示唆したとも思います。私が社会学的な道具で武装していかに反抗するか、そして社会学的職業をいかに反抗の生活にするかということを学んだのは、カミュのコギト「われ反抗す、ゆえにわれらあり」に没頭していた1、2年後に読んだ、グラムシの『獄中ノート』からだったと思います。グラムシは私に人間の条件のカミュの哲学を、人間の実践の哲学に翻訳してくれました。ただし、カミュはグラムシの研究（私がひもといたその研究）に決して委ねることはなかっ

たし、彼の解釈の苦労の一歩一歩を〈ばか！〉と叫びつつ油断なく注視し、グラムシが刑務所の独房のなかで、幸運にも気づかずにいた不健全な結果を伴う歴史的な変種（革命）に、その論題が危険にも近づいて向きを変える度に、警報灯のスイッチを入れたと私は想像します。グラムシより長生きしたカミュには、目撃し概観する十分な時間がありました。

　40年前私は、グラムシについての短い研究論文のなかで『獄中ノート』から引用しました。「たとえ人間が存在しなくても、ある種の現実は存在すると主張するとき、ひとは比喩的用法として、そのような命題を扱うか、ある種の神秘主義に陥っている。我々は人間との関連においてのみ現実を知っている。そしてもし人間が歴史的に生成されるなら、そのときまた、認識と現実が生成される。客観性が生成される。等々」。そして私は、「動的かつ歴史的に理解される社会的知の客観性は、主張によれば、社会的実践の継続的な要素を、一つずつ認知的行動から取り除くことで、構成される認識の道具を完成させることの結果ではないであろう。むしろそれは、特殊な実践に結びついた特殊なイデオロギーの除去を導く、人間実践の普遍化の機能である。（中略）人間社会を引き裂く集団間の闘争の克服を通してのみ、客観性は実現可能である。認識の客観性は、その主観性の普遍性においてのみ可能で、歴史的な実践から立ち現れるのみであろう」と論評しました。私はまた、人類はその関係の全体性を首尾よく変化させるまで、自分自身を変化させる、本当の個人は常にそのような関係の組み合わせであり、個性を創造するというのは、それに気づくことであり、個性を変えるというのは、その組み合わせを変えることであると書き留めました。私はさらに、グラムシのマルクス主義の先生である、アントニオ・ラブリオラのプログラムの宣言を引用しました。そのなかで彼は、唯物論者社会科学の難解な技巧の目的の見取り図を描いていました。「その外側の明示と同じように内側の目からありのままを編んだ、その全体性において出来事のもつれを理解すること、表面的な出来事からその深層に分け入ること、そしてそれから、最も近くから始めて最も離れたところまで、情熱や切望をそれらの動機へ還元するために、もう一度表面に現れ出ること」。そしてそれから、そのような動機の共同性を喚起し、

そそのかす社会的な配置を探究すること。

　この類の初期の洞察から後の〈社会学的解釈学〉としての社会学的分析という考え方の具体化まで、私を導いたかなりまっすぐな思想の路線があったと思います。それは、生の経験やそれへの合理的で意味をなす応答という行為者の解釈の最終生産物、副産物あるいは廃棄物としての（人間の信念、価値、態度と並んで人間の行動の）〈社会的事実〉の解釈です。

＊　＊　＊

　私はカミュとグラムシを、彼らの冷静な解釈という意味では適切ではありませんが、同時にむさぼり読みました。大切なものを完全に護るためには、マルクス主義者の学問的な正典の歴史的に避けることのできない、鉄の法則であるスキュラと、その宣言されかつ自己宣言した敵である、抽象的な経験主義のカリビュディスとの間を航海しなければなりませんでした。どちらの側にも、自己主張することや自己主張的な人間の存在する余地はありませんでした。その消耗戦にもかかわらず、その闘士は、人間が毎日直面する不慮の出来事や偶然性を共に嫌うことで一致していました。私が見るに、それらの間には選択の余地はあまりありませんでした。それらは同じ〈不自由の科学〉の二つの種類にしか見えませんでした。疎外の社会の常識的な経験をコード化するという、同じことを行っている二つの別の試みのように思えます。硬直化したマルクス主義の間違いや愚劣さを、取るに足らない流行りの経験的研究の思慮のないお決まりの手順で正すという主張は、私にとっては、南極の永久氷結土で小川を癒すといったような提案でした。

　その航海術は至る所に危険が満ちていたけれど、最終的には成功だったと思います。その成功は初期の思想の接種に負っていると考えています。そのワクチンは、ステインズロウ・オソウスキー先生の〈社会科学の特殊性〉という講義を聴いたことのなかにあり、またC・ライト・ミルズの『社会学的想像力』を読んだことのなかにありました。ミルズは、真実を伴う正確さと、人間の経験に対する重要性や妥当性よりも知見の厳密さに沿う方法を選択す

るという誤り（職業に忠実な社会学者にとって致命的なもの）とを混同してしまうという罠に対して、声高にまた説得的に警告しました。一方、オソウスキー先生は私たち学生に、数学的に保証された正確さに夢中になってしまうことに潜む危険性について語りました。また私たちに、数量間の関係を計算するといった単純な手段から得られる結果に安住することによって約束される安易な人生の誘惑に抵抗するように呼び掛けました。社会分析の正確さは、広範で深遠な人間的な文化、そして研究者の頑強な批判的な態度を要求すると繰り返し彼は言っていました。批判の大胆さはまた、自分自身の解釈に対しても向けられました。「電子計算機は知的な柔軟さに置き換わることはないでしょう」。

＊＊

　ジークフリート・クラカウアーは彼のゲオルク・ジンメルに関する小論のなかで、一人の思想家は「体系的でなければないほど、彼の才は、概念的明晰さという見識に耐えるという考えに、より根ざしていない」と述べています。私の仕事は、自分を最も体系的でない思想家にファイリングすることを正当化していると思います。彼らの記述において、概念的明晰さは、その欠如によってのみ際立つことになると思えるからです。

　大部分の若い社会分析の達人と同様、その仕事の複雑さに陽気にも気づかず、私はかつて知識をすべて包括する、すべて説明する、すべて解釈する体系という考えを弄んでいました。論点と下位の論点のつながりで構成され、明快な始まりとより明快な結論をもったコンパクトな筋道で語られる知識の体系です。でも、そのような体系を構築しようという夢は、長くは続きませんでした。その利点によって努力が正当化されるという考えは速やかに無くなり、そのような企てに対する情熱はまったくの憤慨に変わりました。私は自分の仕事は、人間の生活経験と絶えることなく会話するものとして理解するようになりました。そして私がまもなくその経験のなかに最も期待しなくなった事柄は、しばしば哲学的な議論に見出されるような、一般に求められ

る体系性、凝集性、総合性、厳格な論理性や優雅さの類でした。私はその類を含み込み、摂取し吸収できたと考えられたより多くの論理を、人間の条件にかこつけることに用心深くなりました。その条件の社会学的な描写が、たとえそれが怒らせるほど分かりにくいものであっても、描写を人間的にする最も重要な特質を見失ってしまってはいけないからです。

　人間の思考や行為において悪名高い、非連続性、曖昧さ、矛盾、両立不可能性、不整合、まったくの状況依存性などは、完全への道のりの途上でまだ十分に消えていない、あるいはまだ完全に根絶されていない、当面の欠陥と見なすべきではないと考えるようになりました。また合理化／体系化／秩序化への哲学的精神の熱心さも、より健全というわけではありません。それらは、むしろこの世における存在の人間的な様式の極めて重要で構成的な特徴であって、そのような様式と出現し存続すべき社会学的熟考との間の本当の対話のために、社会学的分析は、それらの普遍的で永続的な存在に自分自身を合わせる必要があります。それらは十分な承認（それらが必要ともせず請求もしない居住許可）を与えられる必要があり、価値を低く見積もられたり、あざけられたり、非難される代わりに敬意をもって扱われる必要があります。

　社会学者の語る物語、それは社会学者が素人の専門職でない物語の語り手と共有する共通の生活の二次的、派性的な解釈ですが、その物語は止まることなく進展するコミュニケーションの段階にあり、永久にその段階に留まり続けると考えるようになりました。相互の取り交わしの終わることのない、また終わることのできないひと続きの継続的な連鎖です。各々の物語は応答であり、新たな始まりです。各々の物語は明示的、あるいは暗示的に〈つづく〉という決まり文句で終わります。各々の物語は論評、議論、修正、反論、抵抗への永久の招待状です。その対話は、愚かな間違いをする人と事情に通じている人、無知な人と熟練した人、学ぶ人と教える人との間の区別を知らないし認めもしません。両方の側が、その進路において実現していくと思われるものよりも、乏しい状態でその会話に入ります。そして彼らが最終的に収集し蓄える富みの大きさは、彼らの相互の敬意とお互いの発言を取り扱う

15

真剣さによります。そのため、各々の連続的な応答は、最後のもの、結論、最終の宣言ではなく、先に口火を切ることであり、導入であり、提案であることに意識的であるべきです。モーリス・ブランショは、かつて答えは質問にとっての不幸であると言いました。私は、合意は相互理解への航海にとっての不幸であると言おうと思います。

　その相互理解は、その主題と同様に、また理解する努力、理解される努力そしてその努力によってのみ得ることができる自己を理解するための努力をしている人間／社会学者および人間／素人と同様に、永久かつ改善できずにいまだ生成していないのです。そのような（幸運、幸福な）限界を知ることは、会話の相手を尊敬し、また相手から尊敬される必要があるという謙遜の心得を、社会学的な物語の話し手に与えるでしょう。その知識は社会学者にもったいぶって話をしたり、説教をしたりすることへの注意を喚起することでしょう。特に魚にえさの取り方を教えるような乱暴さや、鉄に泳ぎの技術を教えるような傲慢さへの注意を喚起するでしょう。

　しかしながら尊敬するということは、道をあけるために礼儀正しく1、2歩さがるというようなことは意味していません。傍観者は尊敬からお互いの言葉や行動を支持したり、心に留めたりはしません。無関心と冷淡さから行っています。尊敬するということは、関係がないとか中立だとかいうことでは決してありません。それはお互いに関係することであり、責任を持ち合うこと、つまり配慮し合うことです。もしもすべての解釈、解釈されている世界やその世界を構築しつつ、そのなかに構築されている男女が、すべていまだ生成されていない（確定中、定義中、未完、不完全）のならば、その結果として考えられることは、長く骨の折れる仕事がまだ先に横たわっており、それゆえ、どんな仕事がどのようになされるかは重要ではないと考えるのは、極めて無責任であるとともに馬鹿げたことでしょう。道の途上にあるということは選択を伴います。そして選択というのはその精神や魂（あなたの選択をする）が責任であるところの身体です。

　私は社会学化、社会学的な様式で物語を語ること、とりわけ社会学的物語を構成する推進力は責任から生じ、責任によって駆動されると考えていま

す。それは人間性を形づくるための人間的な選択とその結果への責任を引き受けることを主張します。私は社会学者であるとは、その責任から自分の職業的使命を作り出すことを意味していると思います。そのような責任を振り払う、あるいはそれ自身の仕事へのその関係を否定する社会学はもちろん想像できないわけではありません（あちこちにそういう社会学はたくさんあるし、衰える気配もありません）。しかしそれは形容矛盾です。語られた人間の条件は、その条件は（常にそうであるように）製造過程にあるけれども、それは中立的ではないし、中立的であることもできません。そして社会学をするということは、計画的であろうが怠慢によってであろうが、どちらかの側に立つということを意味します。そしてどちらかの側に立ったものは、誰もがその結果に対しての責任を持つことになります。唯一の問題は、その責任に対する自分の責任を引き受けるか、拒絶するかということです。そしてそれから、それに応じて行動することです。

＊　＊　＊

　ルートヴィヒ・ヴィトゲンシュタインが「それはありのままの世界を置き去りにしている」と不平を言ったことで有名な哲学と違い、社会学は客観的世界と生活世界、経験の世界の両方の世界において重要となります。人間の条件と結びつくようになると、社会学の役割は工学の役割に近いわけです。親戚というのは周知のように親和力（選択による血族関係）です。しかしここで問題になっている選択は、必然的に（知っていてもいなくても）人が社会学者になると決めた瞬間になされます。その瞬間からずっと、その血族関係は解消できなくなります。死さえもその相棒を分かたないでしょう。それらはちょうど一緒に生きたように一緒に死ぬのみです。

　しかし、社会学が引きつけられる（繰り返し言えば、主要な目的ないし副次的な影響の途上で、よく考えたうえでも気が進まなくても）工学は二種類あるはずです。そしてそのどちらが使われるかによって、大きな違いがあります。1950年代後半にすでに私は、この二種類を区別するために〈操作のた

めの工学〉と〈合理化のための工学〉という言葉を造り、自分自身に自分が距離を置くべき、あるいは置くであろうもの（前者）と自分のものにすべき、ないしはするであろうもの（後者）とをはっきりさせました。

　前者は、私の学生時代にとても流行っていましたが（実際、社会学が当局に取り入る努力をしていたとき、いわゆる〈承認の戦い〉の時代の主要なセールス・ポイントでした）、権力の回廊に宛てられた申し出でした。私たち（社会学）は、人々がいつもの頑固さやわがままさを和らげ、反抗ないしは勝手なことをしないような条件について必要とする情報をあなた方に提供することで、あなた方が疑問視しない自分たちの主権の支配下の社会やその一部に制定すると決めたどんな秩序も成就することを手助けするでしょう。……あなた方、権力保有者に残されたことは、あなた方が望む服従や紀律を手に入れたり受け取ったりできるように、現実のなかにそのような条件を立法化することだけです。当時の最も影響力のあった社会学の本は、タルコット・パーソンズの『社会的行為の構造』でした。その言明された目的は、人間行動の型を明らかにすることであり、人間の行為が自発的であるという事実にもかかわらず、それを予測できるものにするというものでした。言い換えれば、秩序を形成する者や秩序の後見人の観点からは有害であり、嫌悪をもよおすものである、人間に固有の選択の自由の潜在的に分裂的な影響を中和する可能性でした。その社会学は不自由の技術に奉仕する不自由の科学であることを見込んでいました。……今度は惑星規模で、社会秩序を再形成するというアメリカの支配者層の意図を支持して、ウイリアム・クリストルがごく最近言ったこと、「健全な原理と高い理想に基づく支配の何が悪いのでしょうか？」にどこか似ています。私は以前に何度もそのような言葉を聞きました。そして今でもそうするようにそのときも身震いしました。

　私は〈操作のための工学〉の開業者や販売員によって、宣伝され称賛されたものとはまったく反対の理由で社会学に魅かれたのだと思います。……私は人々が自分の人生の役割を果たし、また（多くは知らず知らずに）共同生産している社会的背景に対して、より良い洞察を人々に提供することで、行為者の自由の範囲や可能性を高めるという希望にそそのかされていたのでは

ないかと思います。私は初めからそしてその後もずっと、社会学的職業が人間に役立つことがあるとすれば、それは人々の生活経験を理解し意味あるものにするために、人間によって戦われている苦闘に対してなされる、あるいはなされるかもしれない手助けにあると思っていました。〈社会学的な啓蒙〉の地平に、自分の人生を成し遂げることにあまりうまく対処できない人々を助けるという崇高な課題もあります。

　このことを心に秘めて、その条件それ自身における、つまり、空白の所を埋める試みやまだ探求されていない、あるいは誤って地図化されたものを地図にする試みといった、人間が自分の人生の目的を途中で修正しつつ追い求めなければならなかった社会的背景における連続的な、時にはたとえ内に秘めたものでも深遠な変化に突き動かされて、私は〈人間の条件〉の一つの領域からもう一つ別の領域に移動しました。その仕事、つまり人間の条件を人間の行為の生産物として表すことで、社会学は私にとって現存の社会的現実の批判でしたし、今でもそうです。社会学は現状の相対性を顕わにし、もう一つ別の社会的あり方や生活の仕方の可能性を啓発することに意味があり、TINA（他にやりようがない）のイデオロギーや人生哲学に逆らって作用することに意味があります。その繋がりが見えなくて、隠されていて、覆われている、生のままの人間経験の解釈として、社会学の使命は、私がずっと初めから理解していたように、別の選択があるということを示すことでした。もしも私が言うことが、クラカウアーがジンメルについて言ったこと、すなわち「ジンメルの想像力の場の中心にいるのは常に人間で、文化の担い手として見なされ、また魂の力を完全にコントロールして行動し、評価し、集合的行動や感情において仲間たちと結びつけられた、成熟した精神的／知的存在として見なされる人間」ということであれば喜ばしいことです。私は自分自身の控えめな方法で、またせいぜい試行錯誤を伴って、そのような課題に取り組もうとしたのだと思えれば幸いです。

＊＊＊

　私はこれまで批判的な見方が指摘するであろうよりも、私の半世紀にわた
る社会学との関わりにおいて、より連続性と凝集性があったことを示唆して
きたと思います。語彙やアプローチ、文章のスタイルや文勢、参照する人物
や文章などに大変多くの変化がありました。それはあまりに多すぎて全部は
リストアップできないでしょう。どの変化が一旦選択された目的の論理に
従っているのか、またどれがその目的が追求していた社会的現実の変化の形
態によって説明できるのかということを決めるのは極めて難しい仕事です。
多くの場合、両方の要因が混ざったものであったと考えます。たとえば、最
近のかつ今もなお私の考えのなかではっきりとしているのですが、〈ポスト
モダニティ〉という概念を自分の問題設定や報告で使わないようにしようと
いう決定のように。

　そうすることの理由の一つは、自分の最大限の努力にもかかわらず、一般
に流布している意味上の混乱を克服することは不可能だと感じるからです。
〈ポストモダニティ〉と〈ポストモダニズム〉を混同すること、私は自分の
すべての著作でシーシュポスのようにそれを区別する空しい努力をしてきま
したが、私の支持者や批判者からも同様に、その扱いにおいてそれは混同さ
れ続けています。

　私の用語法では、〈ポストモダニティ〉は社会の種類（補足すれば人間の
条件の種類）を表していました。一方〈ポストモダニズム〉は〈ポストモダ
ンの条件〉から起きるかもしれない（必ずではないが）認識的戦略を伴った
世界観を表していました（〈モダニティ〉と〈モダニズム〉というもう一つ
の概念の対の場合と非常に似ています）。私はずっと最初の対象を扱ってき
ました。私たちのまわりに出現している不思議で多くの点で神秘的でもある
社会、その野心や手続きにおいては（つまり連続的な近代化のその強制的で
耽溺的で強迫観念的な努力においては）まだ明らかに近代なのだけれども、
次のあるいはその次の曲がり角にさしかかるのを待っている道路の終点とい
う、近代の初期の幻想をすでに失っている、そういう状態として私が把握し
ようとした社会です。

　私が意図的に使用した強勢は、〈ポスト〉と〈モダニティ〉、その用語の両

者の間を平等に分割することでした。そのような合成語で私が伝えようとしたことは、連続性と非連続性が織りまぜられていることでした。それはまだ十分にモダンである社会で、以前と同様に、強制的に限界を超え、超越しそして強迫観念的に秩序化する社会である一方で、古いものを満たしながら新しい気づかれない傾向を切り開いている、曖昧さや状況依存性や偶然性と格闘しつつそれを生み出しているわけです。しかしそれはまたポストモダンな社会で、超越の目的や前方のゴールライン、いかなる変化も要求しない完全な状態といったことをもはや当てにすることができないわけです。それはまた、状況依存性や偶然性を完全に一掃した、究極的に透明な世界を当てにすることもできないわけです。

　個々人の〈生活政治〉のレベルでは、私たちはすぐ前の世代と同様に、モダンに留まっています。私たちは、もはや所与のものでも帰属的なものでもない社会的アイデンティティを解釈しなければならないのですから。しかし、私たちはポストモダンでもあります。いかなるときにおいても、獲得したあるいは引き受けたアイデンティティに逆らう争いが最後まで残り、人生の最後まで続くように定められているわけです。また供与されている社会的に認知されたアイデンティティの種別は、時間とともにその分量や内容が変化しているわけです。さらに結果的に、そのアイデンティティ構築における主要な関心は、選択可能な多くの人生のもくろみをいかに持ち続けるかということほどには、いかに最後までそのもくろみを見届けるかということではないわけです。堅実性よりも柔軟性が、うまく構築されたアイデンティティの印なのです。

　ポストモダンの状態の象徴的な特徴を示すリストが、〈リキッド・モダニティ〉をその状態を表す適切な言葉であると私が提言した理由を説明していると思います。その言葉は、すべての液体と同様、私たちの状態の類も長い間その形を留めることができないことを示唆しています。また力の作用が、ものごとの形や、速さ、軌道を変えるためにではなく、それを保つために必要なことを示唆しています。それゆえその言葉は、その前の社会、すなわちモダニティの疾風怒濤の段階、そこでは堅固なものが現実をより流動化させ

るのに免じて融解されなかった社会、それどころか堅固なものをより設計された本当に融解しない堅固なものと交代させるために融解されなかった社会、とは非連続的な現在出現している社会を描写する、さもないと発散し捉えどころのない特徴に注意を集中させます。

　私は〈ポストモダニティの社会学〉を開発するために、今では使わなくなった用語を用いました。それは自分の意図では、それ自身がポストモダニズムと呼ばれる複雑な精神的態度の一部である〈ポストモダン社会学〉とは鋭く異なるものでした。ポストモダン社会学は、ポストモダン社会の人間の現実を批判分析や解釈によってというよりも、擬態によって表そうとした類の社会学でした。〈ポストモダン社会学〉は、私の見方では、トピック（つまり説明されるもの）を説明と取り違える重大な誤りを犯しました。それはまた、私たち自身の持続する近代をひどく低く見積もっていました。いわばそれは、その言葉上で出現する現実を捉え、（ポストモダニストの世界観に従って）自律的で自己主張する個人はすでに成就された現実であり、すべての決定論的な束縛は破壊され解体されている（つまり、もしもそれらの存在が初めからずっと幻想でなかったならば）ことを示唆しました。この種の世界観は、将来性のあるグローバルで、可動的で、治外法権のパワーエリートの気分（イデオロギー！）に適合（あるいはむしろコピー）したものであり、その新自由主義的な幻想に一致して調子を合わせるものでした。

　本当のあるいは推測上の必要性を必然のように見せかけ、〈ポストモダニティの社会学〉がこれに反して、特定の多くの点で欠点のある社会的配置の結果として正体を暴露する、競争的な市場の圧力を意識的に受け入れ天命にしたのは、そのサイバー空間のエリートたちです。グローバルに考え、グローバルに行動する管理職の人たちは、〈踊り〉や〈サーフィン〉の比喩を使って自分たちの戦略のことを話します。彼らは不確定で、流動的な、実にカオス的な状態を称賛し、堅固さよりも変化への意志と準備に価値をおき、契約や関わり合いよりも移動の自由に価値をおき、概して新たな始まりのために企てられているものは何であれ、速く完成させる能力を究極的な利点として追い求めます。〈ポストモダニズム〉とは、そのような生活の仕方や生活戦

略についてのもっともらしい一つの解釈だと私は言いたいのです。ある種の
人間にとっては、それは真実の反映かもしれませんが、大多数の人間にとっ
ては、それは真実のひどい歪曲です。重要なことは、それが多くの人々にとっ
てはひどい歪曲であるゆえに、一部の人々にとっては真実かもしれないとい
うことです。

＊＊＊

　半世紀にわたる研究と執筆の過程で、私がうまく学ぶことのなかったスキ
ルの一つは、いかに一冊の本を終わらせるかということです。今振り返って
みれば、私のすべての本は出版社に未完のまま送られていたことが分かりま
す。原稿が印刷に回される寸前でさえも、ちょっと前には〈終わり〉に見え
たものが、実際は絶対につづきが必要だけれども、まだ分かっていないこと
の始まりだということが通例はっきりしました。あらゆる答えの背後から新
たな疑問が生まれます。さらに以前よりも一層探究され理解されねばならな
い課題が残されたままであり、とても多くの事柄が、明らかに成功した過去
の研究によって暴かれました。最も興味をそそる刺激的な問題が解答のあと
に立ち現れました。多くの歳月を経て、私はアドルノの不平の正当さを理解
するようになりました。それは、円を描いて動き、その進歩によって常に絶
え間ない反復を強いられている思考のロジックを、直線的な筆記では伝える
ことができないというものです。
　人間の経験はそのどんな解釈よりも豊富なものであると思います。どんな
解釈も、それがどんなに巧妙で含蓄に富むものであっても、人間の経験を論
じ尽くすことはないでしょう。絶え間なく、留まることのない反復（ハイデッ
ガーの用語では要約的繰返し）や繰返し（デリダの用語）の労働が（人生の
経験を）豊かにする主要な要因なので、どんな解釈も論じ尽くすことはでき
ないでしょう。人間の経験と会話するという一生に乗り出した誰もが、その
航海の平穏なる終焉という夢はすべて捨て去ったほうが良いでしょう。この
航海にはハッピーエンドはありません。その幸福のすべてはその旅のなかに

あります。

　編集者の誘いに応えて、ざっと書き留めたこのちょっとした覚書は、この点でこれまで私が書いてきたすべてのテキストに類似していると考えています。仕事をやり遂げるスキルの一連の説明は、そのようなものがないことを明示しています。あるいはおそらくそのような説明が不可能であることを示しています。

第2章

社会学、ポストモダニティ、追放
〔ジグムント・バウマンとのインタビュー〕

リチャード・キルミンスター ＆ イアン・バルコエ

　以下は、『権力、文化、モダニティ──ジグムント・バウマン退官記念』（仮題）として出版が予定されている論文集の準備の一環として1990年8月15日、16日の両日に行われたバウマン教授とのインタビューを編集したものである。

〈質問〉先生は長年にわたり、社会学の幅広い分野において、多くの著作や研究関心を展開されていますが、それでも私たちは先生を独特で一貫した知的関心を持ち続けている学者だと考えています。私たちは先生を、広くは、人道主義的なマルクス主義者、文化に関心を示すある種の批判理論学者と考えています。また、先生の仕事にはシステム（体系）を拒絶するという一貫したテーマがあるように思われます。これらの点について言及していただけますか。私たちは正しく理解しているでしょうか。

〈答〉ご指摘いただいた事柄に関しては、私は適切な判断はできかねます。なぜなら、あなたがご指摘下さったことには、私自身ほとんど何の構造も見出すことができないからです。ご質問は、いくつかの客観的なカテゴリーの提示であり、ある意味、自分自身を客観的かつ外側から、いわばアウトサイダーとして、それらの客観的なカテゴリーに自分を関係づけることを要求されています。このような質問は、問題にされている本人がそれについてお答えするうえでの適任者ではありません。そのようなことは、本人以外の人で、

客観的判断ができる人、また客観的なカテゴリーを参照できる人などによって、ずっと正確に答えられる類の質問です。私はむしろ主観的なカテゴリー、自分自身の研究の枠組みを提供してくれた主観的カテゴリーに言及しようと思います。ただし、それは必ずしも、批判理論とか、人道主義的マルクス主義といった、あなたが指摘した客観的カテゴリーと重なり合うものではありません。

　私の著作を通して、またこれまでの私の学究生活を通して、実際私は二つの事柄に関心を向けてきました。一つは、労働者階級で、それは踏みにじられた人々とか負け犬とか言われますが、一般的に言って被害を受けている人たちです。この二つの間には、受苦者の具現化としての労働者階級というかたちで長い間一致する兆候がありました。これが一つのトピックで、もう一つは、文化についてのトピックです。

　ここから一般化を試みた場合、なぜ私がこの二つの事柄に関心を持ったのかということですが、一つのもっともらしい動機は、私が傲慢とかうぬぼれとか呼ぶようなものへの苛立ちです。自分の知的生活の早い段階で怒りを覚えた言い回しは、ヘーゲルの現実と理性との間の同一視の考え方だったことを覚えています。それは私が激怒したことであり、また思うに、自分の関心よりもずっと客観化されたものでした。というのは、その関心とは、私たちは最も良い起こり得る世界に生きているという、それは単なる現実ではなく、ある種の現実のための超現実的な根拠となっているという確信や考え方、そういうものの根底を問題視し、その正体を暴露し解体することでした。そして、この一番目のトピックに関係した幾分派生的な問題、それはいわば建造する技法ほど建造物のデザインに関心があるわけではないということですが、それが社会学における私の主要な思い込みでした。構造それ自体よりも構造化されるプロセスを問題にするわけです。現実の可視性や明白さや力、また現実に関する確信や信念がどのように構築されるのかを理解すること、それが文化に関心を持った理由でした。実際にこれら二つの問題の関係を私にはっきり認識させたのはアントニオ・グラムシでした。グラムシの『獄中ノート』を読んで、私は人生において大きな影響を受けました。実際、

グラムシが私に初めて提示したことは、行動において組織の言語に再解釈されるような、柔軟で流動的なものとしての現実でした。この現実の捉え方は、私が書いた最初の本からすでに見てとることができます。私が今でも誇りに思っている著書は、『階級とエリートの間』（1972）です。ご承知のように、ポーランドで書いたこの本以前にも、イギリスの社会主義についてもう一冊の本（1956）を書いています。イギリスの社会主義というテーマは、『階級の記憶』（1982）に結実する長年の関心でした。この本は、ある意味、労働者階級へのではなく、労働者階級と不公正や不平等の問題との同一視への決別の宣言です。不平等の問題はなくなっていませんでした。ただしそれは、特に労働者階級の問題とは言えなくなっています。むしろそれは、ポストモダニティの古代ギリシャ的な光景のなかに生まれ変わります。それは、ポストモダニティのメンタリティの前に立ち現れる二つの選択、同化としての寛容と連帯としての寛容という問題です。

　つぎに文化の問題がありました。私は、1966年に最初の大掛かりな文化の研究を出版しました。しかしその数年前に、それと関連した他の研究を出版しています。1966年の文化の問題を扱った本は、『文化と社会』と名づけました。文化の創造性が沈殿、凝固したものとしての社会というグラムシの考えは、社会を生活の活気に逆らう屍として、常に革新的な文化の生産と並置しました。この考えは、グラムシによるところもありますが、文化に対するジンメルの理論に感化されたとも見ることができそうです。ジンメルによって、疎外の問題が、経済的な範囲から精神性の範囲の問題に再解釈されました。すなわち、疎外というのは、まず疎外された精神的生産物であり、それから疎外された現実としてその造物主と面と向かう。これが文化に対する私の関心の始まりでした。それから、ご承知のように、『実践としての文化』（1973）、この本は、常に変化する創造的なプロセスとしてこの文化のテーマを発展させたものでした。そして、今述べた二つのテーマは、私がモダニティの三部作と呼ぶ三つの著作に融合されました。それは、『立法者と解釈者』（1987）、『近代とホロコースト』（1989）、『近代とアンビヴァレンス』（1991）です。

〈質問〉大変有意義なお話です。先生の一貫性の要因が示唆されているからです。

〈答〉一貫性があったかどうかは分かりません。一貫性はただ、その五感で感じる人の理性のなかにあるだけではありません。それはいわば、自分を怒らせるものの一貫性でした。ある種の激情の一貫性です。激情はさ迷います。たとえばあなたは、私が多くの精神的な示唆を探し求め、そしてそれら、たとえば構造主義や解釈学を拒絶したと言いました。それは、おそらく非一貫性の主要な例になるでしょう。ただ私に言わせれば、それは一貫性の要素でした。私は、ずっと同じ疑問への答えを探し求めていました。そして、もし答えが見つからなければ、どこかよそに移りました。ただし、私の疑問を道連れにして。

〈質問〉先生の知的発展に、最も重要な影響を与えたものを聞かせて下さい。人と思想の両面で。

〈答〉リーズ大学の就任講義で、私は二人の先生について話しました。ホックフェルド先生とオソウスキー先生です。そこ（1972）に録音されています。オソウスキー先生は、西側諸国でも知られていますが、ホックフェルド先生は知られていません。再び、知的動機に二つの要素があり、同時に二人の違った先生がいました。そこには私の人生におけるこれら二つの二重性の間に、ある種の対称性があると思います。実際、二人の先生には、共通性もありました。二人は、多くのアカデミックな社会学者とは違っていました。彼らは、自分たちの純粋にアカデミックな仕事の途方もない社会政治的な重要性を確信していました。彼らの仕事は、それ自身の目的から分離されたものではありませんでした。ただし一方では、彼らの主要な忠義や忠誠について問われれば、二人はおそらく違った答え方をすると思います。ホックフェルド先生は、道徳原理に重きを置いて、政治とか学問的な仕事を通して、それを追求することは二の次であると言うであろうし、一方、オソウスキー先生は、真

理に忠誠を誓い、その原則に妥協しある種の交渉に入る、それは可能な選択肢を選択する術といったことになりますが、その種の活動は拒否するであろうと思います。だからこの意味で、二人はとても違っていました。そこで、二人の影響を過不足なく考慮することはそう簡単なことではなく、統合失調症にならずに、同時にそのような二人の先生を受け入れることは大変難しいことでした。

　個人的には、現在私がやっていることに、彼らからの非常に大きな影響を感じています。たとえば、道徳性の問題への最近の関心は、ホックフェルド先生への死後の貢物と言えるようなものだと思います。それは、彼がやろうとしていた類の仕事です。……私の知的人生におけるおそらく転換点となったグラムシについてはすでに言及したところです。

〈質問〉先生の研究展開への影響において、マルクス主義と社会学はどのように結合されたのでしょうか。それらは別々のもの、あるいは異なったものだったのでしょうか。もしそうでないとすれば、ポーランドの知的伝統はマルクス主義と社会学をどのように結合したのでしょうか。

〈答〉たとえ、国の公的なイデオロギーとして吸収され受け入れられていたとしても、マルクス主義にはある種の内部的な曖昧さがあります。ソビエト・マルクス主義がそうであったように、党の意思、あるいはむしろ党の最新の公的文書のように、単純に翻訳されないかぎり、マルクス主義は個別には公的イデオロギーの役割にはなじまない。それは現実を手段的に正当化するので、マルクス主義には、極端に曖昧さが残っています。つまり、マルクス主義は、現にあるものとは違うもの、それ自身とは異なるものへ向かう傾向として、現実を正当化します。それゆえ、ある意味有機的に、マルクス主義は現実批判のための基準を提供します。そのため、特定の現実を正当化するものとしてマルクス主義を用いるどんな試みも、この批判の要素に満ちているわけです。現実は完全ではない。現実はそこにはまだ存在しない。現実は常に〈まだない〉もので、常に到達しておらず、完成されてないものとし

てあります。それゆえ、共産主義運動に加担した知識人は、同時に時限爆弾となります。彼らは潜在的に常に異分子なわけです。お気づきかどうかは分かりませんが、たとえばドイツのナチでは、知識人の間での不一致という現象はありませんでした。しかしソビエト・ロシアそして東ヨーロッパの国々の歴史は、知識人が意見をことにするという事例で満ちています。ではなぜでしょう？　ナチ・イデオロギーが一枚岩的に受け入れられたのは偶然ではありませんでした。それは非常に素直で、極端に率直でした。語られたすべてのことに意味がありました。そしてナチに加わった人々は、何に巻き込まれたのかを正確に分かっていました。（ロシア・東ヨーロッパの）知識人たちは、未来は現在とは異なる、その現在は不完全であるという確信によって共産主義に引き寄せられました。これはいずれにしても知識人は、現在は理性がそうあるべきというものからかけ離れていると考えがちであることを示しています。それゆえ遅かれ早かれ、彼らが目指してきたものがすでに達成されたかどうかを尋ねられた場合、異論を述べるということが起こりました。……共産主義社会を正当化するものとしてのマルクス主義は失敗だったと思います。マルクス主義は、この役割にはまったく適合的ではありませんでした。

〈質問〉マルクス主義と社会学について。先生は、この二つは別々の範疇ではなく、マルクス主義は社会学として教えられると示唆しているように感じます。

〈答〉はい、私はそう思います。一般にマルクス主義と社会学両方の内的な特性の間には類似性があると思います。社会学は統合失調症的な学問分野です。本質的に二元的で、それ自身に争いを内包しています。それが大抵の国で、社会学が常に熱烈でちょっと不健全な魅力の対象である理由です。称賛されようが、酷評ないし非難されようが、社会学は常により単純な社会における鍛冶屋にとても似ています。ある種の錬金術師であり、物事を隔離しておくのに使われる標準的な境界を跨いで座る人々です。ではなぜ、社会学は

内部的に曖昧で生来の統合失調症なのでしょうか。それは一方で、現存の社会以外の他のところから始めることはできないからで、すなわち、すでにその作品が完成されている社会、すでに組み立てられ、秩序立てられ、組織化された社会から始めざるを得ないからです。さらに、どのような仕方であれ、生来の人間的衝動や傾向、生活、変化の方向などがすでに操られている個人から始めざるを得ないわけです。だから、今ある現実、そこが出発点なわけです。すでにそこにある社会を前提にしないで、社会学の言説をつくることはできないのです。社会はすでにそこにある。……他方、社会学は、いかなる種類、状態、または形式の社会であれ成就したものとして社会を提示します。そのため社会学は社会を相対化します。社会学は社会を問題視します。それゆえ社会学はその固有性として、そこにあるのは単なる現実ではなくて、唯一の現実であるという傲慢さ、また、社会は規則や法律を犯す人々へ損害を与えるほかは、犯すことができないそれ自身の内部的法律や規則を保有しているという傲慢さに逆らいます。だから、社会学にはこの保守的な可能性がある一方、改革、革命、批判的な潜在力が備わっています。そしてその二つは分離することができません。ここが肝心なところです。ひとは、潜在的に分裂的なそのような形態を正当と認めることなしに、完全に、100パーセント保守的な、正当なる社会学者になることはできません。そしてまた、同時に現実や支配や構造といった力に訴えることなくしては、破壊的あるいは分裂的な社会学者になることはできません。この二元性はマルクス主義にもあります。マルクス主義社会学であれ、非マルクス主義社会学であれ、そのそれぞれの文脈で機能する仕方は、実際非常に似ています。

〈質問〉先生と同様、西洋のマルクス主義者の伝統に共鳴する多くの著者は、文化を決定的に重要なものとして考えるようになりました。なぜなら、人々が自分たちの人生の意義を理解するうえでの意味を、広い意味でのこの領域から導いていたからでした。さらに文化はまた、異なる社会の展望への有力な源泉であったからでした。では先生の見解では、文化はどのように自律的なのでしょうか。

〈答〉私の説では、他のものに付随した現象としての文化という標準的で世界的な見方があります。ケーキにのせる砂糖ごろものようなもの、社会生活のしっかりした要素、すなわち〈構造〉という現実に存在するものにとっての余分なもの、これらすべてのものが私の言葉で表現するのが難しい。中心的なものでないことは言うまでもないのですが。私は以前すでにこの問題についての私の主要な見解を述べました。〈構造〉は文化のおり、文化が沈殿したもの、文化活動の文化的な生産物という化石です。……文化的活動は、どの時代に於いても、またどの特定の場所に於いても、ゼロから始まるということはありません。それは常に先行する世代によってすでに成し遂げられたものを考慮に入れなければなりません。そして他方、それは完全に自由な活動ではありません。文化活動が作用する原料は所与のものだからです。その原料は本能的な傾向を持つ人類です。そしてそれが先行する開発によって文化活動にとって利用可能になった資源です。だから文化活動は常に何物かの操縦です。文化は決してどこにもないところから物事を生み出す魔法ではありません。文化は常に存在しているものに働きかけています。ただし社会学的な現実の見方に特徴的なことは、現実を成し遂げられたものとして、活動の生産物として見るという点です。それゆえ、どの程度文化が自律的かというあなたの質問にお答えすることは難しいのです。何に関連して自律的なのでしょうか。人間の生活のあらゆる事柄がどの程度自律的かと問うことが可能です。ただ文化だけではなく。

〈質問〉先生は1970年代前半、構造主義について多くの著作を書いています。この構造主義への関心は、文化への関心から論理的に導かれたのでしょうか。しかしながら注目されるのは、この分野への先生の関心は、その後弱まったように見えます。確かに多くの社会学者が構造主義のその根拠を疑うようになったわけです。なかんずく、構造主義は非歴史的であり、先進社会には適用できないといった疑問であり、社会と言語とのアナロジーは支持できないというわけです。先生の見方もこの流れに沿っていたのでしょうか。

〈答〉私は元来、おそらくこれからもずっと折衷主義的です。つまり私は、ある特定の学派やスタイルに忠実であることにはほとんど関心がありません。私は、自分が取り組んでいることに関係しそうな事柄であれば、どこにでも関心を向けます。そして一旦そう悟ってしまえば、自分がある種の聖域を踏み越えてしまっている、あるいは自分は違う学派に属しているので、踏み込むべきでない領域に入り込んでいるかどうかといったことに悩まされることはなくなります。……これが一つです。私の知的経歴の間中ずっと、もしあなたがそう言いたければ、私は、何か関係ありそうなことが含まれていると考えた多くの新しい潮流とこのやり方で付き合ってきました。いくつかのものは私の関心とはまったく関係がないものとしてすぐに退けました。……さて、私がなぜレヴィ＝ストロースに惹きつけられ魅力を感じたかというと、一般に人々が彼の業績にしていることのためではありません。多くの人々が理解しているような、現実の堅固で、根本的な基礎である、あらゆるものの構造に対して、ある種の最終的な回答を与えるという彼の申し立てに見込みがあると考えたためではありません。……私がレヴィ＝ストロースの構造主義に魅力を感じたのは、正確には、構造というようなもの、たとえば社会の構造のような、そういうものは存在しないという彼の主張でした。あるのはすべてのものを構造化する、絶え間ない衝動だけです。彼によれば、それは普遍的なものです。……私たちは音楽を構造化しています。私たちは神話的思考を構造化しています。私たちは料理を構造化しています。私たちは生活のすべての領域に構造を付与しています。しかしここで普遍的なことは、この構造化する傾向、内部的な推進力であって、決して出現した構造ではありません。彼は、決まった社会構造という考え方を強く否定しました。社会生活のすべての面が構造化されている。しかしそれは、何か最終的で、究極の、すべてのものの基礎になる構造があるということを意味しているわけではありません。だから私は、実際レヴィ＝ストロースに機会を見出していました。私の理解はこのようでありました。私は、このようなものを構築していく技法のなかに、私の基本的な関心ととても共鳴する考え方を見出しました。たとえば、『モダニティとアンビヴァレンス』、最近書いた著書です

が、それは、構造化する、多様性を排除し曖昧さをなくす、分類し、設計し、名称を与え、区別し、分離するこの近代という時代の強制的な力について書きました。私は、この意味で構造主義に関心を抱いていました。そして私は、構造主義者の著作家を集中的に研究したこの期間を後悔していません。なぜなら単純に、私がそこから学んだことは、大いに自分の思考様式の有機的な一部分になっているからです。

〈質問〉先生はとても早い時期から、いわば自分自身の理由から構造主義に興味を持ったとおっしゃっています。先生はおそらく構造主義の洞察のいくつかに興味を持たれた。そしてそれらは、たとえば文化の研究にどのように敷衍、展開、適用されたのでしょうか。

〈答〉私は特にこの分野に大変有益な洞察を見出しました。より正確には構造主義者の著作のなかにですが。一定の順列の配置があるという意味でのシステムとしての言語、それと同様に存在の継続性や現実性は絶えざる創造と変化によってのみ達成される。他の形ではなく、発声の無限の収集においてのみ存在する言語。このような思考の枠組みや知的な構えが私自身の関心にとって大変有益であったし、自分の関心に近いことが分かりました。

〈質問〉先生が長年なされてきた様々な発言から、先生は社会学の重要な役割を、異端な分野としてその役割を遂行することに見出しているという強い印象を受けます。それは、様々な考えを付随的に生み出すことであったり、神聖視された絶対的なものを相対化することであったり、思考や行動の決められた様式の正体を暴露することであったり、異なる社会的世界を探究することであるわけです。そこで二つの質問です。社会学のこのモデルは、社会主義国家の社会の性質にはとてもよくあてはまりました。そこでは、共産主義国家が基本的にその正当性に挑戦する知的異端者の発言により大きな影響を受けました。このモデルは、どのようにうまく西欧的環境に移転したのでしょうか？　社会についての信頼し得る知識の産出を通して、科学としてそ

の分野の制度的、専門的な信頼性を確立すること、それは少なくとも西欧においてはより重要なことですが、その意味で社会学を発展させるための戦略について先生のご意見はどのようなものでしょうか？

〈答〉私は社会学というのは、不可避的にまた、どうしようもなく二つの顔を持っていると思います。一つの顔は、潜在的に保守的であり、もう一つの顔は潜在的に破壊的です。そしてコインの表裏のように、この二つは離すことができず、常にそこにあります。それゆえ、一方を危険に晒すことなしにもう一方を所有することはできません。これが社会学についての変わらない見方で、私はずっとそう思ってきました。かなり変化したのは、私がこの基本的な二元性を例示する仕方であり、その二元性を自分自身でどう解釈するかということでした。

　かなり長い間、私はこの二元性について社会学の観点から見ると、ある意味社会的現実に常に影響していると考えていました。しかしそうすることができるのは、二つの異なる仕方のうちの一つにおいてでした。それは合理化ないしは操作によってです。ところで操作とは、単純にある意味、社会の構造、その組織や社会についての規律を吹き込むことを意味します。人間の活動が生じる環境を吹き込みます。それゆえ、大変巧みに環境を準備することで、ある意味、支配者が彼らに命じることをするように人々を強制することになります。この種の社会学は、支配者や工場経営者、親分たちに奉仕します。これは操作による影響です。合理化による影響は、それとは大変違った種類のものになります。合理化による影響は、人生の様々なパラメータに関連する背景、生命活動を実施しなければならない環境などについて、個人により多くの情報を提供することによって果たされます。さらにそのうえ、この後者の影響は、前者の影響の土台を切り崩します。つまり、たとえば前者が個人の自由や選択の自由を制限するものだとすれば、後者は選択の自由を高め、それによって社会の構造化における個人の役割を強調します。ですから実際、一方は他方に対して抵抗します。社会学が一方で行うことは、他方で行われていることの土台を切り崩しています。これが社会学について長い

こと私が考えていたことでした。私は社会学の観点から、個人の選択による解決を課すのか、あるいは国家、どんな上部組織でも良いのですが、その法的な活動による解決を課すのかを考えていたのですが、常にそのこと自身、現実とその変容を課しているのです。

　ところで、私は社会学が独力でそのような役割を遂行できる知識の塊だとは思いません。私は、どのようにフーコーの権力知症候群が社会学に適用できるのかをとても考えていました。そして、それは社会学には適用できないという結論に達しました。社会学は言説の形成物ではないという結論に達しました。もしもそれが言説の形成物であるとしたら、穴や隙間から構成されているものです。そこでは外部から一定の素材のインプットがあり、アウトプットも同様です。私はむしろ今日社会学は、流れの速い川にできる渦のようなものとして考えようと思っています。その形は留めながら、いつも中身が変わっている渦です。一定の水の通り抜けの流れがある限りにおいてのみその形を維持できる渦です。これは比喩です。より実用的には、またより正確には、私が言いたいのは、社会学は経験の絶えざる解釈であり、経験への注釈だということです。社会学は社会学者の経験ではありません。そうではなく、社会学者によってより広い社会と共有された経験です。そしてこの注釈は、社会それ自身に送り返されます。社会学がどこで終わるのか、またどこで本当に始まるかといった境界を設けること、ここは自分の場所、あそこは彼らの場所というように、土地にフェンスを設けるのと同じような感覚で、所有地を確定することは、実際上問題外です。そうすることはできません。むしろ社会学は、現実を絶え間なく巻き込んでいきます。しかしある意味では、再び比喩を用いて、私は歴史についてのブレーズ・パスカルの素晴らしい格言を思い出します。それは、歴史は私たちが書くと同時に、私たちが書かれる一冊の書物だというものです。私は、社会学とそれが把握しようとしている社会的現実との間の関係を同じように表現しようと思います。

　つぎに、古いジレンマはどのように私に向けられたのでしょうか？　それは立法化する権威としての社会学、立法の根拠、それは究極的な決定権、改善の余地のない正当性を主張し申し立てる理由ですが、それによって動機づ

けられた社会学と、現実についての現存の解釈を相対化するべく、まさにその存在によって、その衝動的かつ強制的な説明的刺激によって、自身に異なる目標を設定するもう一つのタイプの社会学との間のジレンマです。社会学が自身に主張する唯一の権利は、独りよがりや傲慢さ、他の解釈を排除する不当な主張を暴露する権利です。ただし、それに自分自身がとって替わることではなく、あなたが確信していることは、真実は必ずしもそうではないということ、なぜなら物事を見るうえでの他の可能性があるからです。そしてあなたは最終的に少なくとも、選択をするのは自分の責任の問題であることを理解しています。良い選択は与えられるものではなく、教育され惹きつけられるのを待つということはすでにそこには存在しません。選択は自分が働きかけなければならないものです。

〈質問〉先生はここで、合理化ないしは操作として社会学の機能を捉えるこれまでの見方は、社会学の近代的な見方だとおっしゃっています。私たちは異なる仕方で社会学の機能を見なければいけないということでしょうか。

〈答〉私の人生の大半において、社会学のレーゾンデートル、すなわち社会学が存在する理由は、真実へ改宗する、ある種伝道師的な想像力でした。真実の保持者の道徳的義務についてスピノザが述べた以下の言葉のように。「もし私が正しく、あなたが間違っているとしたら、私の見解にあなたを改心させるのは私の道徳的義務でしょう。もしも私がそれをしなければ、それは私にとって残酷なことでしょう」。プラトンにも同様な考えを見出すことができます。哲学者が実際、純粋なイデアに接近して熟考する天上界に行った場合、彼らの義務は現実界にもどり、この知を他者のためにもたらすことでありました。もし彼らがこの義務を怠るならば、彼らは本当に非道徳な人となります。転向し改宗させる伝道師的活動という社会学の考え方は、その意図がどうであろうとも、常に支配の新しい構造を打ち立てることになりました。左翼であろうと右翼であろうと、進歩主義者であろうと回顧主義者であろうと、保守であろうと自由主義者であろうと、それは常に同じ方向に導

きました。それは近代のプロジェクトの部分であったわけです。

〈質問〉専門職の利害関係で言うと、どこがその知の構造に相応しいのでしょうか？　もしそれが私たちの専門分野についての私たちの考え方であるなら、制度的には、どこが大学や研究所に相応しいのでしょうか？

〈答〉私は社会学という専門分野、そこに私も属していると感じていますが、その専門分野の社会的重要性を、自己反省、有機的に自己反省的な生活、私たち全員がそこで生きているわけですが、その自己反省における役割を指摘することによって、正当化することに良心の呵責を感じることはありません。そして、知的活動の他の領域が、社会学が行うような特別の機能、それを演じることの同様な可能性を主張するのは実のところ大変難しいと思います。つまり、自己反省という非常に重要な活動に仕える、そして結局それに続く選択のための自己反省の結果に偏見なしに、またそれを先取りすることなしに、単に自己反省のための資源やパターンを供給することによってそれに仕えることの、難しさです。私は自己を囲い込み、自己を維持しようとする、アカデミックな社会学の制度化された伝統のことは十分承知しています。とりわけアメリカ社会学の一部分に、一旦制度が確立されると、自己を永続させる性質を帯びる傾向があることを、私も社会学者としてよく知っています。そして、成功した制度が行う主なことに、入り込めない壁を打ち立て、ある意味、外部の影響から免疫をつくり、制度を維持し続けることがあることも知っています。哲学の存続のための自己正当化は多くの哲学のテキストに見られることであり、それは古代ギリシャ時代の大昔から続いている言説であり、時代を超えて続いていることです。

〈質問〉では、先生の社会学的知の性質についてのより最近の見方では、社会学をジャーナリズムや文化批評、社会哲学、およびその他多くの分野から区別するものは何でしょうか？　何か違いがありますか？

〈答〉区別するものは、私たちが後見人である、ある種の伝統です。私たちには、参照すべき書物があります。私たちには、自分たちが関与するべき過去から続く言説があります。そして何よりも、私たちがこの自己反省的な活動に関わるときに、それはとにかくどこへでも行くわけですが、持参金として持ってくるものです。そして私たちは、持ってくるべきものを持っています。……カントの『判断力批判』によれば、美的共同体は、人々、実際その人々が集団を共同体にするわけですが、そのような人々の継続的な参加がなければ、現実になることは決してないのです。しかしそれにもかかわらず、この共同体を現実にするというテロスないし目的は、実際に美的共同体の唯一の肉体といえる共同体づくりの継続的な活動、参加、関与の必要条件です。カントによれば、たとえば美とは何か、醜悪とは何か？といった問いに対する客観的な解答はないのです。美的共同体のプロセスとしての継続的な創造と解体以外に、いかなる実在物や外観、すなわち客観的に与えられたものはありません。……ですから、それが社会学はいかに振る舞うかということだと思います。それは、仕事を始める前に、確信や保証や成功を実際に望む者にとっては良い知らせでないことは分かります。多くの人々は、多分この贅沢を大いに好むでしょう。それは本当にどんな類の形式においてもこの保証になります。科学に独特な形式の一つは、科学的な方法によって与えられる保証です。あなたがその方法に従っていれば、あなたは興味深い結果、あるいは至極平凡で重要でない結果を手に入れることになります。しかし、何をするのかは重要ではありません。方法が妥当な発見であることを保証しています。そこで、あなたは前もって与えられたこの種の保証を持ちたいと思うでしょう。でも、そのような保証があるとは私は思いません。

〈質問〉先生は、今おっしゃられた社会学への見方と創造する、常に構築しているものとしての文化について以前言われたこととの間には類似したものがあるとお考えでしょうか？　重要なことは構造ではなく、その構築している働きだと。

〈答〉社会学は特別抜きんでて文化的活動だと思います。それは、人間の精神性の実行です。活動それ自体の間における絶え間ない人間活動の再解釈です。ですから社会学は、人間活動の自己反省、自己モニタリングの大変重要な要素です。

〈質問〉社会学に対するこのような見方は一時的な移ろいやすいものではなく、社会学者が、現在私たちが生き抜いている国家やグローバルなレベルでの発展の特別の段階の間中ずっと自分たちをどのように考えるかを反映しているということをどのようにすれば確信できるのでしょうか？

〈答〉私たちはそのようなことを確信することはできません。なぜなら単純に社会学は時間と場所に制約された一時的な活動だからです。社会学は、文化の発展における段階の一部分であり一区画です。そして社会学にとってこの理由はより悪いものではありません。そのことは正確に社会学がその価値をどこから導くかということだと思います。社会学はいつも政治的、経済的、社会的、文化的な発展の特定の段階に関わる現在的なトピカルな問題に携わっています。それに関して間違いはないと思います。現在の瞬間を、時間を超え、領土を超えた視点から語ることを装うこと、それこそが間違った主張を意味します。もちろん権力のために戦うことにおいて社会学は良い戦略です。しかし、それは傾聴されるべき正しいことを主張するとき私が指摘する唯一の根拠である、学問的な正直さとはまったく関係ないと思います。

〈質問〉社会学の重要性や主要な機能についての先生の見方は、フランクフルト学派の批判理論、いわば〈否定の弁証法〉の社会学版ですが、その考え方に似ています。先生の経歴のある段階では、先生はユルゲン・ハーバーマスの仕事の確かな擁護者でした。信頼し得る知識に関する実証主義者の主張と〈解放〉の意図を持った科学における社会生活の解釈的次元の承認とをマルクス主義者の伝統において結合しようとした著述家としてのハーバーマスです。先生は、今でもご自分を〈批判社会学者〉と見なしておられますか？

〈答〉はい、見なしています。でもハーバーマスは好きではありませんが。

〈質問〉他にはありませんか！

〈答〉他に。——分かりました。私がハーバーマスに惹かれたのは、社会学セミナーの手本にちなんで具体化した彼の社会の理想像でした。つまり、参加者だけがいて、重要なことは議論の力です。それゆえ、社会学の役割は、主張されているが、見せかけの自由な討論の陰に隠れた他の要因を暴露することです。そしてそれらの影響を排除することです。そして、一旦それが達成されたなら、真理の問題は合意の問題や同意の問題などに吸収されます。そこで私は夢想家の理念としてこのことを好みました。それはもちろん決して達成されないのですが、それがないと実験が不可能になってしまう、そういった理想的な実験の考え方のようなことです。さらに私は私たちの努力を計画し方向づける要因として、私たちが目指すべきところということですが、このような地平や見通しを好みました。しかし、ハーバーマスがそこからまっすぐにパーソンズの実証主義的な焼き直しに向かってしまうと、私は彼のプロジェクトへの精神的な親近感を失ってしまいました。

〈質問〉私たちはここまで社会哲学の観点から多くを議論してきました。おもに扱ってきたカテゴリーは、社会的公正、文化、制約、可能性などといったことに関わるものでした。しかし、私たちは先生の長年にわたる仕事に、狭い意味での社会学理論に近いものを認識できると考えていました。つまり、資本主義の矛盾と文化的危機との間の結びつきのある種の知的な統合です。先進社会が向かっている方向へのその種の継続的な関心をそこに見出すことは間違っていないでしょうか？

〈答〉私はこれらの問題にずっと関心を寄せてきました。ただし、一つの条件付きですが。それはそれらを公に表現する仕方が変わったということです。私は何か他のものの危機とか変形とかいう観点から現在の世界状況を考

察することには反対です。私が追い求めていること、あるいは私が熱心に見
出そうとしていることは、それ自身の概念でこの種の現実を扱うことの可能
性です。それ自身の正当な権利におけるシステムとして、何かの劣った形式
あるいは変化した形式ではなく、ただそのものとして扱うのです。そして、
その現実がどのように機能するかを見出すことです。私たちは古い概念の理
解に固執していると思います。資本主義、産業社会、文化の同質化、統一さ
れた同質的イデオロギーによる正当化などの概念です。これらの概念の理解
に固執しているために、現代社会における重要なことの多くを見過ごしてい
ると思います。……ポストモダニティの考えが見過ごしているものを拾い集
めるものとして導入されました。それは〈ないもの〉、〈欠如しているもの〉、
〈消失してしまったもの〉といった観点から、はっきりと公に表現されるよ
うになりました。そこで、私が言う歴史の記憶への固執から早く脱すれば脱
するほど、より良いことになると思います。

〈質問〉先生が体系的に〈自由〉の問題に言及するようになったのは比較的
最近で、自由というタイトルの最近の著書（1988）においてです。それはお
そらく、ニューライトの時代の西洋における経済的自由主義によってもたら
されたより強調された側面や正当性に応じたものだと思いますが。多くの社
会主義者と同様、先生は今日まで、自由よりも不平等により専念していたと
言って良いのでしょうか？　それは、先生が当然懐疑的であったマルクス主
義の伝統から生じているわけですが。

〈答〉実際、私は自由主義の古典的な書物から研究を始めました。私の最初
の著書は、それはイギリスの社会主義に関するものですが、ベンサム、J. S.
ミル、そしてヘルバート・スペンサーの研究を基礎にしていました。私は、
J. S. ミルがある種大変純粋なリベラル、個人主義的な仮説から始めて、……
功利主義の論理に沿いながら、最終的には事実上、社会主義者になったとい
う事実に本当に衝撃を受けました。実際彼は、公正の社会的操作ないし社会
的調整の必要性を、必要な補足、補完物として、個人の自由への彼の熱心な

取り組みから演繹しました。自由主義が提供できない一つのことは、まさに公正、社会的公正の問題です。公正の価値に関心を持っている誰もが、国家の唯一の役割は、衰退することであり消滅することであり、放任することであるという言説を単純に認めることはできません。それが一つのことであり、もう一つは、完全自由の国家というのは、実際上想像することができないわけです。それは非社会的な国家です。そして社会における自由とは、常に X の自由が彼あるいは彼女の意志を Y に強要することを意味します。ある意味、自由とは特権です。私は、自由は社会における極めて重要な階層化する要因であるという結論にますます至っています。あなたの地位がより高いとは何を意味するでしょうか？　それは、自分に開かれた選択肢をより多く持っているということを意味します。あなたの地位が低くなればなるほど、あなたは他者に多くを決定され、ますます自由でなくなります。社会的行為者といった者の自発的な側面についての社会学における議論、それも悪名高い議論は、絶望的に抽象的です。なぜなら、人間行動の自発性やボランタリズムというのは社会的地位、あるいは社会構造上の地位の問題だからです。あなたがより自発的かそうでないかというのは、あなたが置かれている状況に依存します。だから私は、不平等の議論と自由の議論を分離させてしまうのは両者にとって有害であると考えています。二つの問題の片方を議論する唯一の方法は、それらを一緒に取り上げることです。不平等とは一体何でしょうか？　結局それは平等でない自由のことです。そして自由とは一体何でしょうか？　それは、物事を成し遂げるための社会的能力の進展のことです。……ですから私は、この二つの問題提起はそれらが結合して扱われる場合にのみ理解できることだと考えています。これがあなたの質問への私の回答です。

〈質問〉つぎに先生は、ご自分の人生において、少なくともそれ自身についてのイデオロギー的な宣言において、平等性の最大化に志向した社会システムから、個人主義あるいは経済的自由主義の古典的な中心地であったもう一つの社会、そこで強調されていたのは実際には、自由の極に向かうことであったのだろうと思いますが、そのようなもう一つの社会へ移住していま

す。このような移動を経験なさり、これら二つの異なる社会に生活した者として、そのことがご自身の思考の過程にどのように活かされているのでしょうか？

〈答〉これは、極めて複雑な質問です。福祉国家を準備するという考えは、自由を持っていなかった普通の人々のために、自由のための条件を創り出すために国家を束縛するということでした。それはアナイリン・ベヴァンの国民保健サービス（NHS）の考え方に非常に似ていました。それは一回限りの経費で、それを導入すると、誰もが健康になると想定されていました。そしてそうなれば、国民保健に関する出費が無くなる、少なくとも年々、減少していくと考えられていました。それは理念でした。そしてそれは福祉国家も同じでした。福祉国家は、できるようにする制度として、人々のためにある種のセイフティ・クッションを提供する一時的な対策として考えられました。もし失敗した場合でも、いつでもこのセイフティ・クッションがあるので、人々は、あえてすることができる、リスクをとることができる、努力することができると思えるわけです。……そして同じ発想が共産主義者の実験の背景にもありました。それが多くの人々を実際魅了した理由でした。ポーランドの知識人の多くが共産主義に惹きつけられました。ポーランドは、とにかくイギリスとは違う状態でした。1939年にポーランドの独立が終焉すると、全国に800万人の失業者がいました。ほぼ人口の三分の一に仕事がありませんでした。貧困はイギリスの標準では想像できないものでした。失業者への対策はなく、人々は希望もなく、何かをしたり求めたりするエネルギーもなく、ただ怠惰に道に座っていました。そこで、欠如している一つの事柄として自由について言えば、直ちに皮肉な笑いが起こったでしょう。……多くの人々が心配していたのは、日々のパンであり、仕事の保証であり、彼らの子供たちが確実に仕事につけるかどうかといったことでした。そしてそこでも、自由は彼らが実際に心配無くなったときに後からくるものでしょう。……それはマルクスが言ったことに大変似ています。自由は必要、基礎的な必要が充たされたときに始まる。食物が与えられ、住居が得られたときに。

……自由は確かに最優先の課題ではありませんでした。最優先の課題は、人々にこのような生活の条件を供給することでした。当時の東ヨーロッパのこの特別な状況がもたらした効果は、思慮深い人々を無能力の状態にある人々に対してより敏感にさせたことでした。貧困は多くの場合、本当に自由になるうえでのこの無能力を意味しました。それゆえ、自由主義や西洋の自由の考え方を受け入れることは、成功した人、実際うまくやっている人、そして幸福を維持するのにいかなる集合的な対策も必要ない人、そういう人たちが、本当に援助を必要としている人々への対策を否定する、そのような認識によって汚されました。この二者の間のバランスはそう簡単に見つけられません。納税者はより自由を必要とし、恩恵を得る人はより束縛を必要とします。私はこの自由と依存と公正の弁証法に敏感であり続けています。

　学問的な自由に関する限り、ポーランドにおける話したり書いたりする自由は、ソビエトやロシアとは違いました。ポーランドはいかなるときも、スターリン主義の国ではありませんでした。おそらく1、2年のごく短い期間を除いて、そしてそれはあまりにも短くいかなる深い痕跡も残すことはありませんでした。

〈質問〉私たちは近年東ヨーロッパにおける共産主義の劇的な終焉を目撃しました。国家集産主義における歴史的実験の失敗として。先生が、自由や市場、個人主義、国家統制の危険についての古典的な自由主義的言説を、イデオロギー的な幻想として単に批判すべきもの以上のこととして、真剣に捉えたのは明らかです。先生は、ポパーの正しさが歴史的に立証されたとお考えでしょうか？

〈答〉ポパーが言ったことは、思うに極めて時局に適った貴重なことです。そしてそれは、明らかにこのような最近の出来事、東ヨーロッパにおけるほんの最近の出来事から現れ出ていることです。それは彼がグローバルな秩序に並置する、この〈少しずつの社会工学〉です。それは主要な問題で、主要な変化、主要な転換です。共産主義者の凋落は、この転換をめざましく劇化

しました。ただし私の見解では、共産主義者のシステムが啓蒙のメッセージの極端な見世物的脚色だったからでした。これは西側と東側の双方が取り上げた共通のメッセージでした。ただその実施は、東ヨーロッパにおいて他は、それほど凝縮された形では決して試みられませんでした。私はその理由をいくつかの論文で、とりわけ東ヨーロッパの知識人についての論文（1987）で説明しようとしました。近代がすでにそこに存在している世界と絶望的に前近代の世界の間の相違として、後者はそのために、クリストファー・コロンブス、あるいはもう少しましなところではアメリゴ・ヴェスプッチに対して感じるアメリカと同じように感じられたわけです。すなわち、それはただの空の土地、無人の土地、これから先無限の可能性のある土地として。そこでこの理由のために、それは他のどこよりもグローバルな秩序の啓蒙の理想において、よりずっと凝縮され、とても熱心な現実的な行いでした。この崩壊は、単なる共産主義の崩壊ではなく、もちろんそれは共産主義の崩壊に違いないのですが、それはまたそれ以上のものでした。それは、〈設計された社会〉というある種近代の理念の崩壊でした。ポパーは、道徳的な理由だけでなく、それを実施することがまったく不可能なこと、またそれを達成することが技術的に接近不可能なことのためにその正しさが立証されました。

〈質問〉もし先生の『社会主義──能動的なユートピア』（1976）が今、第二版として出版されたとしたら、新しい序文に何をお書きになりますか？
社会主義を資本主義の対抗文化として見ることは今でも可能でしょうか？

〈答〉私は現在、伝統的な19世紀の資本主義と社会主義を同じカテゴリーと見なす、近代の対抗文化により関心があります。資本主義、社会主義はモダニティ内のうちわ喧嘩でした。19世紀には、マルクス主義を含めて、モダニティの現実性と不可避性は決して問題になりませんでした。ロマン主義運動がありました。そして世紀の終わりにはニーチェが現れました。しかし基本的には中心的な言説は、現実を一度限り与えられるものとして想定していました。私たちは偏見や無知、迷信と闘っているなどといった、歴史の進歩党、

民権党的捉え方です。そしてこの背景に対して、資本主義と社会主義は、い
かに首尾よくこの進歩を成し遂げるかの戦いでした。進歩ということについ
ては皆が一致していたわけです。現在、私たちはこのような瞬間が過ぎ去っ
たところにいると思います。問題になっているのは、まさに世界のこのよう
な展望の価値なわけです。それゆえ、世界が正気であり、自己矯正ができ、
自分自身を監視・管理することができると想定することは、対抗文化を必要
とします。ここで問題は、資本主義の対抗文化なのか、それともモダニティ
の対抗文化なのかということです。ある意味実際にどちらが時代の要求なの
でしょうか？　今度は、資本主義のそれではなく、モダニティの対抗文化を
提示する、ある種新しいマルクスが待たれます。私は、この疑問への答えは
無論、この質問への答えをどこに求めるのが良いのかということさえよく分
かっているとは思えません。しかし、私が確信するのは、資本主義の対抗文
化というその問題は時代遅れだということです。私たちは現在、十字路にい
るように思えます。一つの道は、モダニティへの愛着で堅く結ばれた資本主
義と社会主義が一緒に含まれる道、もう一つの道は、いまだ描くのが難しい
道です。

〈質問〉先生は、国家社会主義は失敗し、自由主義資本主義が勝利したとい
う見方は受け入れないのでしょうか？

〈答〉私がそうするように、共産主義の崩壊を祝っている人々は、いつもそ
れと知らずに、それ以上のことを祝っています。彼らは実際モダニティの終
焉を祝っているのです。なぜなら、崩壊したものは、モダニティを機能させ
る最も決定的な企てであったからです。そしてそれは失敗しました。その企
てが派手であったのと同様に、それは派手に失敗しました。

〈質問〉先生の消費主義への関心に移ります。なぜ、戦後の西側諸国におけ
る相対的な裕福さの経験が、明らかに先生の最近の思考や著述の多くの部分
を占めるようになったのでしょうか？

〈答〉それはあなたが前に尋ねた質問と関係しています。私は実際、古い概念から解放され、自己の正当な権利において実体としての今の社会を表す、現代社会の理論的モデルを探しています。そしてここで、消費主義が極めて中心的なカテゴリーだと分かります。あなたも覚えていると思いますが、私が自由についての小さな本（『自由』1988）の終わりに、試みに提案したことは、近代社会における労働、仕事、職業、専門業によってなされていた同じ中心的な役割が、現代社会においては、いま消費者の選択によって演じられています。……前者の労働や職業は、第一の水準で、自己アイデンティティの問題や生涯の仕事やビジネスといった生活経験、第二の水準で、社会統合、第三の水準で、システムの再生産を結びつける車止めでした。……消費主義は、象徴財の生産、分配、欲望、獲得と利用を表します。象徴財、これが極めて重要です。消費は単に物質的な欲望を満たすことや胃袋をいっぱいにすることではありません。それは、あらゆる種類の目的のために、シンボル（象徴）を操作するという問題です。生活世界の水準では、消費はアイデンティティの構築、自己の構築、他者との関係を構築するためのものです。社会の水準では、それは制度や集団や構造などの継続的な存続を維持するためのものです。そしてシステムの水準では、消費はこれらすべてのものが可能になる条件の再生産を保証するためのものです。……私は遅かれ早かれ、私たちは19世紀や20世紀の歴史を書き直すだろうと思います。なぜなら、私たちは19世紀の歴史を産業主義の生産としてのみ理解したからです。消費主義の生産についてはどうだったのでしょうか？　それはある時点で起こったに違いありません。しかし私たちはそのことを見過ごしました。私たちは、労働とか雇用とか生産技術とかにとても魅了されたために、他のものを見ることができませんでした。何冊かの新しい本があります。たとえば、ロザリンド・ウイリアムズの『世界ドリーム』（1989）です。これはそのような歴史の書き直しが始まっている合図だと思います。

〈質問〉もちろん、労働や産業といった生産過程のそのような部分は、グローバルに転換しているのですよね。

〈答〉それは転換しているという問題なのか、あるいはそこに常にあったの
だけれど、仕事中心のモデルのように、いわば私たちが創り出したモデルに
支配されていたために、見ようとしなかったのかどうかは分かりません。私
たちは、より多く生産し、より大きな利潤をあげることに傾斜したシステム
の支配的なイデオロギーに従属していました。

〈質問〉他の東ヨーロッパ人は、西洋の消費主義、豊かさ、より多くの廃棄
物に初めて出くわしたときの経験の衝撃を伝えています。先生の場合もそう
でしたか？

〈答〉私はそのような衝撃は覚えていません。実際にここに住むようになる
前に、何度も西側の社会に来ていました。私は1956年に西側への旅を開始し
ました。……それは穏やかな導入でした。……研究のスカラーシップに関し
て言えば、私の最初の洞察は、裕福な人々の生活に対してではなく、貧しい
人々の生活に対してでした。

〈質問〉そうですか。では言い換えれば、消費主義への先生の関心は、ある
種の道徳的な反応によって引き起こされたものではなく、それは社会が機能
する様式の分析により関係があるということですね。

〈答〉その通りです。消費主義は知的に私を魅了しています。ただ単に、そ
れがこのような理論モデルを創るのに有益なカテゴリーであるからというだ
けでなく、それが中心的なカテゴリーとして一旦受け入れられると、人間の
動機、人間の態度、個人と社会の間の関係、さらには人間存在のすべてのロ
ジックについて、別の見方、別の評価へと導くからです。これらの事柄は、
労働中心の社会の見方によって幾分問題の一面しか見ておらず、誤って伝え
られていました。……道徳的な評価というのは簡単ではないと思います。私
は人間の物質主義や欲望などを解き放ったとして消費主義を酷評するつもり
はありません。消費社会は一つの異なった手段です。ただ本質的にそれは他

の手段と同様、道徳的でもなければ非道徳的でもありません。

〈質問〉著書『自由』における消費社会とラブレーのセレマ修道院との先生のアナロジーは的を射た、啓示的なものです。先生は、ある水準では、消費主義に不賛成ですか？　この仕事、特に終わりの二つの章に、私たちは、自由と安全のパラドクスへの解決策としての消費主義の称賛と、共同的な自己規制というより古い社会主義者の理想像への道を遠く離れて前進させないという理由での批判的な論調、の双方を見出すことは正しいのでしょうか？

〈答〉私はそこでは消費主義を非難しています。あるいはむしろ、消費主義への二つの勘定の二枚舌という、ハイエク志向の見方といった方が良いでしょうか。一つの勘定は、消費主義との比較で、産業資本主義はずっと誠実なものでした。なぜならそれは、単純だったからです。つまり、ボスがいます。労働の売り手と労働の買い手がいます。人々は分断され、分断され続けます。私たちがあなたにできるただ一つのことは、もしもあなたが本当に大いに努力をすれば、あなたはより裕福な層に加われるという機会を提供することだけです。ただし、そこにも勝者と敗者がいるでしょう、等々。消費主義には、このような単純さはありません。消費主義は、それが手渡すことができないものを約束します。それは実に、誰でもが幸福になれることを約束します。誰もが選択の自由があり、そして誰もがお店に入れて、そのとき誰もが平等に幸福です。これが一つの二枚舌です。もう一つの二枚舌は、あなたが消費者の自由を申し出れば、あなたは完全に自由の問題を解決するという虚偽の主張の限界です。ですから、それは自由の消費主義への還元です。これがもう一つの二枚舌です。人々は、単により良い商品を買うことよりも、他の自己主張の仕方もあり得るということを忘れるように誘導されています。

〈質問〉消費主義にはこのような二枚舌があるということで、先生は暗にある観点から消費主義を批判しています。私たちがそこに読み取ったことは、

ここになお社会主義者がいらっしゃる。ここに共同的な自己統治ないし自己規制、労働者の支配、自らの生活を管理することなどについて語る方がいらっしゃるということでした。

〈答〉私は理念を述べました。これらの二枚舌の最初のものは、公正の原則を嘲弄するためです。二番目の二枚舌は、自己主張の原則を嘲弄するためです。これらの原則は常に私と共にあります。あなたがそれを社会主義者というのなら、それで構いません。ただ私はいずれにせよ、それを特に社会主義者だとは思いません。それは社会主義者よりもずっと普遍的なものです。共産主義は、それを推し進めるために、ひどく凝縮され、専念された無邪気な努力をしていたと実際思います。しかし、その価値は共産主義者によって発明されたものでは決してありません。そこにある価値はずっと普遍的なもので、西洋の啓蒙の理想です。私は、いやしくもこれら二つの価値を完全に取り除いてしまっている社会を想像することはできません。……公正と自己主張の考えが一旦発明されると、それを忘却することは不可能です。それは世界の終わりまで、私たちにつきまとい、私たちを悩ますことでしょう。

〈質問〉最後に、ユダヤ人アイデンティティと先生の見地や社会学的関心に対するそのあり得る影響という問題に少し触れてもよろしいでしょうか。先生のポーランドからの追放は、政治的都合と同じだけ反ユダヤ人主義に負っています。そして、社会学的な見地を形成するのに、周辺性の有利さを指摘するのは私たちだけではないでしょう。最近、先生はホロコースト、異邦人、アウトサイダーや追放者についてお書きになっています。そしてユダヤ人を唯一の国家を持たない民族として、またこれと関連して、同化の意味を先取りしている民族として、後者の原型と見なしています。最近、先生が生活のこの次元により意識的になっているのはなぜだとお思いでしょうか？

〈答〉三つの段階で、ユダヤ人であることが私の人生において何らかの役割を演じました。概して、私の人生の大部分で、ユダヤ人であることはあった

としてもそう大きな役割ではありませんでした。ユダヤ人であることを意識
した最初は、1968年の反ユダヤ主義の勃発でした。

　第二の段階は、ヤニーナ（バウマン）のホロコーストの本（1986）でした。
それは奇妙に思えるかもしれませんが、私は彼女の本を読んで初めてホロ
コーストの意味が何であるかを理解しました。ホロコーストがあることは
知っていました。誰もがあることは知っていたでしょうが、それはどこか別
の場所のよその出来事でした。私のホロコーストの本の序文にも書いたよう
に、私は壁に掛かった絵としてホロコーストを見ていました。そしてそのと
き突然、別のものが見える窓としてホロコーストに出会いました。そこで私
はこの問題に心を奪われました、それも知的に魅惑されました。そして徐々
に、文献を読み始め、他者の報告からこの経験を取り戻す試みをしながら、
私は第三段階に至りました。……私は、19世紀後半における急激な近代化と
同化の時期の間に、最初にユダヤ人が投じられた特有の条件を発見しまし
た。もし、マルクス、フロイト、ゲオルグ・ジンメル、カフカといった人々、
これらの人々は私たちが近代文化と呼ぶものを実際に創造したわけですが、
そういう人々の考えを調べ、そしてさらに、レヴィ＝ストロース、レヴィナ
ス、デリダ、あるいはジャベスやシェストフのようなより目立たない、より
知られていない人々、ただし、近代文化の本質的なカテゴリーを形づくるの
に極めて影響力のあった人々ですが、そういった人々の考えを調べれば、同
化のプロセスにおける社会的疑惑の押しつけられた条件と近代のごまかしを
見抜く、鋭く知覚力があり、洞察力のある近代文化の性質との間には、ウェー
バー主義者の言葉を用いれば、ある種の選択的親和性があることが分かりま
す。ですからこの意味で、ユダヤ人の経験は、近代文化の本質的な部分が抱
く条件を通して、いくつかの一般的な問題を理解するのに役立つでしょう。

　これらすべてのことは、むしろ知的で非感情的なことと言わねばなりませ
ん。そしてこの意味で私もそうです。私は異邦人であったし、今でもそうで
す。私は三人の人がユダヤ人について語っていることが大変気に入っていま
す。一人は劇作家のフレデリック・ラファエルです。ご承知のように、彼は
ユダヤ人であることを非常に意識していて、それが意味することを大変積極

的に分かりやすく説明していますが、自分がユダヤ人であることの意味は、自分はどこにも居場所がないことだと言いました。これが一つの発言です。二番目は、ジョージ・スタイナーが言った、「私の故郷は、私のタイプライターです」という発言です。そして三番目は、ヴィトゲンシュタインによって言われたもので、「本当の哲学的問題が取り組まれ、解決される唯一の場所は鉄道の駅だ」というものでした。これら三つの発言内容は、同じ傾向を指摘しています。そして私は、これらの人々が言っている〈居場所のなさ〉は知的には肥沃な土壌だと思います。規則によって拘束されにくいゆえに、よりすぐれた見方が可能です。

〈質問〉では先生は、この集団の経験は、まずホロコーストによって、つぎに一般的に彼らの構造上の位置によって、社会学的考察の豊かな源泉であるとおっしゃっています。

〈答〉最初のものは、そのようなユダヤ人の運命です。二番目のものは、一般的にユダヤ人の問題ではありませんが、近代のこの偉大な機会の最も貪欲で献身的な預言者であった、ユダヤ人の知識人を同化するという問題です。彼らが自分たちをこの新しい近代的生活に同化することを探究したとき、しかしながら実際には、彼らは自分自身を彼ら自身の同化作用に同化しました。そこが彼らの属することができた唯一の場所であったからです。カフカはそのことを、四足の動物の比喩を用いて大変うまく捉えました。それは、後ろ足はすでに地面からは離れているのに、四つの足は置く場所を見つけることができないでいるというものです。それは現在多かれ少なかれ普遍的になっているある種の宙ぶらりんの状態です。私たちはみな不慮の出来事と選択の状況のなかに生きています。すべてのものが所与ではありません。すべてのものが創り出されなければなりません。そして、ユダヤ人、とりわけ知的なユダヤ人は、このような状況が先にあり、たまたま自己の能力の使い道を悟ったにすぎないのです。

〈質問〉私たちは〈国家を持たない民族〉という言い回しを好みます。なぜならユダヤ人はとにかく西洋社会において事実上見えない人々です。彼らは黒人やアジア人とは違います。彼らは見た目では分かりません。ただそれでも、ユダヤ人は非キリスト教の信仰を持ち、異なった暦の宗教的祝祭を祝い、そしてかなりの内婚率の、小さくとても濃密な共同体を営んでいます。さらにそのうえ、この集団は定住している国の一部分であり一区画を占めています。先ほどの言い回しが当を得ていて、彼らはアウトサイダーでありインサイダーでもあります。

〈答〉その通りです。でもこのことはかつてそうであったようには、ずっとそうでなくなっています。『モダニティとアンビヴァレンス』で私が指摘していることは、それは単に、一回限りの歴史の偶然だったということです。人々が描写し、知っている、実際に出くわす唯一の人々である同化したユダヤ人の生活は、退屈で、それほど感激するものではなく、特に生産的というものでもありません。特別な知的風潮を鼓舞するものは何もなく、特別に広範な展望を与えるものも、視野を打ち破るものも何もありません。ユダヤ人がゲットーの拘束から現れ出て、大きな社会に加わったのは歴史のなかのほんの一時期でした。それは19世紀の後半と20世紀の初めのあたりで、とりわけ強烈に短縮されたモダニティの期間でした。オーストリア＝ハンガリー、ドイツ、中央および東ヨーロッパ、そこではこの機会がある種の預言的な展望を創り出し、これまでに他の人々がまだ見ていなかった物事へ目を開かせることになりました。……それは特にユダヤ人に特徴的な現象ということではなく、選択的親和性です。それはむしろユダヤ人の一部がそのような環境において自分自身をたまたま見出すことになった特異な社会状況がもたらした現象です。強調すれば、私は特別な使命をユダヤ人であることのせいにはしていません。私は単に、歴史の偶然の出来事によって、ユダヤ人の経験が近代文化のロジックを理解するための特別な意味をたまたま持つことになったと言っているのです。

第3章

関係性を断つ行為
〔ジグムント・バウマンとのインタビュー〕

エフレイン・クリスタル ＆ アルネ・デ・ボエバー

　以下は、エフレイン・クリスタルとアルネ・デ・ボエバーが、著名なポーランドの社会理論家、ジグムント・バウマンと彼のこれまでの仕事について語り合ったものである。インタビューは電子メールを用いて行われ、ウェブサイト誌 *The Los Angeles Review of Books* の2014年11月11日と12日号に掲載された。

モダニティ、ポストモダニティ、液状化

〈質問〉ワルシャワ大学の教授になったとき、ご自分の若いときの軍隊の経験、とりわけ第二次世界大戦で母国ポーランドの解放に関わったことが、先生の初期のころの思考に影響を与えていますか。

〈答〉もちろんです。影響がないということが考えられるでしょうか。軍人であろうと一般人であろうと、生活経験が自らに刻印されないはずがありません。その経験がより重大であればあるほどより先鋭に、人々の人生の経路に、世界を認知しそれに反応し世の中を渡る道を選択する仕方に刻印されます。生活経験はその人の人生という旅の日程が、可能な組合せの一つであるマトリックスに組み込まれます。けれども要点は、その経験は引っかき回すというよりもちょっと突っつくことで、また意識的でよく考えられた選択というよりも、その経験が選択肢の幅を定めることによって、黙っていわばこっそりと内々に作用することです。科学者であるとともに偉大なポーラン

ドの作家であるスタニスワフ・レムはかつて皮肉ではなく、スタニスワフ・レムと名づけられた人を誕生に導く偶然の出来事の目録を作り、その生まれる確率を計算しようとしました。その結果、科学的に言えば、彼の存在はほとんど不可能であることが分かりました（他の人々の生まれる確率も、彼の確率より大きいわけではなく、限りなくゼロに近かったけれど）。そこで警告の言葉が生まれました。「選択の原因と動機を回想的に再構成することは、構造をある種の流れやロジックに帰する危険を冒している」ということです。たとえ前もって方向を定めたものであっても、実際はそれが生起したときにはほとんど反映されていない一連の既成事実のせいにされてしまいます。広く受け入れられている言い回しに反して、〈あと知恵〉と〈恩恵〉は常に二つ一組になっているわけではありません。自伝的な企てにおいては特にそうです。

　あなたがたの質問に答えてこれから私が言うことは、割引して聞かれる必要があることを忠告するために、まずはこれらの世俗的でかなり仔細な事実を喚起しておきます。

　小さな子供のころから私は物理と宇宙論に熱中しており、自分の人生をそれらの研究に捧げるつもりでした。もし非人間性という人間の潜在力との鮮烈な出会いがなければ、おそらくその意思に従っていたと思います。戦争の醜い残忍さ、悪の放任、逃げ惑う人々で埋まる道路への絶えざる砲撃の恐怖、人命救助が驚嘆すべきことでもあり、結局は追放者の悲惨さにつながる進撃するナチの軍隊から逃れるための必死だけれど空しい試み、当時を思い出すとき、そういったことが全部、次から次に矢継ぎ早に起こっていました。それから人間であることについての多くの様々な仕方での放浪者の経験がありのままに顕わになることは、人生の様々な様式の多彩なつぎはぎ細工が顕わになることであり、無批判に心をこめて受け入れるのに十分なほど罪もなく魅力的であるようには思われません。このような人生の若いときに得た経験は、次第にしかも絶え間なく、宇宙で誕生し消滅するブラックホールや星雲から、この世で生まれ消え去るブラックホールや星雲へと自分の注意を向ける傾向に影響したかもしれません（かもしれないというのは、しなければな

らなかったというわけではなかったからです。そのような似た経験によって物理学や天文学の才能がなくなってしまったということはありませんでした）。

　そのような傾向は、ソビエトで組織されたポーランド軍に加わることで、自分の貧しい国で見たものによって、私が追放から母国に帰還するのをかなり早めました。それはすでにドイツの侵略以前からあった、恒常的な失業につきまとわれ、社会的不平等や階級や民族の憎悪が充満した状態に加え、戦線の通過によって破壊され焦土化し略奪されたうえに、外国に占領された年月によって荒廃し、屈辱を受け、混乱した状態でした。確かにそこでは、満たされることを叫ぶブラックホールや処理されることを待ち望む死んだ惑星の破片を見ることはありませんでした。私が社会的および政治的な研究に転換したのは不思議ではありません。軍隊を退くと、研究に専念しました。そのときからずっと、学会の制度化された論理が自分の進む道を誘導する指針になりました。そしてその後は日常的な決まりきった課業をこなすという平凡な話になります。

　以上述べた経験と私の生涯の学問的関心になったこととを結びつけるのは道理に適ったことです。その関心とは、悪の源泉、社会的不平等とその影響、不正義の根拠と手段、もう一つの生活様式の徳と不道徳、歴史を人間が支配することの機会と限界といった事柄です。しかし道理に適うかどうかというのは、真実であることの十分な証拠でしょうか。偉大なポーランドの作家、ヴィズロウ・ミズリウスキーは彼の最も新しい小説『最後の取引』(2013)のなかで以下のように書いています。

　　「私はいや応なしに生きていました。物事の秩序ある状態の一部であるという感覚はまったくなしに。私はあたかも潮の満ち引きに撃たれているように、出来事から出来事へ出鱈目にその瞬間における断片的なもの、部分的なもの、破片的なものによって生きてきました。しばしば、私は誰かが自分の人生の本から主要な頁を破り取ったのではないかという印象を持ちました。なぜなら人生の頁は空虚であり、私ではなく誰か

他の人の人生であったからです。」

極めて美しい散文で語られる魅惑的な物語とはかけ離れているこの本は、また、人々は自分の人生の旅路の秩序立った包括的で説得的な再構成や語りをあえてするのに十分なほど、なまいきで横柄であり、嘘をつかざるにはいられない罠や待ち伏せ、試練や苦難に関する長い黙想でもあります。

しかし彼は「誰かが言うでしょう。記憶って何？」と問います。記憶というのは自分自身の守衛ではないでしょうか。記憶は他の誰かではない、自分であるという感覚を与えないのではないでしょうか。記憶は自分を完全なものにしないでしょうか、記憶は自分に汚名を着せることはないのではないでしょうか。唯一の答えは、「私は記憶を信頼することを勧めません。記憶というのは、自分の想像のなすがままに任せるものだからです。そしてそのように、自分についての真実の信頼できる源であり得ないからです」というものでしょう。私は謙虚にこの回答を受け入れます。

マーティン・ジェイはかつて私自身の生活経験の流動性が、私のリキッド・モダニティの解釈に影響を与えたという意見を述べました。私の人生の物語において、私は鳥類学者というより、むしろ一羽の鳥（それも鳥類学者の目録では特に目立ったものではない鳥類）であって、私は本当に、自分自身が漂っていた環境についてのもろさの経験が、自分は何を見たかや、またそれをどう見るかに影響したに違いないというかなり平凡な理解以上に何か特別なものがあったとは思いません。

〈質問〉イギリスを先生の新たな知の本拠地にしたとき、ポーランドからの離反という出来事は社会主義に関する先生の見解にどのような影響がありましたか。今日のポーランドの先生の印象はどのようなものでしょうか。

〈答〉心底傾倒していた社会主義者の考えと、受け入れることが難しいと感じる〈現実に存在する社会主義〉との大きな乖離という私の見解は、ルドルフ・バーロウが1977年にこの言葉を用いるずっと以前からありました。1968

年にポーランドを離れることを強いられた以前からです。イギリスにおける私の学究生活の最初の著作は、『社会主義──能動的なユートピア』でした。それは主要なメッセージを伝えるものでした。社会主義の考えの偉大なる歴史的な成就は、現状における社会的不幸の病を暴露し、救済の行動を刺激するユートピアとしての振る舞いでした。そのようなユートピアの存在なしには、その不幸は、最初のおそらく最も惜しむべき巻き添えの犠牲者となるだろう生活の質とともに、社会の道徳的基準では抑制できずに増大し増殖するでしょう（図らずも、その考えはベルリンの壁の崩壊後の西側社会のストーリーによって回顧的に確認されることになりました）。そのメッセージからもう一つの信念が導かれます。社会主義の思想が実現されたものとして、いかなる現状をもおおっぴらに言うことは、歴史において演じられたその主要な、実に最高の役割だったものへの死の弔鐘であらざるを得ないことです。遅かれ早かれそのような公言は、不可避的にその役割から社会主義のユートピアをはぎ取ってしまったことでしょう（ちょうどもう一つのユートピア、民主主義のユートピアの場合と同様に）。その本からの短い引用をさせて下さい。

　　「社会主義のプロジェクトは、もはや歴史についてのユートピア的な魂の感動としての性格に値しなくなった。一方で、資本主義の対抗文化としての性格だけが残っている。それゆえ、現代の社会主義者の思考において顕著になったような変化は、そのインスピレーションや効力を、近代社会で確立された二つの主要なシステム（体制）の批判から引き出している。」

　この文章はイギリスで出版されましたが、形をなし仕上げられたのはポーランドでした。そして今日、それはまた現代の民主主義の思想にも当てはまると私は思います。
　今日、社会主義のユートピアは、ほぼ例外なく、それがないことがその特徴になっています。でもそのユートピアの欠如はめったに影響を及ぼしませ

ん。人間の自己探究の緊張と、その結果、共有された人間の歴史の方向性を共同で決定し得ることには言うまでもなく。フランシス・フクヤマの歴史は終わったという推測に反して、ユートピアの欠如はさしあたり仮にしか歴史が終わったということを立証していません。そのような可能性を示唆することが近年増えています。とりわけ、猛烈で途方もないこの100年間で前例のないほどの社会的不平等が拡大しているという警告の増加です（アマルティア・セン、マーサ・ヌスバウム、ジョセフ・スティグリッツ、ゴラン・ザルボルン、ステュワート・ランズレイ、ダニーロ・ゾロ、ガイ・スタンディング、フランソワ・ブルギニョン、ダニエル・ドーリング、リチャード・ウィルキンソン、ケイト・ピケット、ロバート＆エドワード・スキデルスキー、マウロ・マガッティ、キアラ・ジアガルディー、トーマス・ピケティや他の数えきれないほどの、あまりにもリストが長くなり、それにもかかわらずすべてを包括しているとは言えない多くの人々によって公言されている警告や声明への広がる共感や影響に注目して下さい）。この社会的不平等の拡大は、おそらく将来的には最も進展しそうなことであるのに加えて、現在ではまともで、おそらく最も時機を得た切実な事柄のなかで、一番際立っているように思えるものです。

　今日の社会主義のユートピアは、それが現れるのがいつどのような形であれ、現在すべてのユートピアが直面する困難な立場を共有しています。もし今よりも社会を良くするためになされねばならないことについての考え方を完成させるのに成功したとしても、それを誰がやるのでしょうか。社会主義のユートピアの破滅は、競合する社会プログラムの破滅と同じように厳しく深い組織の危機です。社会主義のユートピアの全盛期には、社会変革を担う組織がはっきりしていて論争の論点ではありませんでした。党と運動が政治的拡がりの全長に沿って計画を作り、そのような組織が主権の領土国家によって用意されると信じていました（あるいはむしろ暗黙に自明の理と思われていました）。領土国家は求められる量の権力（つまり、物事を成し遂げる能力）と政治（つまり、提案された物事のどれが必要で実行されるべきであるかを決める能力）の効果的な手段を適切に備えていると見なされていま

した。信頼し得る歴史的な主体としての国民国家における信頼が、競争相手と同じだけ社会主義思想を標榜する者に、国家権力を引き継ぐことに希望を抱かせ、その仕事に彼らの戦略を集中させました。でも今日、ベンジャミン・バーバーが『もし市長が世界を支配したら』という題名のもう一つの警告／宣言書ではっきり言うように、「地域的成功の長い歴史ののち、国民国家はグローバルな規模に関して私たちを失望させています。国民国家は自律的な人々や国家の自由や独立に対する完璧な政治的手段でありました。しかしそれは相互依存にとってはまったく適合的ではありません」。そのような劇的な変化の理由は、要するに権力と政治の分離が拡大したことに求められます。その結果、権力は政治の拘束や管理から自由になり、政治は常に拡大する権力不足に陥っています。権力、とりわけそのなかでも人間の条件や人間性の見込みに最も大きく影響する権力は、今日グローバルであり、〈フローの空間〉（スペインの社会学者、マニュエル・カステルの仕事から引用して）をこれまで以上に自由に移動し、一方で意識的に境界や法、政治的組織の内部で明確にされた利害を無視しています。これに反して、政治的行為が今とれる手段は、一世紀や二世紀前と同様で固定され、〈場所の空間〉に限定されています。現在の政治組織に替わる〈歴史的主体〉が強く求められています。そのような主体を熱心に探し求めることが、現時点での顕著な目標になっています。そして、そのような主体が発見され配置されるまでは、良いあるいは少なくともより良い社会のモデルを議論することは無駄な気晴らしに見え、政治的拡がりの極めて周縁以外では、多くの感情を喚起させることはないだろうと推測できるかもしれません。

　南アフリカの小説家であり哲学者の J. M. クッツェーが『悪い年の日記』（2007）で示唆するように、一方での穏やかな奴隷の身分と他方での奴隷の身分に対する反抗との間の伝統的な選択は現在用いられなくなり、その選択は、もはや誰を統治者として選ぶかに関する多くの有権者に負わされた態度を捉えることはありません。第三の態度が急速に広まり始め、現在までに毎日たくさんの人々によって選ばれるようになっています。それをクッツェーは、「静寂主義、意識的曖昧さ、ないしは精神的な移住」と呼んでいます。

政治的エリートと一般大衆との間のコミュニケーションのかつてなくはっきりとした崩壊への傾向を跡付けることは私の見解ではとても魅力的に思えます。二つの言説は、一つは国家政治の言説で、もう一つは日常生活の民衆政治の言説ですが、その他のことには使われず腐りかけている政治参加という大衆意思の少しばかりの備えとともに、おおむね平行線で交わらず、爆発する可能性のある過剰な恨みと憎悪に対処する、まれで束の間のときにだけ合い交わります。

〈質問〉リーズ大学を退職する前年、先生は『近代とホロコースト』(1989)を出版されました。その高く評価された本のなかで、先生はナチスによるユダヤ人に対して行われた犯罪の方法は近代（モダニティ）の産物であり、私たちはそのようなことから免疫されていないと論じています。現代の社会はそのような近代の産物から自分たちをどのように免疫することができるのでしょうか。

〈答〉私の主張で重要な点は、近代はホロコーストの必要条件であるけれども、その十分条件ではないということでした。広大な領土と長年にわたって企てられた、体系的で一つの民族を完全に滅亡させるというプロジェクトは、細分化された分業と指令と遂行の厳格な官僚制の規則を伴う（ときには科学的とも呼ばれる）近代経営と同様、産業と交通の近代技術を要求したという理由で、それは必要条件でした。特にそのプロジェクトを本質的に近代にしたものは、それが目標志向のプロジェクトであったということでした。それは、目標を定めるのは最適（最も効率的で低コスト）な手段を選択する傾向や能力であると見なす〈道具的理性〉の時代というマックス・ウェーバーの近代の定義に沿っているように見えました。
　そのような民族殲滅（ジェノサイド）は近代の発明ではありません（たとえ大虐殺と絶滅の実践に対するその一般的名称が、ホロコーストのあとその影響下で造られたとしても）。実際、4万年から4万5千年前の人類によるヨーロッパの征服が、原始人類の絶滅から始まった可能性があります（たとえまだ専門家の間で議論があるとしても）。ただ、ロンドン自然歴史博物館のクリス・ストリ

ンガー教授による最新の研究によれば、達成するのに5千年かかったそうです（これまで考えられていたような500年ではなく）。しかし、過去の民族殲滅（近代化の水準でこれまで低開発とされる地域では現在でも）は部族や宗教的な敵意に関係していて、その結果が敵の新たな領土の獲得につながる、軍人の強欲や気まぐれの一回限りの突発であるか、あるいはまた隣国に対する敵対感情の束の間の組織的な虐殺という形の爆発であるかでしたし、その傾向は今もそうです。厳密に近代の現象としてのホロコーストは、冷血で冷静な計算と計画によっていることで他の民族殲滅とは異なり、その最善策として、感情的なものの有無とプロジェクトの成功とを関連させないようにしています。これが、ホロコーストが近代文明のまさに中心、哲学者や音楽家、科学者や詩人で有名な国で発想され設計され計画されることを可能にした理由です。

　ジグムント・フロイトの研究やそれを発展させたノベルト・エリアスの研究から分かるように、近代化の歴史は文明化のプロセスでもありました。それは、敵意や侵略、暴力や血なまぐささを明白に表すことを抑制することであり、あるいは少なくとも日常の相互作用からそういうものを排除することでした。そのプロセスの効用の一つは、公的な場面で感情を表すことは恥ずかしいことだと見なしたことでした。それは、どんなに圧迫感のある状況でも、是が非でも避けられるべきものでした。禁止の対象は感情の表出であり、そのような感情そのものではなかったということに注目すべきです。アーヴィング・ゴッフマンの〈儀礼的無関心〉は道徳の改良というよりも、周囲の人々に個人的な関心を向けないこと（たとえば、視線を逸らすことや近づき邪魔するほど物理的に接近しないこと）を要求しました。そのような無関心は、近代の人口が密集した都市において見知らぬ者との共生を可能にするという意味のある一つの戦略でした。お互いの暴力行為や相互に恐怖のない共生です。それはお互いの敵意や攻撃性の排除というよりも、覆い隠すという意味を持っていました。文明化のプロセスは、人間をより道徳的、友好的かつ他者に配慮するようにするというよりも、公共の場所での人間の行為をより柔軟にしました。

　他者への暴力を自己抑制することや断念するという近代の要請は、それゆえ絶対的なものではなく、条件的なものです。ある種の行動、ある種の他者、ある種の環境や状況に限られたものです。私はそのような暴力を中止したり取り消したりする二つの手段を示唆しました。〈無関心化〉（つまり、相互関係や相互作用のある種の行為やある種の見方を倫理的重要性から免除し、そうすることで遠まわしに人々の潜在的に暴力的な性向を否定すること）とある種の人間を道徳的義務の世界から排除することです（つまり、表立ってあるいは暗に彼らの人間性を否定することです）。無関心化は今日、人々の人間関係や行動のとても広い範囲で一般的に適用されています。そのことは、現在の倫理的水準や今日の個人化した消費者の社会における道徳的実践にとって大きな意味があり、そしておそらく当面予想されることに対してより大きな意味があります。

　あなたがたが取り上げた問題に関して、不健全なホロコーストを可能ならしめる近代の産物への現代社会の免疫の程度（もしあるとして）の問題にとっては、二番目の手段が特に重要です。私たちは政治家や意見を形成するメディアによって、排除や追放といった行為がとても日常的で頻繁にどこでも起こることなので、道徳意識に衝撃を与え混乱させるのは無論のこと、もはやすべての実際的な意図や目的を見えなくしてしまう現象として見なすように毎日訓練されています。メディアは大量に、ビッグ・ブラザーやウィーケスト・リンクといったタイプの大衆番組を提供しています。そこでは繰返しお決まりのスケジュール化された排除の集会が、広く支持を得た高視聴率をあげる番組として絶えず提供されています。関心の主な焦点は実際には、エンターテインメント（娯楽）なわけです。政治家は有権者の支持が上がるにつれて、その待遇において、法の道徳的戒律が適用されない、あるいは厳しく切り詰められた対応が適用される人々、というカテゴリーを明確に区別します。テロリスト、避難所を与えねばならないと疑われる人々、それゆえ無人機や砲火の巻き添えの犠牲者、異教徒や誤った党派のメンバー、不法移民、状況による様々なアンダークラスに対して、もはや社会問題ではなく、非社会的な行動の問題、それゆえ法と秩序の問題に適合することになりま

す。

　何にも勝って、あなたがたがお尋ねになった問題について、免疫を宣言するのは早すぎます。潜在的に不健全な近代の産物は海外でも国内でも生き残っています。そして、武器貿易を厳粛に規制緩和し、悪名高くその管理を避けることによって、永久に手の届く範囲にあり、悪の手に落ちるリスクを保っています。近代産業の組織化された技術が永遠の人間の憎悪に出会うところでは、暴力や大量の流血の勃発はあり得ることです。それは機雷原のうえを生きているようなものです。土壌は爆薬で充たされ、爆発が起こるに違いなく、将来必ず起こるであろうことを人々は分かっています。どこでいつ起こるのかは分からないのだけれど。

〈質問〉先生の著作におけるある時点で、なぜ〈ポストモダニティ〉という概念が現代の状況分析にとって中心的な概念になったのでしょうか。また、なにゆえにその概念を使うのを止めて、その代わりに〈リキッド・モダニティ〉を用いたのでしょうか。その概念はこの15年間、先生の著作において大きな部分を占めているように見えますし、かなりたくさんの論評をお書きになっています。

〈答〉それは、今日の社会的現実の研究や分析において使用される、学生として学んだカテゴリー（モダニティの題目の下に収められたカテゴリー）が、次第にかつてなくその仕事に合わなくなっていると強く感じるようになったことが始まりでした。その状況は、トーマス・クーンが『科学革命』という啓発的な著書のなかで主張した〈パラダイムの危機〉に近いものです。急速に増える大量の異常な事柄によって、パラダイム的なカテゴリーが、その使用者が規定するのを任された社会についての物語を構成する場合には、無視できたはずの気まぐれで周辺的で異常な現象を集めたものとして、その異常さを無視することがますますできなくなりました。モダニティはもはや私たちが知り記憶していたようには、またそうであると見なされていたようには考えられなくなりました。これまで受け継いできた知識の再考や再構成の必

要性が、かつてなくはっきりし差し迫った課題になりました。すでに広まり人気を得ていたポストモダンという考え方が、その必要性やそれを満足させる意図を教示していました。

　しかし、ウェブサイト上の雑誌『ユーロジーン』のための2004年のミレーナ・ヤキモワとのインタビューで説明したように、〈ポストモダン〉という概念は当座の選択にすぎず、その概念を再考するレポートがいまだに引き続き報告されており、決定的な概念にはなっていないわけです。社会的世界は〈モダニティ〉という仕組みを用いて描かれるようなことは終わったということを示唆しているけれども、ポストモダンという概念はその世界が替わって獲得した特徴を捉えるうえで、唯一任せることのできるものではありませんでした。その概念は、準備的な更地にするといった仕事を遂行しました。それは注意を喚起して、正しい方向に探究するようにし向けました。しかしながら、その概念はそれ以上のことはできず、それゆえ、その有効性も長続きすることはできませんでした。あるいはむしろ、その概念はその仕事の範囲外で、機能することになりました。……今日の世界の特性について私たちが言えるないしは言うべきこと以上に、それは古いものや慣れ親しんだものを否定するものでした。私たちは目新しさについての確実な理論を持てるほど十分に成熟していました。私は初めからそのように感じていて、『ポストモダニティの暗示』（1991）という論文集は今思えばそのような感覚を表現したものでした。

　〈ポストモダン〉という言葉はまた、他の点でも初めから問題がありました。多くの反対者にもかかわらず、ポストモダンは近代（モダニティ）が終わったということを示唆していました。抗議は、ジャン＝フランソワ・リオタールのもの（まずはポストモダンであることなしにはモダンであることはできない）と同じくらい強いものでさえほとんど助けにはなりませんでした。私自身の「ポストモダニティはモダニティからその幻想を差し引いたものである」という主張は無論のことです。何の助けにもならないでしょう。もし言葉が何かを意味するとしたら、ポストＸは常にＸのあとに来る事態を意味しているからです。

　私は今の時代の現代性を示唆する別の名称に対しては慎重に保留していま
したし、今もそうしています。〈後期近代〉でしょうか。私たちはどのよう
にそれが後期であるということを知るのでしょうか。〈後期〉という言葉は、
もしも論理的に使われるならば、終結、すなわち最後の段階を仮定していま
す。(実際、他の何が〈後期〉のあとに来ると考えられるのでしょうか。超
後期？ポスト後期？) そのような疑問への責任ある回答は、問題にされてい
る期間がすでに完全に終わっている場合にのみ与えられるでしょう。〈後期
古代〉や〈後期中世〉といった概念のように。それゆえ、それは私たちが責
任を持って主張できるよりもずっと大きな知的なパワーを意味しています。
私たち社会学者は、預言者や千里眼の人ではなく、未来を予測する道具は
持っておらず、現在の傾向の目録を作ることに自らの仕事を限定しなければ
なりません。〈再帰的近代〉でしょうか。私はここにはある種の策略を感じ
ます。この言葉を造る際には、私たちは自分たちの、すなわち職業的な思想
家の社会的世界全般についての認識の不確実さや用心深さが投影されている
と思います。あるいは、おそらく不注意で、しかし確かに不当に、私たちの
(まったく現実的な) 専門家の当惑が (想像上の) 一般的な慎重さとして提
示されています。これに反して、そこに展開されている世界は、トーマス・
ヒランド・エリクセンが印象的に言ったように、再帰性の術が色あせ萎れる
ことによって刻印される〈瞬間の暴虐〉の下で生きています。私たちが保有
しているのは、再帰性の二つの敵である忘却と瞬間主義という文化です。私
はおそらく、ジョルジュ・バランデールのスーパーモダニティやポール・
ヴィリリオ／ジョン・アーミテージのハイパーモダニティは、ポストモダン
というあまりにも内容がなく理論的な仕事を導いたり目標を示したりするに
はあまりにも頼りない、そういった類の言葉とは違っていたということは受
け入れるでしょう。

　私はできる限り明快に、なぜモダニティの今日的状況の比喩として〈液状
化〉あるいは〈流動化〉を選択したのかを説明しようとしました。とりわけ
『リキッド・モダニティ』のまえがきを参照して下さい。そこでは〈液状性〉
や〈流動性〉と〈軽さ〉を混同しないことを指摘しました。私たちの言語の

使い方において、極めて間違いやすい誤謬です。個体から液体を区別するものは、結合の弛緩や脆さであってその比重ではありません。

　現状の茶目っけのある比喩として液状性を選択することにしたインスピレーションは確かに間近にありました。偉大な物理学者でありノーベル賞の受賞者であるイリア・プリゴジーンズの1996年の画期的な研究（そのすべてを物語っているタイトルで）『確実性の終焉』のなかにある、「分子間の結合の弱さが液体にはあり固体にはない特性を説明する」という理論です。液体を私たちの時代の適切な比喩にする一つの特性、それは独力では長い間その形を維持することができないという流動体の本質的な特性です。すべての液体の特徴を定義するその〈流れ〉は、分子間結合の弱さのために、ほんのちょっとの力によってでさえ、引き起こされる分子のお互いの位置の連続的で不可逆的な変化を意味します。ブリタニカ百科事典によれば、流動体は流れであるという理由で、圧力に晒された場合、形状の連続的な変化を被っています。モダニティの今日的な段階の比喩として使われる場合、〈液体〉は人間同士の結合のはかなさ、壊れやすさ、アドホックな様式を顕著にします。液体の比喩の有効性に貢献するもう一つの特徴があります。それはいわば、その時間に対する受けとめ方です。ここでも個体に反して、時間のインパクトを消し去るしかけとして描くことが可能です。

　液状化した近代の環境では、多くのものが流動的です。しかし多くの場合、これは取るに足らない平凡ですらある観察です。結局、商品や情報が流動しているということは風が吹き、川が流れるという表現と同様ほとんど冗言法的です。本当に斬新な社会的世界の特徴や現代のモダニティの種類を、他の近代的世界のより初期の形態に対して〈液状〉と呼ぶことに意味を与えるのは、最初の形態におけるモダニティが今とは反対に凝固させ固定化させることに専心していたのに対して、物事に対する不断で取り返しのつかない流動性です。つまり社会的世界における人間の位置や人間相互の結合の流動性です。そして、とりわけ人間相互の結合の流動化です。その液状化は社会的世界における人間の位置の流動化の（独力で決定はしないけれども）条件となります。次第に前面に押し出され、〈関係させる〉という活動に取って代わ

られるのは、〈関係性〉ということです。もし〈関係性〉という言葉の意味することを、元々のまだ辞書に記載されている形で取り出すなら、ジャック・デリダが抹殺中と表現したように、その言葉を使うことができるだけであり、あるいはまた、少なくともそれはウルリッヒ・ベックの言い方によれば、〈ゾンビ語〉になってしまっていることを記憶に留めておくべきです。

　どんな近代（モダニティ）も絶え間なくつきまとう近代化（モダニゼーション）を意味しています。（モダニティを状態として捉えるのは誤りで、それはプロセスです。モダニティは近代化が止まった時点で終わるでしょう。）そしてどんな近代化も〈脱埋め込み〉や〈脱妨害〉、堅固なものを〈融解〉するといったことから成っています。言い換えれば、受け入れられてきた構造を解体する、あるいは少なくともその拘束を弱めるということです。初めからモダニティは、その過去の維持力である人間の関係性の網の目を奪い取ることに着手してきました。しかしながら〈脱埋め込みされた〉（つまり根こそぎにされ、解放された）人間は、新たな苗床を探し求め、自分たち自身の手や鋤を使って自分自身をそこに掘り出すことを期待されていました。たとえ彼らが生まれた苗床に留まることをしたとしても（それは、ジャン＝ポール・サルトルに「人間は有産階級として自分の生を生きねばならない」と忠告させた有産階級であるということでは十分ではないものです）。では、ここでの新しさとは何でしょうか。

　比較的最近のことというのは、脱埋め込みは弱まることなく続いている一方で、再埋め込みの見込みはどこにもないし現れそうもないということです。堅固（ソリッド）の近代の初期においては、脱埋め込みは再埋め込みに至る道筋の必要な段階でした。それは単に与えられることを常としたものから課業（タスク）に転換するうえでの道具的な価値を持っていました（それは三段階のアルノルト・ファン・ヘネップ／ヴィクトル・ターナーの通過儀礼の考え方における中間の服を脱ぐあるいは服をはぐ段階にとても似ています）。個体は溶けたままになっているために溶かされたのではなく、より良く設計され合理的にアレンジされた社会の水準まで改めて造り直されるために溶かされたのです。もしもかつて、〈近代のプロジェクト〉があったとしたら、それは完璧な状態の探究でした。いかなるさらなる変化も代償を払わされ、初めになされた変

化を余計なもので、望ましくないものにしてしまう状態です。さらなるどんな変化も、より悪くなるだけの筈だということです。

　しかしながら、これはもう実情ではありません。結びつきは容易に始められますが、より一層簡単に破棄されます。結びつきが持続する力を発展させることを阻止するべく多くのことがなされます（しかもさらに多くのことがなされることが望まれています）。請求次第で終わるという選択のない、長期間の関わりは明らかに時代遅れで、合理的な選択者は選ばないでしょう。……関係性、それはアンソニー・ギデンズが『モダニティと自己アイデンティティ』（1991）で描いた愛のように、合流点です。──それは両者がお互いに満足する限り継続します（あるいは少なくとも継続することが期待されます）。付言すれば、合流の始まりと終わりとの間の関係性は対称ではないので（始まりには両者の同意が要求されますが、終わりは一方が満足する決定です）、はかなさや不確実性が両者の経験のなかに築かれます。誰が最初に退場の選択に頼るかということは言えません。そしてパートナーシップの条件の変化と類似の絶え間ない変化のなかにある他の結びつきとともに、生活世界（世界の主観的な見方）は変わりやすいものです。あるいは違った言い方をすれば、その世界（かつては鈍感で買収されない、規則を実施しそれに従う審判であった）は、自由に規則を変え、明らかに気まぐれにそれを行い、その仕方を予測するのが難しいことで知られるゲームのプレーヤーの一員になりました。

　21世紀の20年目にさしかかる時期において、結びつきのはかなさと流行の一時性、〈追って通知があるまで〉という性質は、しかもより顕著になりました（実際、あまりにも明白なので、めったに問題として警告され認識されることがなくなり顧みられなくなりました）。その性質は、現実の経験に対するオンラインの代替によって助長され唆され始め、共同体はよりネットワーク（網の目）のようになったからです。人々の集まりは生まれ、そして接続と断絶の行為の相互作用によって常に新しく生まれ変わります。

〈質問〉2000年に『リキッド・モダニティ』が最初に公刊されたとき、先生

はソリッドな近代からリキッドな近代への転換は人間の文化史における重大な転機を予言するものではないであろうかとおっしゃっていました。先生のより最近の著作では、腐食効果を持った個人化した消費者社会として、また相矛盾する弁証法的な関係を維持する、より前期の近代の望ましくない帰結として、さらにはまたグローバルな市場における生産から消費への中心的な位置の変化として、とりわけ消費者自身が売れる商品になる場合がそうですが、リキッドな近代の社会に対して明白ではっきりとした立場をとっています。先生は現在、リキッドな近代は望ましくない〈空位の時代〉であるかもしれないと推察していて、協同や健全な個人的な関係性、個人間や共同体間の連帯を掘り崩す、このような条件の望ましくない側面から脱出する可能性を求めています。要するに、先生はリキッドな近代世界の重大な危険性を重視していて、先生の言う〈再固体化〉のための条件を研究しているように見えます。この〈再固体化〉ということは、先生のより初期の仕事、資本主義者、ファッシストおよび共産主義者（コミュニスト）の表現で先生が診断されたソリッドな近代の危険に陥らずにいかにして起こり得るのでしょうか。

〈答〉〈空位の時代〉は災いと幸いが混ざり合っています。物事を行う古い様式がもはや適切に機能しなくなるにつれて、一方で新しいより効果的なやり方はせいぜい設計中か実験段階にあり、その災いは無視される状態（私たちは何が起こりつつあるのか分からない）か、無能力という屈辱的な感情であり（たとえ災いが近づいていると分かったとしても、それを防ぐために私たちはほとんど何もできない）、痛ましく不快を与える不確実性の環境に結びついています。しかしながら、その災いには遠ざけることができない片割れに対して、幸いなことがあります。私たちが現在やっているように、とても険しく当てにならない坂道を登りつつ、少なくともそれをやめることができないと感じています。私たちは克服できない困難を伴いつつ、もう一つの道を探し続けなければなりません。私たちに分かることは、何もしないということは何も選択しないということであり、物事は現在あるようには続くことができないとそのままにしておくことです。空位の時代は自己批判、洞察

や発明にとって肥沃な時代です。空位の時代においては、たとえ何事も成功する確信をもって企てることができなくても、あらゆることが起こり得るように思われます。そのはずみをつけるべく代替案を探し求めるたくさんの例があります。しかしここでは、私はほんの幾つかの無作為に取り上げた予備的で散漫な例示に留めなければなりません。

　ジェレミー・リフキンから始めましょう。彼は、極めて難解なタイトル『限界費用ゼロ社会』そして「モノのインターネット、協働型コモンズ、資本主義の凋落」（2014）という副題がついた最近の著書において、率直にオルタナティブな社会の可能性と見込みという問題に立ち向かっています。リフキンは社会の上層から下層まで、また学識ある階層の哲学から一般民衆の常識までを表現し包摂する、我々の時代の広く行き渡った信条に挑戦しています。リフキンが論じていることは、人間の本性の消し得ない特徴として、誤って宣言され信じられている資本主義の市場に対する代替案は実現可能でもっともらしいばかりでなく、たとえ今のところは不完全な形態であるとはいえ、すでに存在しているということです。しかもそれは急速に地盤を拡大しつつあり、世紀の単位ではなく20〜30年で支配的なものになる可能性があるということです。

　そこでリフキンは、資本主義は〈協働型コモンズ〉に取って代わられる過程にあると言います。人間の共生の歴史的な様式において深く根ざしているのは、資本主義よりも協同的な共有だというわけです。この二つの人間共存の様式の間の違いは、リフキンに言わせれば、とても根本的なものです。資本主義の市場は自己利益を基盤にして物質的な利得によって駆り立てられているのに対して、社会的なコモンズは、協同的な利害によって動かされ、他者とのつながりや共有に対する強い願望によって駆り立てられています。前者が財産権、買い手危険負担、および自律性の探求を助長するとすれば、後者は、オープンソースの革新、透明性、およびコミュニティの探求を促進します。一旦完全に成熟すると、協働型コモンズは、横に広がった大陸およびグローバルなネットワークにおいて、ほぼ限界費用ゼロでピア生産を可能にすることで、資本主義市場で操業している巨大で垂直的に統合された企業

の占有を破壊すると考えられています。

　リフキンは、彼の研究を通して次のように論じています。ちょうど蒸気機関が第一次産業革命を可能にし、促進し必要としたように、また電話回線とともに内燃機関が第二次産業革命を動かしたように、コミュニケーションのインターネットと、エネルギーのインターネットおよび戦略的（物流）インターネットを統合した、現在生まれつつある〈モノのインターネット〉が第三次産業革命の基盤（インフラ）を提供しつつある。「それらは生活の最も社会的な側面に関わる何十億という人々によって構成されている。それは文字通り何百万もの自己管理のおおかた民主的に運営される組織から成り、慈善団体や宗教団体、芸術や文化団体、教育関連の団体、アマチュアのスポーツクラブ、生産者協同組合や消費者協同組合、信用組合、保健医療組織、権利擁護団体、分譲型集合住宅の管理組合など、社会関係資本を生み出している公式、非公式の無数の機関がそれに含まれている」。社会関係資本は、至る所にあり、成長し収穫され貯蔵され機能し始めるのを待っています。

　市場に導かれた消費者社会によって、それ自身への代替案をおおって吊り下げられているカーテンを引き裂くように、私たちに呼び掛けるリフキンの主張は道理に適ったものです。J. M. クッツェーがすでに引用した『悪い年の日記』で言うように、「なぜ人生が競走のようでなければならないのか、あるいはなぜ国家は、健康のために一緒にジョギングをすることに賛成せずに、お互いに競い合わねばならないのかという問いは発せられない」。また彼が付け加えるように、「市場を作ったのは神でないのは確かである。神でもなければ歴史の精霊でもない。人間がそれを作ったのならば、それを作り直して、もっと穏やかなものにできるのではないか。なぜこの世界は、互いに協力し合うアリやハチの世界ではなく、殺すか殺されるかの剣闘士の世界でなければならないのか」。シンプルな言葉で、シンプルな問い、ずばり善良な感覚にアピールして、その催眠から人間の理性を刺激し行動に向けるよりも、アカデミックな符牒で武装し、市場の精神に倣い得点を稼ぐことにより関心のある洗練された議論が欠如していることに、より重きを置き納得するのであろうか。本当になぜ。

　けれども一つは正当にも、相対的に周辺的で些細だという理由で、共同性の社会的環境の芽を摘んでしまおうという誘惑を断念することを私たちに求めています。そしてもう一つは、市場資本主義という生存の様式と闘う最終結果は、実利的な意図や目的によって前もって決められているということを示唆することです。技術は人間に開かれた可能な選択肢を決定する一方で、どの選択肢がとどのつまり選択され、どれが選択されないかを決めることはありません。協働型コモンズは単独のシナリオではありません。それを遂行できるかどうかは、技術発展のロジックによってすでに決められています。私がレイン・ラウドとの対話で指摘したように、その対話は、『自己の実践』というタイトルで2015年に Polity 社から出版される予定ですが、「人間に何ができるのかというのは、おそらく技術に向けられるような問いです。しかしながら人間が何をするであろうかというのは、政治学や社会学、心理学に向けられる必要があるような問いです。それは、あと知恵でしか答えられないような究極的な回答を求めるものです」。

　〈職人〉、それはおそらく起こされるのを待ちながらうたたねしているようなタイプの人ですが、最近リチャード・セネットによって（同様の名前の研究で）描かれました。それは100年前にソースティン・ヴェブレンが〈職人技の本能〉と呼んだものに導かれ感化されたものです。彼の『連携──協調の儀式、快楽、政治』（2012）というタイトルの協調についての追跡的な研究において、セネットは（アマルティア・センやマーサ・ヌスバウムに注目しつつ）しかしながら「人間は、学校や職場、市民団体や政治的な体制が考慮するもの以上のことを成し遂げる能力があり、協調に対する人々の能力は、制度が人々に許容するものよりずっと大きくより複雑なものである」と指摘しています。協調というのは、職人魂や職人技、つまり「それ自身のために質の追求に陶酔すること」を自然に育む場所です。協調を認めないことは、それが育つのに必要な土壌から職人魂を取り除いてしまうことを意味します。一旦、その自然な生態にあった場所から追い出され、機械によって営まれる非人格的な日課の異質で不毛な土地に植え替えられてしまうと、ゆっくりだけれど絶え間ない協調の傾向や術の衰退や消滅が、職人の心意気の消

沈につれて早められることになります。……企業経営というのは、競争とい
う毒の煙で協調の炎を抑制する企てです。またそれは、人間同士の絆を浅く、
短期で、期待できない、もろく信頼できないものにすることによって、協調
の燃えさしが突然燃え上がるのを防ぐ企てです（その過程で壊されるもの
は、長期的な雇用の永続性と習慣のオーラ、被雇用者は職業生活の全体を通
じて一つの会社に留まり、産業労働者はどこか他の良い仕事を求めて移動す
るよりも今いるところに留まる傾向です）。協調と職人技の本能は共に生ま
れ育ちます。そして一緒に死にます（あるいは、ばったり倒れるか昏睡状態
に陥っていて、実際に死ぬわけではありません）。ジョーク・ブローワーと
ショアード・バン・ツイネンが共編の書『与えることともらうこと──貪欲
の文化に対する解毒剤』（2014）の序文で主張するように、たとえ幾分度の
すぎた確信であるとしても、「消費主義の薄い層の下には、寛大の海が横た
わっている」のです。

　本当です。職人の協調は、もう一つの人間の気質に風穴をあけます。それ
は競争という気質です。しかし職人の協調が促進する競争の類は、サービス
の卓越さや他者にとっての必要性や有益性を満足させるという感覚に重きが
置かれて、個人的な利益や富の増大ではありません。集合性という観点から
見ると、そのメンバー間の競争は、協働型コモンズを提供したり付け加えた
りすることであって、それを取り除いたり価値を引き下げたりすることでは
ありません。そしてペーター・スローターダイクがマルセル・モースの贈与
についての古典的な研究を参照しつつ、ブローワーとツイネンの本に載って
いるインタビューで主張しているように、問題になっている贈与（与えるこ
と）は単に寛大さの自ずと生じた爆発ではありません。それはまた提供する
人によって義務として経験されます。義務は怨恨や憤慨とは無関係だけれど
も、義務を果たすことは、自己の喪失や自己犠牲という行為として経験され
たり、考えられたりするものではありません。贈与の場合にその性質がそう
であるように、利己主義と利他主義のよくある対立が消去されています。そ
の対立は友情や連帯という状態／条件／精神性／雰囲気において解消してい
ると言ってもよいでしょう。与えることは善い行いをすることを意味し、ま

た両者の満足が一つになり喧嘩は言うに及ばず、もはやお互いを識別できないほど良好な気分になることを意味します。与えることは義務なしには起こらないでしょうし、義務が生まれるとすれば、それは贈与が生じたおかげです。与えることから生じる純粋で穢れのない喜びは、この本の編集者やその寄稿者が、本の副題が示すように、貪欲の文化に対する解毒剤と見なしているものです。そしてその喜びは、付け加えさせてもらえば、協調と共に職人魂が頼ることができるもの、さらにまた職人魂を推し進めるために頼る必要があるものです。

　連帯、その精神はアレクサンドル・デュマによって、小銃を持った四人の兵士に帰せられた原則でありスローガンである〈一人は皆のために、皆は一人のために〉という語句で最もよく伝えられますが、思考や行為において個人の幸福と共有された幸福の融合を顕すとともに身につける態度です。その精神にはまた、自由と平等の調和を目指し、機能できるようになることを目指した、ジョン・ロールズの正義の理論の前提が（たとえ言われなくても）不可欠でした。ロールズの理論を社会的な実践のなかに適用する際に伴う悪名高き困難さは、連帯に有利なように、しっかりと見込めるような社会的環境を構成するのは骨の折れる仕事だということを示唆しています。意識的にそのような環境を作ろうとした記録に残る試みのなかでは、セネットがソウル・アリンスキーとジェーン・アダムズのシカゴでの経験を分析して、政策的な形式ではない通常の経験では、重要なことは連帯行動の試みがそのような政策的な期待に最終的な効果があるというのではなく、日常生活にその具体的な効果があるべきであると結論づけています。両者の実験は、厳密な交換というよりも緩やかな交換を強調しており、非公式であるように見せかけていました。この類のことは、ほんの最初の段階で、問題の実験は、それもまた条件づけられているとはいえ、社交性、積極的な協調の欠如を防ぐ態度のための環境を設定しました。社交性は他者への積極的な働きかけではありません。それは一緒に行動するのではなく、相互の認識の問題です。ジンメルによって示唆された語源的な意味において、社交性というのは自分たちのなかに、価値ある存在として見知らぬ人を受け入れることを要求します。社

交性とは好奇心の態度や実践であり、見知らぬ人のリスクに門戸を開いておくことです。そして、分離をすること、壁を作ること、ドアに鍵をかけてしまうといったコミュニケーションから撤退しようという衝動を和らげ、できる限り抑えることです。社交性が可能にすることは、ハンス・ゲオルク・ガダマーの言う〈地平の融合〉です。しかし結びつく力を容易にする、つまり、団結、協調のシャム兄弟へ向けては、それ以上のことが必要です。……社交性から協調と絡んだ連帯へと導く過程のどこかで、新たなスキルが獲得されなければなりません。そのスキルなしでは見知らぬ人への恐怖に打ち勝つことはまったくありそうになく、またその理由で、当惑させ不明瞭で測り知れなく不透明ゆえの不確実性を無化し麻痺させることにはまったく見込みがありません。私の言い方では、その類のスキルには、本能的な混交恐怖症を乗り越えて、骨を折って手入れされ、磨かれた混交愛好症にまで高められることが求められています。

　けれども問題は、近代社会はそのようなスキルの獲得を禁じる傾向にあることです。その社会は、巧妙ないし露骨な手口でそれを行います。表立っては明白に与えられた理性に訴える勧告によって、あるいは内々には相互作用の環境や行動するうえでの道具だてを操作することによって。ここでは、それらのうちの二つにだけ言及します。

　第一はすでに触れましたが、労働関係の性質の変化です。今日、広く行き渡っている職場の社会的環境は、短命のうえに宿るその明らかなはかなさであり、一時性であり移ろいやすさによって特徴づけられており、それはお互いの嫌疑心、競争心や優越感を鼓舞し助長するものです。お互いの距離を保ち、絆を結ぶのを嫌い、忠誠の誓いないしは、永久は言うに及ばず長期間の義務を避けることは、常識的な礼儀作法になりつつあります。その結果、今日の連携は、全体的に場当たり的で、常に〈追って通知のあるまで〉という決まり文句によって満たされることになります。他者のそれとともにある自分自身の雇用の不安定性は、お座なりの一つの論点しかない形式的な出会いを、より深める見込みを低下させます。多くの接触が（マーティン・ブーバーの用語を使えば）お互いを知り、理解し合うことを促す深い出会い（Begegnung）ではなく、表面的な偽りの出会い（Vergegunung）になっています。そのような環境は、行為者からすでに身につけ習得した相互作用のスキルを奪い取るか、彼らがスキルを活用したり発展させたりする機会を実質的に減少させています。

　第二は、私たちの生活のオンラインの部門です。この部門の流行（実にますます広まっている）の世界観や世才へのインパクトは、日に日に広がり深まっています。私たちの住む二重の世界のうちのオンラインの方は、多様性と共に暮らすという挑戦を一掃してしまいます。これは学校、職場、近隣、都市の路上といったオフラインの世界においては、ほとんど想像に及ばないような類の可能性です。そのような挑戦にまともに立ち向かい、社交性から協調や連帯への長くデコボコの曲がりくねった道程に乗り出す代わりに、オンラインの生活は、部外者を壁で追い出し、無関係なものにして無視するという他では成し遂げられない贅沢で、オンラインへの訪問客をもてなします。フェースブックの友達のネットワークは、重厚な物的ゲーテッド・コミュニティのデジタルな等価物です。オフラインのレプリカと違って、監視カメラも入口の武装した警備員も必要としないけれど、ネットワークの制作者、管理者や消費者の指はマウスで武装され、魔法の消去キーが人々を満足させることでしょう。その流行の人間の社交性は、それによって協調の当てにならない実践やそのような実践が満たす〈地平の融合〉、それは最終的には連帯の構成要素ですが、そういったことを回避するリスクから逃れられます。そのようなリスクを受け入れることなしには、悲しいかな、社会的なスキルは使われず忘れ去られてしまいます。そして、それにつれて、見知らぬ人々の存在はますます恐ろしく、避けるべき、感じの悪い、怯えさせるものになります。その一方、そのような人々と一緒に申し分のない生活様式を創り上げていく試みに含まれる苦難は、なおさら抵抗し難く克服できないもののように思われます。

　協働型コモンズへ向けての人類的規模の旅路に対する見込みは酷いものです。さらに、その困難を克服することは、助けを借りずにそれ自身では、自然には起こりそうもありません。それが起こるのを見ていることやその見込

みを絶賛すること、またその最近までの進歩を称賛しているだけでは十分ではありません。困難の克服が確かに起こるためには、またその完成に近づくためには、このプロセスには管理が不可欠でしょう。おそらく観察や検視から分かるような管理ではなく、必要なことは新しい管理（あるいは自己管理）で、競争的な市場から協働型コモンズへ、社交性から協調と連帯へ導く行程に面と向かう挑戦を測定するような管理です。その行程は、いまだ未踏で、試行されておらず、地図化もされていません。そのような管理を設計することは、大いなる思考、途方もない数の実験、驚くべき量の測定（モニタリング）が要求されそうです。私たちが次第に直視し、理解するようになってきたことは、その課業の性質です。しかしながら私たちがまだ出来ずにいるのは、そのような課業に取り組むうえでの適切な道具（手段）の設計と組立てです。

　ベンジャミン・バーバーはすでに触れた著書『もし市長が世界を支配したら――機能しない国家、都市の興隆』のなかで、都市に希望を注いでいます。それも、とりわけすでに多くの人々が住んでいる大都市に注目しています。「なぜ国民国家は単独で、私たちの地球規模での相互依存から生じる挑戦に立ち向かうのに適していないのか」と彼は問いかけます。なぜなら、国民国家は「あまりにもその性質上、競争と相互の排除に傾斜しすぎている」、そして国民国家は「根本的に協同には不適当で、グローバルな共有財を築くことができない」ように思われます。ではなぜ都市、とりわけ大都市が先導するのにより適しているのでしょうか。「主権や国民性、イデオロギーや不平等の頑固な力に妨げられることのない、協同性や平等主義に対する都市の潜在的能力」のために、「それは独立と自律をたたえた要塞のなかで、歴史的に国民国家を束縛し隔離してきた。また、市長も彼らの協同への熱望を、その本質が主権と独立に置かれる競争的な国家から構成されているために、決して統合されることがない仮初めの国際連合の誘惑に結びつける必要がない」わけです。実際、バーバーが強く指摘するように、すでに起こりつつあるものは、計画されたものではなく、監督され監視されたものでもないわけです。それは「創造性が解き放たれ、コミュニティが連帯し、市民性が現実化した場所」としての都市の発展における自然な段階として自発的に起こっ

ています。グローバルに生み出される問題とその解決を促されることに日ごと直面することで、都市はすでに国民国家の首都としての役目よりも、比較できないほどより早くより良く〈相互依存した世界の複雑な問題〉に対処する能力を証明しつつあります。要約すれば、「都市には選択の余地がない。生き残り繁栄するためには、都市は実利主義と問題解決、協同とネットワーキング、創造と革新を進んで受け入れなければならない」わけです。ここでは、都市は正しい選択をすると期待されています。

〈質問〉『リキッド化する世界の文化論』で、先生は文化エリートへの厳しい批判をしています。とりわけ、専門家、指導者あるいはメディアの名士の役割を包摂する教育者、リーダー、先生としての役割を放棄した知識人に対してです。そして先生は、個人的な都合のために責任を避ける文化エリートの臆病さを強調しています。ある種の知識人の明らかな寛容さが、放棄している責任を覆い隠しているものだと指摘します。さらに、多文化主義や政治的公正さといった表現が、慈悲の名の下で残虐行為になり得ることを指摘しています。どのような方法によって、人々は責任ある立場をとる知識人の勇気を、責任ある立場をとっていると主張する知識人から見分けることができるのでしょうか。

〈答〉まさに多文化主義者のスタンスやプログラムは、多文化的背景において〈違いを尊重しましょう〉という人気のある言い逃れに則った、ポンティオ・ピラトのそぶりの別バージョンと言えるものです。実際にはそれは対話の拒否を意味し、同時にもし対話がなされていたら最終的には連帯に導いたかもしれない道を閉ざしてしまい、そうならなかったことを意味しています。〈多文化主義〉はお互い一緒にではなく、別々に生きることを意味しています。それは違いを称賛し、認め、保証はしますが、その違いを固定化する理由や言い訳を提供しています。異なる伝統、記憶、世界観や生活様式の間の出会いがもたらすお互いを富ませる機会を利用する代わりに、多文化主義は距離を保ち、お互いを分離する壁を強固なものにする傾向に拍車をかけ

それを後押しします。それによって、コンフリクトや敵対に導く相互の誤解、疑念、反感、憎悪の温床を準備することになります。

　大量のおそらく収容しきれない移民、その結果、ディアスポラ化が進行する現代において、大抵の社会的環境は多文化と見なせます（このことは特に大都市でそうであり、それはバーバーによって言及された協同と平等主義の独特な潜在的可能性に反して進展しています）。しかしながら多文化主義は運命の評決ではなく、やるかやらないかの政策的選択の問題です。大雑把に言えば、接触とコミュニケーションを最小化して、お互いの文化的な飛び地にコンフリクトになりがちな差異性と他者性を凝縮し保存し、自業自得で苦しむことを許容しかつ奨励するか、それとも接触とコミュニケーションを強化し、対話（あるいは大勢での重要な問題の話し合い）に関わるかの選択です。最近リチャード・セネットが示唆するように、差異の近接性の欠点を避けるのに役立ちつつ、お互いの利益になる共生を支援することとなる対話は、その性質上、インフォーマルであり、オープンであり（競争や好戦的なものと反対に）、協同的である必要があります。インフォーマルとは、前もって決められた議題や規則の作法なしに対話に加わることができ、その両方ともが対話の過程で、現れ出てくることを期待して加わるということです。オープンとは、先生の役割から離れて学習者の役割を引き受ける意志をもって対話に加わることで、つまり間違っていた可能性を受け入れることです。協同的とは、対話をゼロサム・ゲーム以上のものとして扱うことで、その目的は、参加者を勝者と敗者に分けるのではなく、その全員が理解や分別において高められることを許容することです。

　セネットの定式化は実際には容易なことではありません。それは間違って扱われないことが保証されているわけでもなく、その成功は保証の限りではありません。しかし、私たちが選択していないという状況の下で、そのような定式を選択し、熱心にそれを働かせようとすることは、長期的には共に生き残りをかけるか、共に繁栄するかの違いを生み出すことになるでしょう。

　しかしながら、知識人が〈責任ある立場をとる〉という極めて重要な問題について、二、三言及することで結論に代えさせて下さい。1975年から76年

に、エリアス・カネッティが26年間の長期にわたる期間に書かれた多くの評論を、『言葉の良心』というタイトルの本にまとめました。それは1976年にミュンヘンで行われた、物書きという専門職についての講演で締めくくられています。そのなかで、彼は現在の世界状況において「物書きや、これまで物書きと思われてきた人が役に立ったということがあった」かどうかという疑問に立ち向かっています。彼は1939年の8月23日に出された声明から始めます。「おしまいです。もし私が本物の物書きであったなら、戦争を避けることができた筈です」。その無記名の著者は、彼女あるいは彼の言葉が安寧か破局かの相違を生み出す限りにおいて、物書きは本物であると主張しました。カネッティの翻訳では、「言葉で表現することができるすべてのものに対する責任を引き受けることを求め、そしてその言葉の失敗に対して懺悔をすることを求める」ということです。カネッティは結論づけます。「今日、物書きというのはいません。しかし私たちは熱烈にいて欲しいと望むべきです。最も分別を欠き理性を失った世界と好んで定義されるような世界において、それにもかかわらず、その変化の可能性を主張するような人々がいることが極めて重要なのです」。

　私たちの世界は、カネッティが言うような〈本物の物書き〉を喜んで受け入れるようには思えません。その世界は、破局からではなく、破局の預言者（破局に警鐘を鳴らす人）からうまく護られているように見えます。一方で、そのようなうまく保護された世界の住人は、彼らにとっての住む権利が無碍もなく否定されない限り、彼らのそれぞれの荒野で少数者の叫びに耳を傾けることからうまく護られています。もう一人の昔の偉大な知識人、アーサー・ケストラーが私たちに思い出させるように、もう一つの破局の前夜、「1933年およびその2、3年後の間、初期ナチ政権下のドイツで何が起こっていたのかを十分理解していた数少ない人々は、2、3千人の難民でした」。それは「常に不人気で、カサンドラの金切り声」と彼らを批難した差別でした。言葉の力と言葉に血を通わせる知識人の機会についてのケストラー自身の結論は、次のように悲しく憂鬱なものでした。「アモス、ホセア、エレミヤはとても良い宣伝者だった。それにもかかわらず人々を揺さぶり、忠告す

ることに失敗した。カサンドラの声は、壁に穴をあけるように唱えた。それにもかかわらずトロイの戦争は起きてしまった」。

　それが訪れることを人々が認識するために、破局は起こる必要があるのでしょうか。実に寒々しい考えです。

〈質問〉最後の質問です。先生は何年にもわたり自分の考えを表現するのに、また自分自身の知的プロセスに洞察を企てるためにも、それは書くことそれ自身のプロセスに結びついたものですが、様々な形態を模索しています。『リキッド・モダニティを読みとく』では、書簡の形でご自分の最も重要な関心事を要約しています。そして『これは日記ではない』では、日ごとの注釈という形で現代の状況の分析として、自分自身の生活に瞑想を企てています。表題だけからはその実験的な形態を指摘することができない他の本では、先生はまたその形態についての思考を企てています。たとえば、『リキッド・ラブ』は、リキッド・モダニティの条件下での関係性についての持続的な考察ですが、先生があらい断片や見取り図（スケッチ）として、あるいはアイデンティティを組み立てるキット、それは穴埋めする部分として多くの間隔や空白のある合成の形態で、読者が完成させるために先生が残した構図ですが、そのようなものとして構成されています。〈ラブ〉について書く際に、このような開かれた形態にする特別な理由があるのでしょうか。あるいは、断片や見取り図という形の創造的で批判的な書き方は、リキッド・モダニティの条件が要求したものなのでしょうか。あるいはまた、先生はそれを再固体化のための戦略として捉えているのでしょうか。

〈答〉その歴史の半世紀以上もの間、また管理のための根拠づけへの貢献を求めていたために、社会学は不自由の科学／技術として自らの地位を確保することに夢中でした。タルコット・パーソンズが〈ホッブズ問題〉として印象的に定式化したことを理論的に、またそれ以上に実践的に解決することをもくろむ社会的環境を設計するための仕事場として。自由意志という曖昧な贈り物で恵みを与えられた、あるいは呪われた人間を、いかに規範に導かれ

た、規則的に操作し得る、行為の順序が予測できるものに誘導し、強制し、教え込むかということです。あるいはまた、いかに自由意志を他の人々の意志に喜んで従うことと調和させ、それによって近代という時代の入口で、エチエンヌ・ラ・ボエシによって言及され予期された〈自発的隷従〉への傾向を、社会の組織化の至高の原理にいかにして高めるかということです。要するに、いかに人々に彼らがしなければならないことをすることを欲望させるかということです。

　管理の哲学の最近の変化に教唆された宿命的な命令によって個人化された現代の社会において、社会学は自由の科学／技術へと転換する刺激的かつ前向きな機会に遭遇しています。それは、その方法や手段を通して、法令による個人つまりリキッドな近代の時代の権利上の個人が、選択による個人つまり事実上の個人に格上げされる好機なわけです。あるいはまた、ジェフリー・アレクサンダーの戦闘準備を発令するにならって言えば、社会学の未来、少なくとも近未来は、人間の自由に奉仕する文化政治学として、自らを再生し再構築する努力にかかっています。

　私は、社会学は変動する社会の軌道に沿う以外、ほとんど選択の余地がないと言いましょう。それ以外のものはまさに関連性の喪失そのものでしょう。しかし私はまた、私たちが今日直面している独特の〈非選択〉という苦しい立場は、絶望への大義どころではない筈だとも言おうと思います。まったく正反対のことですが。私たちの短くしかも危機と宿命的選択に満ちた歴史において、より高貴でより高尚な道徳的に称賛すべき使命が、それはヘーゲルが二世紀前に示唆したように、いかなる時代においても、人類の主要な目的地であり、達成すべき永久の使命であり、同時にそれは同じく現実化されつつある一方、そのような使命が強い力をもって私たちの学問分野に課されたことはありませんでした。

　リキッドな近代の環境下で、個人（それは私たち全員を意味します）は激しいおそらくは終わることのない不確定性と不確実性の状態に置かれています。記憶された見方や身につけた術は乏しく、あまりにも頻繁に誤る当てにならない行動の指針なので、また利用可能な知識は個人が理解できる範囲を

超えていて、しかもその理解された断片は概してその状況の理解が求めるものにほとんど至らないので、脆く、移ろいやすく、状況に依存するという条件は固定的になり、おそらく将来的にも長期間、人間の生育地の自然な条件になるでしょう。それゆえ、社会学が継続的な対話に関わる必要があるのは、この種の人間の経験なわけです。

　確かに、対話というのは難しい技術です。それは相手を自分の思い通りにするということではなく、会話をしている人と共に問題をはっきりさせるという意図で関わることを意味します。意見を集約するということではなく、意見をどんどん出すことです。（一神論的夢想の遺物が政治的不公正の威圧を取り除くような）大雑把な合意を求めることではなく、可能性を広げることです。相手を打ち負かすことではなく、一緒に理解を追い求めることです。そして何より大事なことは、会話を終わらせるのを望むことによってではなく、会話を続けたいという願望によって活気づけられるということです。そのような対話の技術を身につけることは、対話の実践のように時間集約的ではないけれども、恐ろしく時間のかかることです。対話の技術を身につけることも一緒に実践することも、両方の企てとも私たちの人生をより気楽にすることは見込めません。しかしそれらは、私たちの人生を仲間にとってより役立つばかりか、人生をより刺激的にし、見返りの多いものにしてくれます。そして私たち専門職の些細な仕事を連続的で決して終わりのない発見の航海に変えてくれます。

　このことは、完成からはほど遠く実験的なやり方にすぎませんが、とにかく現在私が実践を試みつつあることです。

　しかしながら、私は社会学者の使命についてのこの自分の考え方は、必ずしも同業者の合意とは一致しないことを認めざるを得ません。デニス・スミスは私のことを〈徹底的なアウトサイダー〉だと言いました。実に私は、自分の学問的な人生を通して、どんな学派、禁欲的な命令、知識人の友情、政党の幹部会、あるいは利害関係者の閥にも本当の意味で帰属したことはありませんでした。私はそれらのどれにも志願することはなかったし、招待を受けることは言うに及ばず、そのどれにも名前が挙げられることもなかったと

思います。少なくとも自分たちの一員としては不適格であったわけです。私の閉所恐怖症、つまり閉まった部屋では落ち着かず、扉の向こう側に何があるのかを見つけ出したくなる感覚は治らないと思います。私は最後までアウトサイダーでいるように運命づけられています。私には学問的な部内者^{インサイダー}にとって絶対必要な資質が欠けています。それは、学派への忠誠心、手続きの一致、凝集性と整合性という学派に裏書きされた規準に喜んで従うといったことです。ただ率直に言えば、そんなことはどうでも良いことです。

第Ⅱ部

バウマンの道徳論

第4章

顔の消去
——道徳的近さの社会的処理について

ジグムント・バウマン

> 仲間感情は、あらゆる種類の社交性の可能性の結果ではなく、
> その前提である。
>
> マックス・シェラー

　道徳的無知、道徳的愚かさ、あるいはまた道徳的堕落というのは、社会思想のなかで非社会的人間を特徴づけるものである。その非社会的人間というのは、社会思想のなかでしか存在しない。しかしながら、非社会的人間は、その話が強制されたものや言いわけであること、および話された事柄が真実かどうかの沈黙の証人といった、言及される可能性の及ばない、まだ光を当てられておらず語ることができないものとしてであれば存在しなければならない。非社会的人間は、社会思想界を活気づけることができるように、（デリダが言うような）消去中の単語として、かすかに光っていなければならない。非社会的人間は、この社会思想界がその疑いを晴らさないことを必要とすることに、責を負わされる立場にいなければならない。非社会的人間は、現存する社会が自問しなくてすむように、その絶滅や追放において記憶されなければならない。

　何世代ものキリスト教神学者は、アダムの過ちを人間の原罪に作り直してきた。社会的反逆者であり道徳的預言者であったイエスは、人間のなかに神を見出すことを願ったとき、原罪のことについては何も知らなかった。教派教会は、それ自身の神性を主張するために道徳上の罪人を必要とした。その

救いの力を維持するために、聖職者は自分自身で罪を贖うことができない人間を必要とした。つまり、アダムから、彼のエデンの園からの追放と、悪に対して善を選択する自由の喪失を受け継いだ人間である。あの世での救済の威光が色あせ、この世での幸福の魅力が増していることに影響される一方で、神学者の世俗的な継承者は、人間をなお罪深いものと認めていた。彼らは人間を、神の恵みにおいて死ぬことができないというよりも、むしろ安心して生きることができないものと見なした。アダムの罪の烙印ではなく、権力への欲望と熱望が目下の人間の不治の苦悩であった。近代国家は、その支配の権力を主張するために、無法な人間を必要とした。その秩序を守る権力を維持するために、国家は秩序に従って生きることができない人間を必要とした。つまり、もし国家の安全を守るナイフがなかったならば、お互いに殺し合うだろう人間である。

　神学と政治哲学に続いて第三に、社会科学が人間の道徳的不十分さの物語を構成することになった。そこでは人間は文明に対する野蛮として、理性に対する感情として、合理性に対する本能として位置づけられた。近代社会は、その自分自身の合理性を主張するために、非合理的な人間を必要とした。人間性を定義するその権利を維持するために、近代社会は人間のなかに動物性を必要とした。

　罪があること、邪悪なこと、動物的なことは、すべて政治的な定式（ガエターノ・モスカ）を構成する神話の範疇に属していた。その神話は、支配に奉仕することになった（それは、必ずしも特定の支配階級に奉仕するのではなく、むしろ彼らが支配する、および彼らの優越性に形と意味を与える秩序のタイプへの奉仕であった）。それらはまた、文化的に自己の真正さを証明する装置の範疇に属していた。それは「ある存在の特定の条件や状態を貶めるだけでなく、それらの弁証法的な反対命題の価値を強める」（White, 1972: 4）ものであった。

　そのどれもが人間に対して向けられた非難が、ありのままに書き記されてはいなかったということに意味はないし、また、人間の実存の現実に符合していなかったということにも意味はない。それらが符合する現実は、すでに

その意味に含まれており、あらかじめ決定されていた。結局、現実は、これらの非難が反映し奉仕した実践によって、存在に持ち込まれた。自己の真正さを証明する記述は、彼らが記述を意図する現実と絡まり合っていた。すべての解釈がそうであるように、それらの解釈は彼らが解釈したテキストに属するものであった。

　近代の世俗化は、教派教会から近代国家や近代社会への牧師的権力（ミシェール・フーコー）の移行を意味していた。この移行の過程で、牧師の職の形は変わったが、それがつないだ絆は変わらなかった。各々の段階で、牧師の職の形は牧師の自己定義に相対するものを、信徒の現在の苦悩のなかに作りかえてきた。すべての段階で、その職の形は、信徒の要求として牧師が提供する物を小売りにし、従って信徒が牧師を必要としていることを説得してきた。代々のアダムの罪を犯した罪人は、許しを得るために聖職者を必要とした。自己の富や権力を増そうとしているエゴイストは、不快で、残忍で、もろかった生から逃れるために、強固で厳正な国家の権威を必要とした。本能の奴隷は、自分を愚行から守るために、また内なる野獣を檻に入れておくために、文明化の圧力を必要とした。罪深く、邪悪な、野獣的な人間は、矯正できない自分の弱さを償うために、自分よりも強い力を必要とした。その弱さは、厳密に設計されていたので、人間はそれを克服することができなかったが、超越した力にはそれが可能であった。その力を集合的な牧師に作りかえ、人間を信徒にし、各々の地位の非対称性を維持したのは、まさにその弱さが設計されていた仕方であった。

　人間は道徳的に愚かであるという判断は、人間が持っている道徳的衝動の倫理的価値の実質的な拒絶に影響を及ぼした。道徳的な愚かさは、自分で判断や行動ができないことを意味していた。人間の道徳的な意図は、それが意図であることが非難の的とされた。すでに実際には抑圧されていたように、理論的にも非正当化されねばならなかった自律性というものの、煩わしく破壊される筈の残骸が非難の的にされた。人間の生まれつきの道徳的なカテクシス（備給）は、社会的権力と適合させることはできなかった。それは、生まれつきであるということが許されなかった。言い換えれば、それを非社会

的なものにしたのは、人間の道徳的衝動の実体ではなくて、その生来性や前社会性であった。

　すべての自己の真正さを証明する装置がそうであるように、人間の道徳的欠陥はそれ自身の対象物を構成する。道徳的欠陥は、その報告のプロセスにおいて道徳的に欠陥のある世界を構築する。道徳的欠陥は、その世界が解釈する慣習とともに理解されると、それは同語反復（トートロジー）として現れる。教派教会や国家、社会にしっかりと不可分な形で付与された倫理的な権威を受けて、人間とともにおよび人間から生まれたものは何であれ、道徳的価値を欠いていることになる。罪のないことが証明されるまで、それは有罪のままである。人間が何をしようが、それは罪の証拠として書き留められ、利用されることになる。

道徳的衝動の非正当化

　あらゆる社会思想家のなかで、聖と俗の権力間における牧師的権力の連続性をより認識していたのはエミール・デュルケームをおいては他にいなかった。そして、この実際的な連続性を、理論的には痛快で、実践的には持続可能性をもって表現したのはデュルケームをおいて他にいなかった。デュルケームは以下のように警告した（1972: 110）。

　　「もし私たちが、道徳的規律から、それにとって代わることなしに宗教的なものすべてを取り除いてしまうことに執着するならば、私たちは、ほとんど不可避的に厳密な意味で、道徳的なあらゆる要素を同時に取り除いてしまう危険を冒すことになる。……私たちは、これまで長い間、最も本質的な道徳的思想の伝達手段であった宗教的な概念に代わる、合理的な代替物を見出さなければならない。」（道徳教育論）

　宗教的規則を消失させる行為、ないしはそれを追放することによってできた間隙は、「人間は社会に生きているという理由でのみ道徳的存在である」という言説によって、埋められなければならなかった（Durkheim, 1972: 93：

社会分業論）。あらゆる道徳的命令は、「少なくとも最終的には処罰を含み、それは結果的に私たちに対する超越的な権力になり、私たちを拘束することができるものである」（Durkheim, 1972: 93：ドイツ道徳の実証科学）。強制的な集合的感情が、それに従うことを私たちに余儀なくさせる目的は、「各人が保有している限界の範囲を無限に超えること」である。その目的は、「個人的な性質の傾向から引き出すことはできず、むしろそれに背く傾向がある」。「そのような命令的な調子で私たちに話しかける声は、その声は私たちに自分自身の性質を変えることを命令するのだが、それは、私たち自身とは異なる、また私たちを支配する存在から唯一引き出すことができる」（Durkheim, 1972: 133：刑事進化論の二つの法則）。

　そして、それに代わる物は何であろうか。自己破壊より他にない（道徳教育論）。それが意味するのは、実際にはいかなる代替物も存在しないということである。それは論証されるべきだったことであるが、また受け入れ、自分のものにされるべきことでもある。

　　「個人は社会に服従し、この服従は彼の解放の条件である。人間にとって自由は、盲目、つまり思慮のない物理的力からの救出である。人間は、そのような力に対抗する偉大で知的な社会的力、その保護の下に人間は避難しているが、その力によって、そのことを達成する。自分自身を社会の翼の下に置くことによって、人間はまた自分自身、ある程度まで社会に依存するようになる。しかしながらこれは、解放する依存である。」（Durkheim, 1972: 115：社会学と哲学）

　この議論において、幾つかの力は、人間の限界の範囲のなかにあるために、盲目で思慮のないものである。また他の幾つかの力は、社会によって保証され護られているために、知的で賢いものである。知的で賢いものとして自らを定義し、また同時に思慮深くないものとして人間を定義する社会は、盲目とされる人間に対して、自らの優越性、知的な力を宣言する。それは、人間の見方を盲目として、強制を避難所として、依存を解放として再定義する。

　ジグムント・フロイトが私たちに思い起こさせるように、文明社会は、「あなたはあなたの隣人を、自分自身のように愛さなければならない」と要求する。しかし、なぜ私たちはそうしなければならないのであろうか。

　　「もしも、彼がわたしにとって見知らぬ者であり、もしも彼が、自分自身のどんな価値によっても、あるいは彼が私の感情的な生に対して、すでに獲得しているかもしれないいかなる意味においても、私を引き付けることができなければ、私が彼を愛することは難しい。……むしろ彼は、私の敵意や憎悪さえも呼び起こす。」(Freud, 1973a: 47)

　このことは、なぜ社会が私たちの攻撃性を抑制するために、その凄まじい力を発揮しなければならないのかを説明している。その戒律やそれを施行する力は「人間の生まれつきの性質に強固に反するにはそれしかないという事実によって、実質的に正当化されている」(Freud, 1973a: 49)。けれども、これは以下に見るように唯一の説明ではない。

　　「文明の規則は、ある程度の強制によってのみ維持することができるという事実の根拠になる二つの普遍化した人間の特性がある。……すなわち、人間は自発的に好んで働くわけではないということと、理性は人間の熱情に対しては役に立たないということである。」(Freud, 1973b: 4)

いかなる文明化も、強制と本能の再統一のうえに築かれなければならないということには十分な理由がある。
　デュルケームと異なりフロイトにとっては、超越的な力に従う行為において、解放ということはそれほどなく、恵みを受けるということはほとんどない。人間が従属を受け入れるのはむしろ、物々交換の行為、つまりはトレードオフ（両立不可能性）のためである。すなわち、安全の確保が失われた自由の代償である。避けることのできない交換のために、獲得した物は永遠に失った物によって毒されている。そして安全はしばしば一つの試練のように

感じられる。本能は放棄されるが、消え去ることはない。文明化された人間は反逆者である。彼は完全に飼いならされることはないので、檻のなかに入れられていなければならない。文明化された社会は、遮断棒の代わりに戒律を伴った檻である。しかも檻の外では生きられない。その外には、攻撃や殺意、故意の強欲のみがある。

　フロイトの脚本は、デュルケームの抒情詩的韻文とはまったく異なる文章で書かれているが、両者は同じ話をしている。つまり、人間の不道徳性と社会の道徳性という話である。両者とも同じ教訓を含んでいる。つまり、人間には、強いて道徳的な行為をさせなければならないということである。両者とも不道徳と道徳を見分ける社会の権利を再び主張している。人間の不治の弱さや卑劣さから生じる必然として、この権利に意味付与することによって。

　このことは、デュルケームやフロイトの説明（あるいは、このことなら、私たちが共有している学識的な民間伝承であり、それはあまりにも深く血肉化しているので、その出所をもはや確認する必要がない）が間違っていたというのではない。彼らは誠実にありのままを現実に反映させた。道徳的判断が、人間の自由裁量に任された社会はどこにもなかった。どの社会でも、人間の行為は、不適切から適切なものを、間違いから正しいものを、非難されるものから倫理的なものを区別する外部規範の下にあった。先の説明に疑問を呈したくなるかもしれないことは、彼らの記述そのものではなく、彼らの解釈の真実性である。つまり、その話の公認された形のいわば穏便で、混乱のない受容である。プロセスの原因として描かれたその公認された形は、実際はその目的を遂げた、あるいは単に意図された結果であった。それは、目的論的説明が求められるところで因果論的説明を試みた。道徳的指導がないと人間は不道徳になったので、道徳的指導が社会によって実施されねばならなかったことを示唆することで、それは、正確には、人間は倫理的に愚かで不十分であるという意見に信頼性を与える診断から、道徳的権威を強制的に分離するものであった、という事実をうまく隠蔽した。同時に、それは生まれつきの道徳的衝動のなぞを非正当的なものとし、効果的に議論の対象から

取り除いた。すべての実際的な目的のために、それは後者、すなわち生まれつきの道徳的衝動をほとんど不可能なものと見なした。

　非社会的人間というのは、歴史的にも地理的にも、どこにも見出せないということを繰り返して言おう。このため、生まれつきの道徳的本能という仮説は経験的には調査することができない。まして、それが真であると経験的に提示されるということは決してない。利用可能でかつ想像可能な証拠は、社会的組織の道徳的独占権と独裁権、および人間の倫理的な依存性の側にしっかりと与している。しかしながら、後者、すなわち人間の道徳的依存性がそれ自身生まれつきなもの、または前社会的なものであるかどうかという疑問は、生来の道徳的傾向があるかないかの問題と同様に、経験的に解決可能なものではない。両者どちらかの受容ないしは棄却ということは、経験的に実証するということではなく、解釈の問題である。お互いに対立する主張、(1)人間の道徳的能力は社会的に引き起こされる、そして(2)人間の道徳的無能力は社会的に引き起こされる、は疑似的に経験的な形式で表されるが、不可欠な統制事例を提供するはずの非社会的文脈というものが想像できないために、それらは経験的な精査を逃れることになる。社会の外にいる人間というのはいないので、社会的人間の倫理的無能力さは特異な例ではないかもしれないが、人間の生まれつきの倫理的才についてのいかなる仮説も、検証も反証もされない。

　道徳性の社会的基盤や起源についての広く普及している学説は、経験的に実証可能な理論の地位につくことはできない。この学説は、婉曲的な正当化として、およびそれが説明すると称するまったく同じ現実の自己主張や自己再生産の道具として（言い換えれば、説明の題目であるべきものを説明的な方法の地位に押し上げているという主張として）、容易に脱構築される。しかも、そのような脱構築は自ら、その記述的な信頼性に疑義をはさむことはないであろう。学説を疑問視する唯一の方法は、それが何を主張したり何を企てたりしているかということよりも、むしろそれがどのようなものであるのかということとして学説を捉えることである。つまり学説を、社会的現実と呼ばれるテキストの一つの解釈と見なすことである。ほとんど普遍的な声

価を得ていて（周到な社会学的問いを招いている状況それ自体）、それにも
かかわらず、一般的な解釈以上の権威を要求することのない解釈は、支配的
なものになることができる。そして、その解釈は、内的に理路整然とした言
説の暗黙の前提と共にのみ理解されることができる。

　すべての解釈と同様に、目下議論している説明は、それが(a)説明の目的に
対して自給自足的な一つの全体像として、その扱いを全体として正当化する
現実の事例を可視的な場に開示する、(b)この可視的な場の範囲内で示される
ことが可能な、説明の首尾一貫性、包括性、論理的整合性を提示する、とい
う条件で批判的な探究に対して自己を弁護することができる。無論、この二
つの条件は相互排他的ではない。結局、どの見方に焦点を合わせるのかとい
う方針が（従って、選択される可能性のある他の論点は隠蔽される）、首尾
一貫性、包括性、論理的整合性という三つのすべての点を満たす高度な説明
の可能性を前もって決定している。

　しかしながら、一つの解釈のうまくいった弁護が、原理であろうと実践で
あろうと、他の競合する解釈の同じような成功の可能性を妨げないというの
は、（経験的な証明が主張することとは鋭く異なって）解釈における顕著な
特徴である。全力での説得をもってしても、一つの解釈の討議での弁護は、
他の解釈の妥当性を完全に否定することはできない。競合する解釈間の選択
は、その根拠、結局はそれ自身が一つの解釈であるが、その根拠に照らして
のみ自己を正当化することができる。経験的証明の傲慢さを共有することを
拒否するが、解釈は客観化され、疎遠にされた説明に影響を及ぼしているテ
キストの外部に自らを置くのではない。むしろ解釈は、そのテキストに浸り
きり、その隠れた可能性を発見しようと試み、自己をそれらの可能性の一つ
と位置づける。しかし心理学的に言えば、解釈というのは、それゆえ、たと
え無意識であっても、あるいは不本意であっても、寛容的であり当たり障り
のないものである。解釈は、決して満足されないもの、しかも決して独占権
があるわけではないものを、あからさまに装う客観性の傲慢なふりをするわ
けにはいかない。それに代わって、解釈は、「認識という行為に含まれる、
必然的な相対性、主観性および偏見」(Handelman, 1982: 145) を認めざるを

得ない。解釈が、ときどきテキストとの換喩的関係の真実を遮蔽して、隠喩^{メタファー}として、つまりテキストの排除というよりも置き換え、拡張というよりも反映として自らをすり抜けようとするのは、まさにこの認識から自由になるためである。人間は生まれながらに不道徳という観点からの社会的現実の解釈が、その解釈的な立場を否定することができ、科学的理論の地位を主張できるというのは、このような虚偽の主張の一例にすぎない。

　めったにはっきりとは述べられず、しかも常に隠れてある、そのような解釈の前提は、人間は、恐れによって、あるいは恐ろしい罰を逃れるための計算された努力によってのみ、道徳の担い手になるということである。もしも焦点化して、それ自身を正当化することを求めるならば、この前提は、至る所にある社会的権力の実践を指し示すであろう。その権力は、実に、人間の行動をコントロールすることを目指して、様々な強制の手段ないしは強制の脅しを繰り広げることのなかにある。従って、デュルケームであれば、個人の外部にある、挑戦することができない、罰則で固められた、いわゆる集合意識を持ち出すであろう。つまり、もしもその罰則が主観的に恐れられることなく、積極的に避けられることがないならば、それは単にその罰則の存在が、その規則が破られることによってまだ露わになっていないからである。フロイトであれば、いわゆる超自我を持ち出すであろう。それは、〈征服された都市における要塞地〉であり、外部の力によって設定され武装されているにもかかわらず、内部から人間の気質を治めている。それによって道徳の理論は、法の実践によって示されることになる。それは、拘束としては純粋で単純なものと見なせる法の順守である。それは、単一の起源や十分に正当性があるものとして、公にされ強制される影響力のある社会的権力の意思を伴った合法性である。「法は、権力を持つ者であり、外部から決定された意思である」、しかし「道徳^{モラル}は自律的な自己決定である」（Bloch, 1986: 231）。ここでの議論は、この違いをうやむやにする傾向があり、道徳性を法の実践の下に包含する傾向がある。そのため、議論は知らず知らずのうちに法律をつくる力を持つ者が、自ら行動する者たちを行為の他律的な決定に服従させる、また外部的に強制された規則と衝突する可能性のあるような自己決定さ

れた意思を禁止ないしは否定するという目的を達成するのを認めることになる。言い換えれば、人間は生まれつき不道徳という説は、倫理と法の秘密裏の置き換えによって、また、めったに得られるものではないが、追い求められた社会的強制の目標を理論において先取りすることによって示される。つまり、自己決定された自律的な決定の大部分を、他律的な意思と一致させること、そして残りの部分を抑圧、ないしはその公的な権利を奪うことである。

　人間は生まれつき不道徳であるという仮説は、この実践の正当化として役立つというのはその通りである。そのことは、必ずしもその仮説を正しいものにするわけではない。その仮説は、それに代わる仮説の資格を説得的に奪うものですらない。実際、仮説がその対抗仮説に代わっても、すなわち人間は生まれつき道徳的であるという仮説に代わっても、経験的説明の確からしさ自体は変わらないであろう。法律を実施するという社会的実践は、矛盾することなく、人間の道徳的行為への生まれつきの傾向の抑圧、置換、操作を狙った試みとして解釈可能であろう。言い換えれば、自己決定や行動的な自律性という人間の能力の抑制を狙ったものとして、その解釈が可能だということである。ここで試みるのは、そのようなもう一つの解釈である。

生まれつきの道徳性という問題

　初めに、生まれつきの道徳性、あるいは自然の倫理的衝動という概念が何を想定しているのかということをはっきりさせなければならない。

　第一に、それは他者への関心に言及している限り、倫理性という考えをうちに含んでいる。そのうえ、それが言及している関心は、動機としての他者それ自身以外の何ものでもない。これは、「自分のためではなく、彼のために良いことを願う」（Nichomachean Ethic, 1974: 1166 A2-4）というアリストテレスの友情の説明、あるいはマックス・シェラーの「彼の悲しみとして、他者の悲しみを哀れむ」（1954: 37）という同情の説明のように、他者の恩恵のために他者への関心を持つことである。この条件の当然の結果は、問題にしている関心の回避できない性質である。すなわち他者の特性からの独立性である（従って、この定義によれば、プラトンが『リュシス』のなかで示すよ

うに、愛情の主体に対する客体の有効性によって、また友となった客体が、主体が欠如ないし喪失しているものを供給してくれるという、主体の期待によって導かれた友情は[1]、道徳的な現象の範疇には入らない）。道徳的であるためには、他者への関心が同時に、主体自身の快適さや喜び、幸福といったものへの無関心でなければならない。さらにそれは、関心が自分に向けられる権利を正当化することを、他者に要求してはいけない。主体の関心を誘発するために、他者がしなければならないことは何もないし、彼がなるべきものも特にない。言い換えれば、関心は私心がない限りにおいて道徳的なのである。

　第二に、その概念は、関心の道徳的規則が（ブレンターノが示唆するように）ある重要な点で、論理的な規則と似ている限りにおいて、生来性という考えを含んでいる。つまり、それは直ちに、かつ確実に理解される。直ちに理解されるということは、議論の余地がないことであり、従って正当化を求めないことを意味している。直ちに、かつ確実に理解されるものは、計算や合理的探究ないしは選択の産物ではない。反対に、それは選択に導く可能性のある心的プロセスに先立つものである。逆説的に、それは理解されないことによって、直ちに理解される。それは、意識的でなく、またその重要な根拠の探究にも支配されないというように、良心の呵責やためらいなく実行されることができる。それは、良いことだから、意味があるように感じるから、あるいはまた他の案より好ましいからといった理由で実行されるわけではない。すなわち、事実上、考えられるいかなる理由のためでもない。それは、水が（ポンプやダムによって邪魔されない限り）上にではなく下に流れるように、あるいはまた、（同等の強力な対抗力がない限り）圧縮されたガスが爆発するように実行される。

　生来性の仮定は、それゆえ、自然法の慣例が示唆するものとは区別される。その慣例は、大雑把に言って「世界は、道徳的に意味のある仕方で組織されており、だから人類は自分たちのような創造物であることに精を出すことで、何をすべきかを学ぶことができる」（Devine, 1978: 41）ということを意味している。リチャード・ロビンソン（Robinson, 1962: xxiii）によって提起さ

れたような反論（「一旦、私たちが、自然がそれをするという理由だけで、
なぜ私たちは何事かをすべきなのか、あるいはまた、なぜ私たちはその意図
に沿って自然を手助けすべきなのかとはっきりと自問してみると、私たちは
そこにすべき理由がないことが分かる。自然に、もしあるのであれば、自ら
の意図を示させよう。私たちは、自分たちの意図を示すことになるであろ
う」）、それは、自然法の慣例は反撃するのに、ひどく難しいことを知らしめ
るが、生来性の仮定は影響されないままである。いわば後者、生来性は、主
体に自分自身になぜと問うことを催促しないし、いかなる種類の議論によっ
ても先取りされずに働くことができるし、また働く。そしてそれゆえに、生
来性は、〈自然の意図〉についての疑わしい仮説や、自然の状態から自分の
すべきことを引き出すというような、より疑問のある履行命令に沿って、そ
の効果を秤にかけることはない。

　結論として、道徳的傾向は、生来あるいは生まれつきであると仮定するこ
とが意味するのは、単に、他の力が働かなければ、人間は実際上、他者に対
して道徳的なスタンスを取る傾向があるということである（c.f. Scheler, 1954:
130）。言い換えれば、道徳的傾向、つまり他者のための他者への関心は、再
帰的なものに先立つ内的強制という性質があるということである。それは
また、もし外部からの力（それは、学習され内部化された合理的な損得勘定
への傾向、抽象的な規則に適うか適わないかの判断など）がなかったら、道
徳的主体の自己決定は、常にそのような関心を示すであろうということを暗
示している。最後にそれは、もし他者への関心が現れ出ないとしたら、ある
いはもしその有効性が取り除かれ無効にされるとすれば、外部からの力の作
用とその結果として生じる主体の他律性が想定されることを示唆している。

　サルトルにとって、ハイデッガーと同様に、自己の世界に他者が入ってく
ることは、自己が、他者を迎え入れ、そしてまた客を選択する、あるいは住
む権利を与えることのできる、意識的な主体として構成された後に生じる出
来事ではない。実際、他者が入り込む可能性はなく、それゆえ入ってくると
いう出来事は実在しない。他者は常にそこにあり、そしてそこに自己がいる。
存在は常に共にいる存在である（ハイデッガーの共在）。そのような前再帰

的で、取り返しのつかない、議論の余地のない他者の存在、その存在に相当するもの、および実在しているものそれ自身は、デカルトのコギトから離れることによってのみ視覚化されることができる。自己は、自分がすでに自分自身について持っている知識を投影したり外挿などしたりすることによって（他者に達するために自分自身を広げることによって）、他者を想定することはしない。自己は、他者と共にいることを受け、他の実在ではなく、ほかならぬその他者のことを知る。もしもコギトがそれ自身に対して自己を現すとすれば、それは同時に他者の存在を暴露する。その働きは分離することができない。すなわち「もし、他者が直接、自分の面前にいないならば、そして、もし彼の存在が自分自身の存在と同じほどに確かなものでないならば、彼に関するすべての推測は、完全に意味を欠いている」（Sartre, 1969: 251）。

　さらに、他者は主体としてすぐ近くにいる。彼の主体性は、自己に帰するものではない。いわんやそれは、自己のまだ試されていない仮説ではない。彼の主体性が他者を構成し、彼を自己の存在の構成要素にする。主要な関係、すなわち共にいることの本質は、他のものによって見られているということである。自己が自分自身を他者の面前において見出す前に、彼はすでに他者によって見られている。その見られているという感覚が、自己に共にいるということを自覚させ、それと同時に主体としての他者を自覚させる。いかに束の間であろうと、他者は瞬時に主体であろうとなかろうと単なる客体として現れる。「〈他者によって見られること〉が、〈他者を見ること〉の真実である」（Sartre, 1969: 251）。しかし、この主体性は、サルトルが描く形において、客体化への招待である。見ることは、非対称的な関係をもたらす。主体として、他者は「私を見るものであり、私がまだ見ていないものである」（Sartre, 1969: 257）。私が彼を自分自身の客体にすることができる主体として自分を構成する機会を持つ以前に、彼は私を彼のまなざしの対象にする。最初に来るのは恥である。つまり、「私は実に、他者が見て判断を下している対象であるという事実の認識」（Sartre, 1969: 269）である。恥、それはデカルトの疑問ではなく、サルトルのコギトの中心に位置している。他のものが知っている自己であるという恥、他者に対して対象であるという恥、状況に対する

支配を失っているという恥、自分自身の可能性が他のものの蓋然性に帰しているという恥。対自的になることは苦痛である。つまり、その跡に残るトラウマが、回顧し、対象化し、他者の可能性を蓋然性に変えることによって、その恥から逃れるべく刺激を喚起する。それは、自己の主体性を生み出した主体としての他者の客体化の手順である。対自的自己は、他者を客体化し具象化することで、互いにやりとりしたいという衝動にかられざるを得ない。どんなサルトルの読者も分かるように、『存在と無』から『出口なし』へと続くまっすぐな道がある。根源的な恥で始まった道は、もだえ苦しむ発見で終わる。つまり、他者は地獄なのである。

サルトルの〈共にあること〉の探究は、道徳性の実存的な基盤を示すことに失敗した。実際、自己の屈辱や苦悩の源泉としての他者への関心は、他者のために自己の私心を棄て去ることに対する見込みのある出発点ではない。決定的、破滅的ではないけれども、絶望的な争いが続きそうである。それは、仲間感情や同情によってではなく、支配や管理の欲望によって、刺激され扇動されるであろう。〈共にあること〉は、せいぜい悩まされた実存の自己意識を生み出す苦痛の原因である。

サルトルの研究から導かれる教訓は、決定的であるように思われる。倫理の根拠は自己の実存に見出されることはできない。また、それは自己の認識にも見出されることはできない。道徳性の誕生の地の在り処をつきとめることに対するサルトルの失敗は、実存の存在論、および実存の原初の属性としてのコギト（思考）を探究するという彼の決定において、すでに方向づけられていた。

倫理の存在論的な、あるいは合理的な根拠を探し求めるという、常に繰り返され、永久に成果のない窮境から抜け出すことがエマニュエル・レヴィナスの課題であった。彼は、彼の面前の捉えどころのない他者に結論を求めた。つまり、「道徳性は、二次的な層としてではなく出来する」（Levinas, 1981: 10）という。それは何ものに対しても二次的なものではない。存在に対しても、はたまた存在という認識に対しても、それは二次的なものではない。道徳性は、それらに先立って、それらの外部にある。存在や認識が、窮境から

の脱出の究極的に失敗した試みとしてあるという条件下で、それは基本的である。それゆえ「第一哲学が倫理なのである」（Levinas, 1981: 13）。

　道徳性は、社会性の秘訣であり、道徳性を生み出すのは存在でも認識でもない。存在も認識も後にやってくる。それゆえ、哲学者の仕事は、社会性をそれに先立つものに戻って跡づけることである。存在と認識は袋小路として開示されたので、その外部、〈存在するとは別の仕方〉がその秘訣を保持していなければならない。「社会的なものは、存在論の彼方にある」（Levinas, 1982: 58）。「社会性は、認識と同じ構造を持つことはできない」（Levinas, 1982: 60）。社会性は存在に先立つ。社会性は、存在を知ること（認識）に先立つ。

面と向かうことの重要性

　実際、人が原理や規範のことについて考える時間を持つのに先立って、見たり見られたりすることに先立って、自分自身のためにあること、共にあること、世界のなかにあることに先立って、すなわち存在に先立って、人は他者のためにある。これがなぜ倫理が、存在論にとって不名誉なものであり、またスキャンダルなものであり続けるかの理由である。それはまた、知性の合理的な力にとって、スキャンダルでもあり続ける。

　彼の最初の重要な著作『実存から実存者へ』（1947）で、レヴィナスは、空白、空洞、特色のない〈存在でもなく無でもないもの〉が〈ある〉ことを見出す。空っぽの貝殻を耳にあてると聞こえる不気味な音に似た何かである。あるいは、奇妙なホテルの部屋の壁の向こうから聞こえる不思議な雑音に似た何か、存在への客観的な不可能性の侵入、意識の非人称性といった不眠の状態と似た何かである。〈ある〉の部分を尊重し、それを実存者、すなわち所有の対象物のなかに作り替えることは、〈ある〉の底の知れない無限性に違反しない。すなわち、それはその無意味さの価値を引き下げることはない。その代わりに、それは彼が支配する実存者に自己を結びつけ、それによって〈ある〉の無意味さに自己を結びつける。それは、〈ある〉の〈ざわめきの静寂さ〉を破ることはない。それは、存在と無の間の宙づり状態の恐

ろしさやパニックに対する慰めを提供することはない。その日の終わりに、一日を通して、すべてのものがありのままに留まっている。もし、〈ある〉から逃れられるとしたら、それは自己の〈立場〉ではなく、自己の〈廃位〉によってである。他者の面前における主権の放棄だけが、すなわち他者への責任のみが、〈ある〉の無意味さ、雑音的なざわめきを止めるのである。

　〈ある〉に帰される存在、〈べき〉ではない存在、それは孤独を意味している。これが、前著と対になる著書『時間と他者』のテーマであった（Levinas, 1987）。実存は自動的であり、意図はないし意味もない。それは、自分のものであり、自分だけのものである。認識やコミュニケーションは孤立から自己を救うことはできない。人は実存について語ることはできるが、それを分かち合うことはできない。〈共にあること〉は実存的な孤独を救済しない。もし、〈共にあること〉が交換や分かち合いを意味するのであれば、人は実存以外のすべてのものは交換や分かち合うことができる。このように、〈共にあること〉は、実存の他のあらゆる様式や側面と同様に、道徳的な関係を打ち立てることはできない。それをするのは、〈ためにあること〉である。実存において、孤独から抜け出す方法はない。一方、道徳性には孤独というものはない。

　レヴィナスの著書『存在の彼方へ』（1981）の最後は、探索を結論としている。道徳的な関係は単純化できず、それは、何か他のものの派生物ないしは加工物、あるいは副産物といったものではない。それは実存から演繹できるものではなく、認識において証明できるものでもない。代わりにそれは、〈ために〉にすでに含意される前存在論的、前理知的な関係に根拠づけられている。つまり、私は他者のためにあり、私は他者への責任を負っている。〈ために〉というのは、初めからそこにあるのでなければ、どんな努力によっても取り入れられることがないことであろう。

　　「他者に対する責任が、私の約束のうちで、私の決意のうちで始まったということもあり得ない。そうではなく、私の自由の手前から、〈一切の思い出以前〉から、〈一切の完成のあと〉から、非現在の最たるもの

105

から、起源ならざるものから、起源を欠いたものから、存在することの手前ないし彼方から、私に課せられる果てなき責任は到来するのだ。……命令を待つことでも命令を迎えることでもなく（もしそうなら、責任の最初の運動は依然として単なる能動性と大同小異のものであろう）、命令が表明されるよりも前に命令に従うこと、それが責任の最初の運動であるかのようだ。」(Levinas, 1981: 10, 13)

　他者に対する責任は招かれないもののように思える。すなわち、それは計画されたものでも、あきらめをもって受け入れられたものでもない。それは、私が知っていようと知るまいとそこにある。それは責任を引き受けるという私の決断に依存しない。それは私が責任を持つことを拒否しても消え去ることはない。「私は責任を引き受けることなしに責任がある」。私は他者の近くにいるがゆえに責任がある。近さは、実際、私の責任を意味する。責任に満ちた近さは、

　　「認識において、私たちを対象に——それがいかなる対象であっても、人間がその対象であっても——結びつける志向的な関係とはいささかも似ていない構造です。近さというのはこうした志向性に帰着するわけではありません。とりわけ、他人が私に認識されるということに帰着されるわけではないのです。」(Levinas, 1982: 100)

　近さというのは、他の何ものにも従うものではなく、現実に共に存在していることや計算された利害の共通性という梃で、対面関係に持ち込まれることはない。実際、「他人との絆はただ責任として結ばれる」。二番底ではないし、隠された理由はない。特別に根拠があるわけではない。責任は「主観性の本質的で基本的で根本的な構造である」。倫理は主観性に従わない。つまり、主観性こそが倫理的なものなのである。レヴィナス (Levinas, 1982: 95, 97) の記述では、倫理的なものは「前提をなす実存的な基盤に付け加えられるわけではありません。責任として理解される倫理においてこそ、主観的な

ものの結び目そのものが作られるのです」。

　道徳性の源泉として実存や主観性に資格を与えないという、また、実存と主観性、その両者の探究の場の外部に道徳性の基礎を置くというレヴィナスの大胆な決定、そしてとりわけ道徳性を存在に優先させるという彼の決断（道徳性はより重要なので、優先権それ自体は倫理的である。つまり、道徳性の優先は、道徳性は存在よりも一層善であることを意味し、道徳性が時間において存在に先行する、あるいはその原因であるということを意味しない）は、哲学的伝統における決定的な破壊である。レヴィナス自身の言葉では、

　　「ここでは、一者と他人の近さは存在論的範疇の埒外で考えられている。存在論的諸範疇のうちにも、他なるものの概念は様々な相貌をまとって介入してはいる。たとえば自由、知解可能性、完成の障害として、あるいはまた、確信もなく揺らぐ死すべき有限存在を承認し肯定する有限存在の終着点として、さらには、奴隷として、共犯者として、救いの神として。」(Levinas, 1981: 16)

それらの間で、現存の哲学的伝統が考える代替案を出し尽くしている、すべてのこれらの範疇において、「近接性は存在論的に考えられている」。すなわち、それは「隔たりの縮小、外部性の廃棄にとどまる」。この共有された見方に反して、レヴィナスは「近さを存在の関数としては考えないように努めている」(Levinas, 1981: 16)。近接性、他者への露出、他者に対する責任は、すべて「選択を仮定することなしに選択されている」。そのようなものとして、それらは「それ自身に反する善という意味を持っていなければならない。善というのは常に選択に先立つものである」(Levinas, 1981: 56-7)（人はその先立つものであることに、再び倫理的な意味を与える。すなわち、先立つものはより善であることを意味している。倫理的基準は選択が始まる以前のものであり、それゆえ、それらは尺度として、効用や合理性、重要な事実との一致といったような、選択がそれによって自分自身を評価できる、すべての他の規準よりも優れている）。

　私を私であるという唯一で代替不可能な存在にするのは、他者の認識では
なく、彼に見られているという恥でもなく、彼の心を動かしたり慰めたり、
なだめたり、怒りを解いたり圧倒したりする自分の努力でさえない。それを
するのは、責任という招きであり、語られないことを聞かせる命令、それは
純粋に生じ、身体はなく、表現からは自由であるが、その命令の前意識的な
強迫観念やトラウマが、権威のない服従、議論のない同意、法のない義務を
要求する。私の独自性、私らしさは、私の求められた存在に根拠があり、そ
れゆえに、他のどのような存在も私にとって代わることができない。責任は
私のものであり、私が選ばれたのであり、私の強迫観念を分かち合い、その
責任を自分で引き受けることで私の重荷を軽減させるような存在はどこにも
いない。そして、私への招きは、私のもの以外ではありえず、私の責任は取
り除かれることはなく、まったく逃れられない。つまり、隣人の顔は、私に
対して非の打ちどころのない責任、先行するあらゆる自由な同意、あらゆる
協定、あらゆる契約を表している。

　　「本来的な意味での近さは人間に準拠しているのだが、……まずもって
　　意識として人間を解してはならない。自分とは別の存在が視野のうち
　　に、あるいは手の届く範囲にある限りで、また、握手、愛撫、争い、協
　　力、交易、会話の相互性をつうじて、この別の存在を掌握し、摑まえ、
　　彼と話し合うことができる限りで、自分とは別のこの存在は近しい存在
　　とみなされる。意識は……その時、ここで探究され主題化されている、
　　本来的な意味での近さをすでに喪失していることになろう。」(Levinas,
　　1981: 83, 88) [2]

　他者という意識はすでに近さの破壊である。認識された時点で、他者は一
つの対象物に変わる。私の意識は彼および彼の無能さに対する私の支配であ
る。私の責任は、自分がいることを詫び、自分の事情を主張する彼の義務を
解消する。私はいま質問をしている。私は彼を尋問し、説明を求めている。
つまり私にとって責任は何ですか？　あるいは、私のためにそこにあるのは

何ですか？　また、彼は命令する権利がどこにありますか？　私は彼への借りに対して何をしましたか？　私は、私の義務の命令とそのいくつかの証拠に対する正しさの準拠を要求している。私はその正しさの準拠を受け入れ、義務を正当なもので、証拠のあるものと考える可能性がある。しかも、最初の近さは失われていない。ここに再び橋渡しされることのない自分たちの間の隔たりがある。今は、悪ければ争い、良くても契約や妥協が以前私の責任があった場所にある。しかしながら、これは彼の損失だけではない。以前私を、唯一無二の、代わるもののない、自由に処分できず絶対必要なものであるという独自の存在にしていた責任が、今は消え失せている。私には強迫観念がなくなり、私は他者と面と向かう際に、私を圧倒していたその身震いするような感覚から解放される。しかし、私はまた、自分の独自性、使命、意味深さを失う。再び、私は孤独である。消し去ることも表現にもならない騒めきの静けさ、支配や所有あるいは認識を通して、私が真剣に試みるけれども、決して埋まることのない空虚さ、その〈ある〉と共に。

　責任は、考えられる意味において、最も強固に自分自身のものである。つまり、それは「愛において分かち合うことを期待されないのと同様に、相互性を忘却している」。

　　「この結び目によって形成される主体性は、自我に戻ろうとする運動に気を配ることなく、他人に向かう。より正確に言うなら、自我と隣人との間に必ずや確立される相互的な諸関係すべてを超えて、私はそのつどすでに、さらに一歩隣人へと足を踏み出してしまっているのだ（かかる事態が可能になるのは、この一歩が責任である場合を措いてほかにない）。たとえ私と隣人が互いに責任を担っているとしても、この私は、相互的な責任に加えて、さらに果たすべき応答を常に有している。私は隣人の責任そのものに対しても責任を有しているのだ。」（Levinas, 1981: 82, 84）

責任は私の問題で、相互性は彼の問題である。私の責任は例外なし、かつ

無条件である。他者はそれに値することを何も証明する必要はない。私は、同じように彼のお返しを得るために自分の責任を果たすのではない。報いに対する前もった考えや期待、自分の責任における利益の計算はない。他者が何をしようとも、私は他者に責任がある。他者が何かをする以前に、彼のすること、そしてまた彼のできる能力を知る以前に、私には責任がある。そして、正に他者の他者性が私に責任を負わせる。共同体の認知、利害の類似性や共通性の合理化、こういったものすべてが、もしあるとすれば、後からやってくる。私の責任が正当化されたり、立証されたりするのに先立って、私には責任がある。

> 「一切の能動的な引き受けに先立って、一切の約束——それが承認されるにせよ、廃棄されるにせよ——に先立って、隣人は私と関わる。……私と隣人との関係は、どんな生物学にも収まらない近親性、〈どんな論理学にも反する〉近親性である。隣人は私と関わる。とはいえそれは、私と同じ類に属するものとして、隣人がやがて承認されるからではない。隣人、それはまさに他人である。隣人と私との共同体は、隣人に対する私の責務のうちにその端緒を有している。」(Levinas, 1981: 87)[(3)]

　他のすべてのことが、その義務の後に始まる。責任の根拠を示すように要求すること、他者に私が関心を向けることへの資格証明を要求することなど、その義務について問うこともまたそうである。一旦問いかけが始まると、近さはすでに隔たりに置き換わり、責任はその無条件性を失う。強迫観念は打算に取って代わられる。いかなる努力も、そもそもの私の責任の例外を認めないということを元通りにはしないであろう。存在に根拠を置くすべての責任は（存在とは別の仕方に根拠を置く、私の独自性、人間性、私たちの共同体を同時に創り出す対面状況に根拠を置く責任とは違って）、永遠に壊れやすく、協定ができ、追って通知のあるまでであり、そして究極的に、〈ある〉の残余のように、意味のないままである。

　一旦、責任の無邪気さが失われ、かつて近さだったところに隔たりが生ま

れると、問いが生まれる可能性が生じ、問われることにもなる。

> 「なぜ〈他者〉は私と関わるのか。……私は弟の守護者なのか？　これ
> らの問いが意味を持つのは、〈自我〉は自己のことのみを気遣うという
> こと、〈自我〉は自己に対する配慮でしかないということがすでに前提
> となっている場合だけである。事実、今述べたような仮説の下では、絶
> 対的〈自我〉の外、──他者──が私に関わるということは依然として
> 理解不能な事態だからだ。」(Levinas, 1981: 117)

　しかし、どうして自己の自己配慮が前提とされるのであろうか。なぜこの
仮説は、その仮説的な性質をとてもうまく隠すことができると信じられるの
であろうか。私たちが、それは単に哲学者の集合的な盲目さや愚かさの問題
であると言う、あるいはまた、プラトンへの脚注を書きながら、なるほどと
思わせる議論だが、彼の誤りによる一撃に私たちは絶望的に平気で悩まされ
ていたと言う覚悟がないかぎり、私たちは、自己配慮は、哲学者の間違いを
暴露することで、まき散らすことができる幻想に余りあるものと考えられる
だけである。私たちは、実存の冷たい風潮において、近さは萎れ、崩壊する
ということを想定しなければならない。近さは、消滅するか、もしくは再生
されるが、それは非合理性や神秘主義（文明化は、ハンス・ピーター・デュ
エル（1985: 89）が指摘するように、現実と幻想の境界線を伴う、それ自身
と野蛮の間に引かれる境界に匹敵する）と名付けられた悪名高い巨大な倉庫
に隔離し保管される。実存の構成された秩序において、それ自身、構成され
たものと示すことができないかぎり、何ものも黙認されない。人間存在の社
会的に構成された世界において、何かが、近さの根拠も理由もない強迫観念
をもたらしたか、常時もたらしているにちがいない。その何かは宿命的であ
り、おそらくまた、それは取り消すことができない。
　私たちの世界では、近さ（存在とは別の仕方の種類の近さであって、排他
的であるゆえに脆弱な、愛の関係や集団治療の無数の変種において想像され
る骨を折って作られた近さではない）は、完全に消え去ることはないとレ

111

ヴィナスは言う。それは消滅させることはできない。つまり、たとえそのいくつかの派生物が社会秩序の分厚いコンクリートを通して見えたとしても、コンクリートの土台の上で生き長らえるどんな生にとっても、その根は下のどこかになければならない。

> 「憐憫、同情、赦し、近さが世界のうちに存在しうるのは、人質ないし捕囚というこの条件によってである。たとえ憐憫や同情がいかに稀薄であれ、また、それが単なる〈お先にどうぞ〉でしかないにせよ。人質であることの無条件、無制約は連帯の極限例ではなく、一切の連帯の条件である。」(Levinas, 1981: 117)

〈お先にどうぞ〉という礼儀正しさは、元々の近さが意味していた自己放棄やその〈主権の廃位〉には遠く及ばないものとして、印象深く受け取らざるを得ないが、これは実にその通りなのかもしれない。社会秩序のろ過機において、いまだ自発性を保持し、わけも理由もなく従わせる人間同士の相互の責任はほとんど残らなかった。それはあまりにも少ないので、哲学者の盲目さについて不思議に思うことは間違っていると見なされる。人が見ることができる僅かな残り物の高貴な起源を想像することはとても難しいので、ろ過機はその仕事をとてもうまくやったに違いない。この仕事は、同時に、その条件やそのもっと良い別なものとして、社会性に先立つ倫理を見えなくする行為の秘訣を保持している。もしもその秘訣が明かされるならば、それは、探究され、説明されることのできる社会生活における道徳性の在り処や可能性ではなく、道徳性の欠如や乏しさである。道徳性の社会学的分析の伝統は、事実上、倒錯しているに違いない。これがレヴィナスの議論（Levinas, 1982: 80）から得られる実践的な教訓である。

> 「語の通常の意味での社会というものが、はたして〈人間は人間にとって狼である〉という原理に制限を加えた帰結なのか、あるいは逆に、〈人間は人間のためにある〉という原理に制限を加えた帰結なのかというこ

とを知るのは極めて重要なことです。制度、普遍的な形態と法律を備えた、社会的なものとは、人間同士の戦いの結果を制限したことの帰結なのでしょうか、それとも、人間の人間に対する倫理的な関係のなかで開示される無限を制限したことの帰結なのでしょうか。」

　次にやるべきことは、レヴィナスの質問（多分に彼の議論は、純粋に修辞的であるが）への回答は実り多いかもしれないという考えに沿った素描を試みることである。近さの終焉の根源を辿ってみる試みである。つまり、まず通時的に、近さが増す対面的な状況の余地が減っていくような共同生活の変容を探ることによって、次に共時的に、近さよりも隔たりを、無条件の責任よりも契約を好むような社会的な生活の仕方の側面を研究することによって。

　その試みは、〈人間は生まれつき道徳的に堕落している〉というのは、社会がコントロールしないあらゆることに対して、道徳的権威〔オーソリティ〕を認めない権利をすでに確立した社会の主張にすぎないのではないかという仮説をもって始まる。どのようにこの権利が確立され、継続的に持続し再生産されているのかということが、引き続き関心の焦点になるであろう。

隣のよそ者

　長い人間の歴史を通して、物理的近さと道徳的近さは重なり合っていた。それゆえ、物理的距離と道徳的疎遠も重なり合っていた。生物学的人間の世界は、自己にとって厳密に分離され、めったに混ざり合わない二つの部分に分かれていた。つまり、隣人の世界とよそ者の世界に。隣人の世界は顔を持ち、よそ者の世界は顔のない世界であった。物理的近さの範囲に入り込んだよそ者は、闘い追放されるべき敵であるか、特定の居住区に閉じ込められ、隔離の儀礼に囲まれた一時的に認められた客〔ゲスト〕か、あるいは、この場合には隣人のように振る舞わねばならなかったし顔を獲得（授与される）しなければならなかったが、将来隣人になる人であった。

　よく知っているということは、必ずしも友情を意味するわけではなかっ

た。それはまた、信頼を意味しなければならないということでもなかったし、利他的な犠牲のための準備でも、調和やお互いの忠誠、兄弟愛の感覚というものでもなかった。調和の気づきによって、また無条件の協同と互助の領域である家族をつくることなしに、家族のようなものにする友愛の感覚によって結合する単位としてのコミュニティを表すイデオロギー、そのようなイデオロギーは、近隣の確かな兆候であった過去の独特の性質、明確な境界、それゆえに、人間的な態度や互恵的な関係を固着させたものもまた完全に喪失した後に到来した。実際の近隣は、後日のコミュニティのイデオロギーよりも多様なものであった。それは愛と同じだけ敵意の、連帯と同じだけ対立の余地があった。しかも近隣は道徳的な重要さを保つという事実に際立っていた。

　隣人を他のものから区別するのは、隣人が常に、唯一で取り替えることのできないものとして、隣人を形作る対面的関係の潜在的なパートナーであったことである。パートナーはお互いの独自性を保持した。彼らの代替不可能性は、彼らが拒否することができなかったお互いの責任であった。彼らの関係は、その責任の的を支えた。つまり、彼らの関係は特別なものであり、パートナーに彼のアイデンティティを付与する特性に向けられた。また、それは発散的であり、どんなに取引が表向きの内容であれ、パートナーのアイデンティティの全体を覆い充満させる。対面的な関係において、パートナーのアイデンティティは、責任の行使によって確立され再主張された。近隣は不可避的に倫理的な関係であった。隣人は不可避的に、責任を要求し命令する声なき声であった。そして物理的近さの範囲内に、日々の交際の光景や領域の場の内部に存在したのは隣人のみであった。生活世界は、ほぼ完璧に道徳的世界であった。そのような生活世界を提供する社会は、倫理の教師なくして、さらに警官もなくして機能し得た。

　けれども社会は軍隊なしには成立し得なかった。人間の共存は、近隣の境界で終わりをみた。その境界の外部では、野蛮が横行していた。つまり、顔のない群れによって占領された不可解な世界であった。その群れは境界を越えることができたが、道徳的強制は境界内部に留まり、越境することはでき

なかった。責任は近隣の境界に限られた範囲であった。すなわち、責任の境界は近隣であった。顔のない者に対する責任はなかった。顔のある者のみ倫理的な衝動の引き金を引くことができ、道徳的なブレーキをかけることができた。警察の必要がなかった社会は、外部の者に対して慈悲や同情や仲間感情というものを知らなかった。道徳的本能によって統制されていた世界では、倫理の範囲を超えては、人間の交際の調整はあり得ない。人間が隣人とよそ者に分けられるのではない。人間がいて、人間以外の者がいる。

　物理的近さと道徳的近さの間の原初の重なり合いの調整が崩壊すると、まったく新しい状況が生まれる。よそ者は生活世界の囲いの内部に現れ、出ていくことを拒否する（人々は最終的に彼らが出ていくことを願うことはできるけれども）。彼らは訪問者ではなく、明日には洗い落とせるという期待（人々は直ちにそうしたい誘惑にかられるのだが）で我慢できる、日々の現実の透明な表面の上の不明瞭なシミではない。彼らは武装しているわけではない。（確かめようはないけれども）外套に短剣を隠し持っているようには見えない。彼らは人々が知っているよそ者のようではない。あるいは少なくとも、彼らはそのように装っている。しかしながら、彼らはまた隣人のようでもない。人々は彼らの存在、彼らとの出会い、ふと出くわすこと、話しかけたり、折には話しかけられたりすることさえ意識せざるを得ない。しかし、その出会いは、あまりにも短く偶然なので、お互いの顔を見ることはできず、またあまりにも大勢なので会っても顔を覚えられない。

　彼らは、隣人でもなければよそ者でもない。あるいはむしろ、当惑させ、混乱させ、不安にさせるが、彼らはその両方なのである。いわば隣の異人、見知らぬ隣人である。言い換えれば、いわゆる〈よそ者〉である。つまり、道徳的には疎遠だが、物理的には近接している。そのよそ者は物理的には届く範囲内であるが、道徳的には影響が及ばない隣人である。倫理的には影響されない居住者であり、道徳的無関心の中間地帯である。交際の担い手や対象者は、責任という安全安心の基盤を拒否した。それゆえ、永遠に予測不能で、あぶなっかしく、不安定なままであることを運命づけられた。

　人々は自分の責任とは異なる場所で隣人に出会う。人々は（するからには）

殺すと脅されてよそ者と出会う。見知らぬ者と出会うことについての明確な規則は存在しない。見知らぬ者との交際は常に調和のないものである。それは見知らぬ者の混乱した地位が呼び起こす規則というものとの相容れなさである。見知らぬ者とは出会わないことが最善の策である。実際には人々は見知らぬ者が占領ないしは共有している空間を避けることはできないので、次善の策は、本当の出会いでない、出会いでないことを装った出会い、（ブーバーの言葉を借りれば）偽りの出会い〔ミスミーティング〕（出会い Begegnung とは区別される Vergegnung）をすることである。

　見知らぬ者と暮らすには、偽りの出会いの術を必要とする。もしも見知らぬ者が、他の理由がなくてもその数の多さのために、隣人のなかに飼いならされることができないのであれば、その術の適用が不可欠である。そして他ならぬこの術の適用が、他者を見知らぬ者として構成し、他者が見知らぬ者であることを再確認する。

　偽りの出会いの術は、他者を後背地にしてしまう。すなわち、行為が設定される背景の単なるシミにしてしまう。後背地は疑いなくそこにある。人はそれを知っており、もし望むなら、いつでもそれに焦点を合わせることができる。しかもそうすることに理由はない。その後背地は、その物理的な環境を提供する以外、行為の経過や結果に影響を与えない。シュッツの周期性のプロセス、つまり話題的な関連性の割り当てに至る身近な範囲の世界を走査するプロセスにおいて、見知らぬ者は何も割り当てられない。彼の割り当ては、重要でない存在、認知されない存在、認められない存在である。つまり、存在しない存在、彼自身の存在と共振する不調和そのものである。偽りの出会いの技能によって、見知らぬ者は無関心の範域（Goffman, 1971: 312）[4]を割り当てられる。すべての意図的な接触やとりわけ彼によって意図的な接触と把握される可能性のある行為は注意深く避けられる範域である。これは道徳的無の領域であり、同情にとっても敵意にとってもそぐわない領域である。すなわち、道標のない、海図のない領域、生活世界の内部に残された荒地である。この理由のために、それは無視されねばならない。結局、それは誤解の機会を残さないように、無視されていることを示さなければならない。

　偽りの出会いの術は、何はさておき他者との関係を脱倫理化する方法の集合である。その全般的な影響は、道徳の客体および主体としての見知らぬ者の拒絶である。あるいはむしろ、見知らぬ者に道徳的な重要さを許容することができるような、そういう状況の排除である。無論その方法のなかでとりわけ顕著なのが、視線を合わせるのを避けることである。この方法が求める技がいかに複雑かを理解するためには、歩行者がトラブルを避けるために通行人の動きを監視する盗み見や、自分にとって人の邪魔にならない席を見つけるために、混雑した事務所や待合室に入る際の内々のまなざしによる査定を記せば十分である[5]。重要なことは、いわば見ていない振りをしつつ見ることである。お互いに注意を引き付け合ったり、評価し合ったりすることなしに見ることである。注意していないことを示しながら注目することである。求められるのは、無関心の振りをしつつ見つめることである。何も生まないお座なりの査定であることや、お互いの権利や義務を想定していないということを知らせるべく、安心させるまなざしである。

　しかし市民的無関心を普遍的に適用することの効果は要するに、ヘルムート・プレスナー（Plessner, 1974）が説得的に示したように、顔の喪失である[6]。あるいは、おそらく顔を把握しないことである。都市の群衆は個人の集合ではない。それはむしろ個性が溶解する無差別、無定形な全体である。群衆は顔がなく、その構成単位もまた顔がない。構成単位は置き換え可能であり、自由に処分可能である。彼らが参入しようが、撤退しようが違いはない。都市的密集の自由に移動する構成単位が、道徳的命令の可能な源泉として沈黙させられているのは、彼らの顔のなさのためである。

　自分が負っている責任から構成される個々人が個人として際立つのは、道徳的命令によってのみである。つまり、彼が放棄したり譲渡したりできない義務の独自で唯一の保持者として。道徳的命令を与える力が否定されている見知らぬ者は個人ではない。それは見知らぬ者の存在を黙認する私の好意であり、善意の決断である。そうすることで、私は自分の寛容さに賛辞を送るのであり、彼らの権利にではない。私は自分自身に自分のやる限界を設ける。その限界は変わるかもしれない。彼らに関して義務を負わされているという

ものはない。境界をわけ隔てる素材はそれ自身の弾力性はなく、また、私が
自分のわけ隔てる道具を検討し、かつ彼らのわけ隔てる力を考慮して、同様
の配慮をもって私がしなければならない仕組みは存在しない。顔が消され
た、個人以前のないしは決して十分には形成されない個々人は、私の生が挿
入されている同質的な混合物のなかに混ぜ合わされる。他のすべての混合物
と同様に、その個々人たちは、ジンメル（Simmel, 1969: 52）の名高い言い方で、
「全くの平板で色調がなく、すなわち、誰かが他の者よりも好ましいという
価値に値する対象なのではなく」現れる。もしも事物には異なる価値があり、
それゆえ事物それ自身が注目されるならば、彼らは「実体のないものとして
経験される」。すべての事物は、いわば「均一の特定の重力の下で浮遊して
おり、同じレベルにあって、お互いにそれらが覆う領域の大きさのみが異
なっている」（Simmel, 1969: 52）。

　すべての顔がぼやけ、形のない色のついたシミになる距離を維持すること
は、この分離は常に嫌悪と反感で染められているのだが、見知らぬ者のなか
で生きることに伴う固有の危険に対する自然な防御であるとジンメルは言
う。大方はコントロールされているが、決して完全には無くならず、常に憎
しみを爆発させる用意のある憎悪や和らげられた敵意は、そのような生き方
を技術的に可能で心理学的には耐えることのできるものにする。それらはそ
のような状況下では、唯一の社会化の形式である関係を持たないことを維持
している。つまり（一緒にではなく）、お互い隣り合わせに生活する。今では、
それらはとても自然で、自己防御の唯一の可能な手段である。

　都市は偽りの出会いの場所である。都市では積極的に求められない出会い
は避けられ、もし避けられない場合は、それが取るに足らないものであるか
のように組織化されている。リチャード・セネットは、いくつかの一流の都
市建築（ニューヨークのレヴァーハウス、ロンドンのブランズウィックセン
ター、パリの国防省オフィス）について、〈空地の広大な〉領域、〈通り過ぎ
るのであって使われない〉領域、〈移動するだけで中に入らない〉領域といっ
た注目に値する、思慮深い記述をしていた。その物流経路や都市高速道路、
地下鉄の列車や空調が効きしっかりと密封された車を含めた、都市全体の空

間的組織化は、Aの場所からBの場所へ移動するための施設、場所間の連続性を破壊し中間地帯の荒野から家庭的な場所を隔離するための施設として考案されているようだ（Sennett, 1974: 12-4）。加えて、偽りの出会いの術がその効用において（あるいは、関係のないものとして宙づりにされ、市民的無関心の束縛を無効にして一時の安寧を提供する場合において）、より協調的に、より大きな信頼を伴って適用できるように、階級や民族集団、時にはジェンダーや世代間の空間的凝離というはっきりした傾向が見られる。

　訓練され内面化された〈自発的な〉市民的無関心が頼りにできない場合（たとえば都市化、ないしは大量の都市化されていない新来者の流入に伴う段階の初期）には、相互不干渉の規則や見かけ上の無関心の慣習が強制されなければならなかった。恒常的な見回りは都市の発明であったし、その原初の作戦命令は、他者から匿名性の保護を奪い取る悩ましい好奇心を持った侵入者に対して、都市の公共空間を守ることであった[7]。〈道草を食うこと〉は典型的に都市的な犯罪であった。それは〈移動し中に入るところではない領域〉としての公共空間の考え方にそぐわないというだけで、罰せられる罪と見なされた。偽りの出会いを約束するものとして、また市民的無関心や道徳的無関心の慣習を固定するものとして、都市の空間的秩序の発展のプロセスにおいて、原因と結果がお互いに分離することができなくなるまで強め合うことになった。結局、一方は他方なしには考えることができなくなっている。

　ジンメルは貨幣をどんな質的な差異もない、純粋で中立的な量の均一化した抽象物と考え、同時に都市生活の不可避の産物、絶対必要な条件であり、その特徴を大いに明らかにする比喩と考えた。

　　「貨幣の性質にとってのよそ者の重要性は、私がかつて漏れ聞いた助言によって簡潔に要約されるように思う。つまり、友人と敵という二種類の人々とは決して金銭の取引をしないという助言である。前者の場合には、貨幣のやり取りの無差別の客観性が、関係性の人格的性質と克服できない対立をもたらす。後者においては、その同じ条件が、貨幣経済に

　　おけるわれわれの法の形態は、故意の悪意を確実に締め出せるほど厳密
　　ではないという事実に見合う、敵意ある意図にとっての広範な余地を提
　　供する。金銭的な取引にとって望ましい相手は、そこでは、ビジネスは
　　ビジネスと極めて正当に言われるように、私たちにとって自分たちの味
　　方でも敵でもないまったく中立的な人間である。」(Simmel, 1978: 227)

　金銭取引は実際、何にもまして都市型の交際を象徴するものである。その
特質は、敵意や悪意のみならず、友情や同情に対しても守られねばならない。
それは道徳的中立性の条件下でのみ発展する。あるいは、むしろ道徳的な考
慮からまったく自由な条件下で発展する。前近代の人間世界を分けていた親
密な者とよそ者との二つの両極のカテゴリーは、等しく金銭交換に対して不
適応かつ不適切であった。貨幣経済の増殖は、かつてすべてを包含していた
二分割の両方を押しのけ周辺に追いやること、そして道徳とは関わりのない
関係性の広大で、無限に広がる領域によって、その空にされた中心を埋める
ことで可能になった。この領域内で生じる交際は、道徳的に重要な対面的な
状況で為されることは不可能である。それは、不可避的に独特で、主体に拘
束された質的な価値というよりも、共有された量の考量によってのみ、彼ら
の期待される、また実際の行動の指針となる貨幣の記号と同じように、顔の
ない相棒を必要とする。他者の拘束から自由になると、責任は、取引それ自
体の非人格的な規則に付随するようになる。途中で、それは非道徳的にはな
らない。つまり、それはその道徳的な重荷を捨てるだけである。道徳的近さ
に取って代わるものは、利己心とか不道徳な残虐行為ではなく、ただ道徳的
無関心である。他者は敵になるわけではない。すなわち、他者は、彼の倫理
的に命令できる人間らしさを失うだけである。
　近代化のプロセスは理性と道徳性の乖離が増大するプロセスとして要約で
きる。多くの人間の交際が道徳的衝動の影響を感じざるを得ない対面的領域
から撤退してしまった（家族世帯からビジネスが分離したことは、この傾向
の重要な現れとしてもっとよく知られている。すなわち、ビジネスの取引は
対面的な家族生活が提供し得ない道徳的に中立的な領域を必要としている）。

大抵の彼らの生活維持行動において、行為者は顔がなく、同様に顔のない他者と相互作用している。近代生活は、道徳的調整という生まれつきの人間の能力に頼ることなしに、秩序立った生活が可能になる環境である。多くの影響力のある社会学的な学説に反して、近代社会の主要な達成は、道徳的秩序を押し付けたことではなく、社会秩序を道徳の重要性から解放し、人間の相互作用の形式を道徳の束縛から解放したことであった。その証拠に、以前には考えられなかった新しい技術的可能性の広大な領域が可能な限り広く開かれた。

　道徳的拘束の無効化と人間行動の合理化の増大との密接な関係は十分研究されてきた。それはまた、人間の創造的可能性の先例のない発達を促した近代の多くの達成のなかで、最も発展性のあるものとして広く語られてきた[8]。一方、この道徳的衝動の無効化のもう一つの結果、すなわち、人間の交際の先例のない順応性の結果についてはさほど語られることはなかった。人間行動のパターンは以前には見られなかったほど柔軟なものになった。それは今では、倫理的に吹き込まれた抵抗の恐れなしに、あらゆる目的ごとに原則として定められた規則に従っている。行為者は行為の実際的ないし潜在的な道徳的帰結を熟考することなく、行動に導かれている。一旦対面の環境から引き離され、道徳的衝動の拘束から解放されると、人間の行動はさもなければ考えられないような仕方で形作られる。

　当初の道徳的慣習から切り離されて、人間行動の規範は倫理的規準とは関わりないものに従い、非倫理的な規準によって評価される。道徳的衝動のみが生み出すことができるような倫理的関係の抑制や周縁化でもって、社会的に強制された法は、至高の、かなりの程度まで議論の余地のない調整の機能を奪い取る。倫理的という考えそのものが、法の規則に支配された状況に適合することと見なされた。人々の意識においてもその学問的な表現においても、道徳性は法律システムのイメージやそれと似たようなもので示される。すなわち、デュルケームにおけるように、外部的に施行される罰則的な制裁は、極めて明確な特徴として選択される一方で、その外部的な起源については仮定されているわけである。一方、〈内部の道徳的な声〉は、法のような

命令に対して、長くこだまする山彦としては考えられない。競合的な調整の力を効果的に消し去ることで、高圧的に実施されている社会的な力は、人間が残虐さに対して自らを守るために残した唯一の武器として、自らを正当化することになる。

顔なしで生きる

　すでに見たように、この効果は顔の消去、他者を顔のない者にすることによって、それゆえ他者を責任の源泉や責任の自然な対象としては見なさないことによって達成される。その作用は分割できないものであり、その効果は二つのことを同時に行う。つまり、自己はいまや他者に対する道徳的責任から解放されるが、しかし彼はまた、当てにできる他者の道徳的責任から自分の安全を導くことができない。新しい自由は、新しい脆弱さと共にやってくる。それは無防備な力である。安全性に対して、人々は社会的な組織の圧倒的な力に完全に依存している。彼らは本当にそのような力を必要としている。いわば、彼らは支配されることを切望している。社会的な抑圧についてのデュルケームの賛美が正しかったことになる。その抑圧に服することは実際、デュルケームが示唆したのとは異なる理由だけれども、〈自由をもたらす体験〉になる。これは、最終的には、〈人間の生まれつきの怠惰さ〉と人間性の条件としての社会的に管理された抑制という双子の仮説の信頼性についての経験的な裏付けになる。

　その疑似先験的な思考にもかかわらず、二つの仮説は、結局は社会的実践とその効果について言及している。特にそれらは、いまだ倫理的な強制によって規制されるような人間行動が社会的関心の周縁ないしはその範囲外へと追放され、一方で、制度的な再生産や社会的な関心事にとって中心的な行動は、抽象的で他律的な法的規則の抑制的なインパクトに支配されている社会の実践に言及している。この実践は〈顔がないこと〉の原因というよりは、むしろ結果である。その実践は論理的に、道徳的近さが前もって破壊されていることなしには考えることができない。しかしながら他方で、その実践は明らかな自己推進や自己促進の潜在能力を持っている。それはそれ自身の可

能性の条件を再生産し助長する。それは不可思議にも永久機関の理想に近づくことになる。それは、使うほどに切れ味のよくなる伝説のナイフを思い起こさせる。いわば、それはその豊かな成長を育む土壌そのものを肥沃にする。

　近代の実践の三つの側面が、近代の社会組織の自己永続的な性質を、最も十全に具現化したものとして取り上げられる価値がある。

　第一は、遠く離れた行為を可能にする技術の発達。遠く離れた行為とは、その原因となった行動とその最終的な結果との間の因果関係が行為者には目に見えず、せいぜい理論的にのみ理解が可能であるという行為である。〈遠距離技術〉は行為者と行為の対象者との対面的な接触を取り除き、それでもって対面的接触の道徳的に拘束するインパクトを無効にした。

　第二は、行為の平板な分割を、専門化した部分的な機能、および意思決定の能力や資格の垂直的な序列のなかに基礎づけた社会組織（マックス・ウェーバーの、たとえば効率的で費用効果の高い行為といった合理化の最も包括的な分析に敬意を表して、しばしば〈官僚的〉と呼ばれる）の発達。両方の分化の相乗効果は、多くの行為者を〈中間的な人間〉(Lachs, 1981: 12)で、行為の期間中彼らを〈代理人の身分〉(Milgram, 1974: 133)に留め、そしてそれは不可避的に〈責任の浮遊〉を伴うが（私はこの複雑な問題を他のところで詳細に論じた(Bauman, 1989)）、そういう状況へ配置したことである。もう一つの結果は、道徳的な予測可能性を、〈法的な予測可能性〉に置き換えたことであり(Erasmus, 1974: 74, 87)、社会秩序の維持や再生産のメカニズムにおいて、道徳的予測可能性の価値を減じたことである。

　第三は、行為の本来の価値を非正当化し、その結果、その道徳的評価を非正当化する道具的合理性の発達である。判断基準としての道徳的合理性の独占は、とりわけ、倫理的規準からの競合に出会うことがない、遠くまで影響の及ぶ行為という新たな領域で徹底している。それはまた、制度的な分化（たとえば、世帯や親族ネットワークからの企業組織や国家の官僚組織の分離）によって倫理的影響をうまくすり抜けている領域においても徹底している。さらに道徳的合理性は、その挑戦を受けない支配の中心から、対面的交際の領域を植民地化すべく、その確実に根拠づけられた権威を拡張する。そして

それによって、かつてはその自然な居場所であったところから道徳性を置き
換える（この試みは、道徳性の合理的な基盤を確立すべく現代倫理論の仕事
に反映される。加えて、倫理現象の還元主義的解釈にも反映されている。た
とえば、愛を機能的に、現代社会の構造的に移動させられる構成員の自己ア
イデンティティの追求と捉えるルーマン（Luhmann, 1986: 15-7）の最近の試
みがある）。何人かの著者は、ヘルムート・プレスナーもそのなかの一人だ
が、人間の独自の道徳的権威を侵食する絶え間ないプロセスにおける共謀を
近代科学に負わせている（その行為の道具的・合理的規則の裏書きと熱心な
模倣のために）。すなわち、一般化した抽象や、人間的個性の一般的要因や
因果関係の網の目のなかへの分解という科学の自然な傾向は、プレスナーに
よれば、人間の客体化であり、それは本来の独自性を欠いた標本や事例への
転換であり、それゆえに道徳的価値を帯びることができないものである。よ
り確信をもって、ワイゼンバウムは、道徳的評価から自由であることによっ
てのみ可能になる成果の生産において、道具的・合理的な行動の制度的な背
景と、科学におけるその理論的な反映（および正当化）とが合わさって機能
していると主張する。

> 「道具的な理性は各々のジレンマを、それがいかに真剣なものであろう
> と、論理の適用や計算によって解決することができる単なるパラドック
> スに変換する。すべての対立する利害は、単にテクニックの利害に置き
> 換わる。……実際、アメリカ軍、B52戦闘機、ナパーム弾などを共産主
> 義者が支配しているベトナム（明らかに望ましくない対象）に投入する
> ことは、もしその〈理性〉が道具的な理性を意味しているのであれば、
> 望ましくない対象を望ましい対象に転換する作戦として、まったく道
> 理に適ったことになる。……人々、物事、出来事は、遂にはいかなる具
> 体的な状況との接触も奪われるまで、フィードバック・ループのイン
> プットとアウトプット、変数、パラメターなどの形でプログラム化され
> ている。そこではグラフやデータ・セットやプリントアウトがあるのみ
> である。そして〈われわれ〉専門家のみがそれを理解できる。……」

（Weizenbaum, 1976: 251-3）

　合法化の必要性に関する限り、道具的・合理的行為はオートマティックである。すなわち、それは自分自身の正当化を産み出す。誰もこの顕著な特質を、ジャック・エリュールが彼の技術の自己宣伝能力の分析で示したほどには鋭く指摘していない。一旦、道徳的権威から免除され制度的に保証されると、また一旦状況が、私たちの社会の人間が技術を評価し批判する、知的、道徳的、精神的な準拠枠を持たなくなるところまでになると、大方、何物も本能的な感覚を持てないように閉鎖的な系が創り出されるために、すなわち、それは技術的な適用によってのみ意味が付与されるわけだが、技術はその発展を保証すべきいかなる合法化も必要としない。エリュールは、技術はもはや合法化を必要としない、あるいはむしろ技術はそれ自身が合法であると主張する。使えるけれどまだ十分には使われていない技術的手段のまさにその利用可能性が、その需要を正当化しその適用を要求する。すなわち、道具的・合理的行為の手段は、いわば結果がどうであれ、その成果が正当化され、その利用が避けられないものになる。

　　「技術は背後から押されるので、それ以外の方向へは決して発展しない。技術者はなぜ彼が働いているのかを理解せず、一般的に彼はそのことにあまり注意を払わない。技術者はある種の課題を達成し、新しい操作に成功するのを助ける手段があるので働いている。……目標に対する誘惑はない。すなわち、後方にある、機械を止めることはないエンジンによって動かされている。……技術的要素の相互依存が問題のない多くの解決を可能にする。……私たちは月に飛ぶことができることを前提に、私たちはそれについて何ができるのか、またそれでもって何ができるのか。……技術者が無線、燃料、金属、エレクトロニクス、サイバネティクスなどで、その個々の技術の性能にある程度到達すると、これらすべてのものが結合し、私たちが宇宙等々へ飛び立つことができるということが明らかになった。それは成されることが可能だったので成され

125

　　た。ただそれだけのことである。」(Ellul, 1980: 272-3, 280)

　ハンス・ヨナスが近代文明化の〈意図せざる力学〉と呼ぶ潜在的に黙示的な結果について懸念するのは、技術によって推進され、道徳的衝動による制約から自由になった組織化された行動のこの自己推進的かつ無目的な傾向である。技術的な〈背後のエンジン〉のみによって動かされる文明化は、それ自身の意思で止まることは永久になさそうである。内部に組み込まれたブレーキの欠如で、盲目的で強制的な行為の結果は累積的になる傾向がある。すなわち、最終の結果は、まさに分別のある一層有力な理由となる評価を逃れることになる。「科学技術によって自然を制圧する力というベーコン的な理想に伴う災害の危険は、その成功の糧からほど多くは、その遂行の欠陥からは生じない」(Jonas, 1984: 140, 202)。生態学的災害というのは、はるか前方におぼろげながら見えている（それはおそらく、少なくとも潜在的には合理的な意思決定に従っているというまさにその事実によって、最終的には食い止められる可能性のある核爆弾の使用よりももっと脅威であろう）。もしも生態学的な災害が来るとすれば、ヨナスの見方では、それは人間の愚かさや勤勉さの欠如に負っているというよりは、むしろ人間の想像力や大胆不敵さ、および技術的巧妙さの驚くべき力のせいである。

結　　論

　私は以前に支配的な社会学の学説に代わる、それ固有の首尾一貫した道徳の社会学理論の可能性を探ろうとした。すなわち、支配的な学説である人間の〈生まれつきの道徳的堕落〉としてよりも、むしろ〈生まれつきの道徳的衝動〉の仮定から始める理論の可能性である。そのような代替理論の概要は以下のように要約できるであろう。

(1)　近接性の条件下でのみ倫理的力として働く他者に対する責任に関して、それが影響を及ぼすことができる人間交際の部門は、複雑な社会において、生に伴う増大し多様化する対称、非対称の依存の量に照らして、一貫して縮小してきた。生の営みの全体において、道徳的衝動によって

導かれ規制される関係は、次第に周縁化され、そのため社会的、システ
ム的機能にとって不適切なものと見なされてきた。

⑵　結果として、道徳的な制御から免除され、すべての意図や目的に対し
て〈道徳的に中立〉である人間交際の広大な領域が現れた。この範域内
での相互作用は、道徳の代わりに回避の規則（偽りの出会い、市民的無
関心）によって、あるいはそれが不十分で実際的でない場合は、強制力
を伴った法によって導かれている。

⑶　大部分の人間行動の道徳的中立性には、極めて異なる二つの魅力的な
帰結があった。つまり、(a)一方で、それは人格化された義務によって課
せられる、面倒な制約からの解放という陽気な行いとして経験された。
道徳的に中立的な交際の範域は、自由、選択、縛られない創造性の領域
のように感じられた。(b)他方で、急速に拡大する非道徳的行動の領域は、
その命令に背かず背けないような壮大なスケールで、社会的行為をはじ
め、管理するこれまでにない機会を社会的権力に与えた。その包括的な
結果は、通常近代化のプロセスを伴う〈人間の潜在能力〉の驚くべき拡
大であった。

⑷　しかしながら、それが極端に進展すると、二つの帰結は悩ましい潜在
的に危機的な傾向を示すようになる。つまり、(a)人間は、道徳的に重要
な関係性という文脈で、その結果は不愉快で耐えられない、集合的で統
制された営みへと容易に誘導される。(b)社会的な過程は、制度化された
権力の一層手段的な意思決定から、次第に自律性を獲得する。そして、
行為を自己推進的な技術的潜在能力にのみ任せることは、容易に制御不
能になり、誰もが期待せず、望まない結果に陥る。その包括的な結果は、
民族殲滅的な行き過ぎや自己破壊の危険が常に内部に組み込まれること
である。

⑸　人間の生活を道徳化するどころか近代社会は、近代化のプロセスが拒
絶し、周縁化した道徳的衝動を取り戻すことに失敗した。個人の行為の
マクロ社会的な帰結は、道徳的命令が効果的であろうミクロな文脈から
距離を置くことになった一方で、グローバルな規模で、個々人間の領域

　で、道徳的衝動によって機能する拘束的な影響力に代わるものを、何も見つけることができなかった。

　近さという道徳的に濃密な文脈以外でなされる行為、また離れていて効果を目に見える形にするのが難しい行為、を調整するのに相応しい新しい倫理（学説的意味においても、効果的な行動規範としても）が今なお求められている。最も恐ろしい抑圧的権力の独占を解体することによって、また、社会的に利用可能な行為の資源を民主的にコントロールすることによって成し遂げられる〈政治の道徳化〉が、そのような倫理を生み出す一定の可能性を含んでいるように見える。その権威を、人間の道徳的堕落という仮定に帰することによって、また、それによって道徳的な実体の問題を、法的な形態の実体によって置き換えることで、道徳性から政治を分離することを保証する社会的・科学的学説は、この可能性を提供することにおいて全く助けにはならない。

【注】
(1)　プライス（Price, 1989: 2）と比較する。プライスの分析に刺激されたグレゴリー・ブラスタス（Vlastos, 1981: 30-1）は、プラトンを〈精神的にされた自己中心主義〉の王者だと言う。彼のプラトンの友情と愛の言説の解釈によれば、プラトンは、親切、優しさ、同情、自由への関心、最愛の人への尊敬にはほとんど気を配っていない。
(2)　ジャック・デリダの素晴らしい要約では、「連帯に値しない、交友関係に値しない、共在以前のものは、レヴィナスがすでに対面的な顔との出会いを目的としている、他者との原初の関係形式の派生物であり修正物にすぎないであろう。媒介なし、および共有関係なしの対面性、……」。レヴィナスにおいて〈共にあること〉は「社会、集合体、共同体に先行し超越している」とデリダは結論づける。しかし、それは社会やいかなる構造化された共同性に先行し超越している限りにおいてのみ、そのように共にある。「顔は対面的である場合にのみ顔である」。この理由のために、対面的な他者だけが「汝殺すなかれ」と命令することができる。「そして私の力を完全に制限する」（Derrida,

1978: 90-104）。

(3)　レヴィナス倫理学のこの根源的な愛他主義とマーティン・ブーバー（Buber, 1958）における私と汝との間の対話的関係への一方的な責任との間には偶然の一致を超えるものがある。ブーバーにとって対話は、設立され維持されるものであり、それは決して終わりが来るものではなく、それは関心や努力の焦点にならない限り、独り言で徐々に細々となっていくものである。ブーバーにとって、私と汝との間の共同体は対話において始まる。すなわち、その共同体は対話の質によって強まったり弱まったりし、それは存在に呼び寄せられ維持されなければならない。また、その共同体は撤回されるかもしれない（たとえば、モーリス・フリードマン（Friedman, 1982）におけるブーバーの概念の詳細な研究を参照）。一方レヴィナスにとって、共同体は対話に先んじ、その可能性をまさに条件づける。対話において、対面的なものの近さはすでに折り合いがついている。

(4)　ゴッフマンによれば、そのような範域に含まれるものは、ただ〈市民的無関心〉を要求し、同様の〈礼儀〉で応答することを意味する。
　　　「市民的無関心の形態、各々が自分の固有の領分に尽力する儀礼と一瞥の関心で、用心深くお互いを扱う人間の形態は維持されるかもしれないが、これら通常の出会いの背後には、個々人は、もし必要ならば逃げる、あるいは戦う用意や構えができている。」
　　　それが維持される限り、市民的無関心は、〈公共の秩序の表面的な性格〉を保つことになる（Goffman, 1971: 331-2）。

(5)　都市生活（見知らぬ者のなかの見知らぬ者）に必要な回避の術は、リン・H・ロフランド（Lofland, 1973: 178）のエスノグラフィ的な詳細な記述や極めて説得力のある分析に見られる。ロフランド（1973: 178）によれば、都市での生き残りの鍵は「表面的で、束の間の限られた関係を保つ力量」にある。すなわち、これは他の都市に固有なスキルと共通して、関心を向けない術が提供する仕業である。

(6)　プレスナー（Plessner, 1974）は、顔の喪失は不可避的にお互いがやや離れて見ることになり、それが払わなければならない反個人化の代償にかかわらず、現代世界はそれなしに済ますことはできないと言う。

(7)　1835年に行われたダービーで初めて設立された警察隊に与えられた指示、および専門的な秩序維持隊を制度化する主要な理由を簡潔に説明することは、良い実例を提供する。つまり「きちんとした理由もなく歩道に立っていたり、うろついていたりする人は、そのような歩道を自由に通行する人を妨げると

いう理由で、行政長官の前に捕らえられる可能性がある」（デルヴェスの引用 [Delves, 1981: 95]）。

(8)　因果的結びつきの印象というのは、概ね命題の同語反復的な性質によっている。つまり、道徳的無関心は合理性の定義に含まれる。その一方で、道徳的な考慮が、近代性によって非合理的なものと定義された。さらに、近代性はその反対物を、非合理的なものとして構築することによって、自分自身のアイデンティティを定義した。つまり、それはたとえば伝統的、感情的、倫理的要素のように、合理的でないものによって支配されている環境である。

第5章

倫理なしの道徳性

ジグムント・バウマン

　倫理は、哲学者、教育者および説教者の関心事である。お互いに対して、また自分自身に向けて、人々が振る舞い方を語るとき、彼らは倫理的な命題を発している。けれども彼らは、倫理的な命題のなかで、その行動のどんな記述も価値があるとは言わない。単に、人々がお互いにあるいは自分自身に対して何を行うかを言うことは、いまだ倫理を語っていることにはならない。つまりそれは、せいぜい道徳的行動の社会学ないしはエスノグラフィーに属する命題を発しているにすぎない。もしも一般的な行為だけでなく、その一般的な評価もその記述に含まれるならば（つまり、問題にしている人々がある種の行為を是認するか非難するかという情報）、その命題は〈民族の倫理〉に属することになる。それは私たちに、描写された人々が持っている公正と悪の見解について述べるが、それは必ずしも彼らを記述した人々によって共有されているわけではなく、描写された人々が確かに保持しているという事実によってのみ受け入れられるというわけでもない。すなわち、〈民族の倫理〉は、ある種の人々（民族）が公正か悪かを信じている事柄を表してはいるが、それらの信念それ自身が公正か悪かを表しているものではない。哲学者や教育者、説教者は、倫理的命題を発するためには、ある種の人々が何かを、正しいあるいは良い、ないしは公正と信じているということを言うだけでは不十分であると主張する。もしも哲学者、教育者、説教者が倫理を彼らの関心事にするというのであれば、これはまさに、そのどれもが正誤の判断を人々自身の判断に委ねない、あるいはそれ以上詮索せずに、その事

柄に関する彼らの権威を認めるということである。

　倫理は、人々が何をするかという単なる記述以上のものである。それは、上品、公正、善であるために、あるいはより一般的には、正しくあるために人々がするべきであると信じていることの記述以上のものでさえある。適切な倫理的命題とは、その真実さが、人々が実際に行っていることやするべきであると信じていることにさえも依存しないようなものなのである。もしも、倫理的命題が示すことと、人々が行うことや信じていることとが互いに食い違うならば、それはさらなる証明の必要なしに、間違っているのは人々の方であるということを意味している。倫理だけが善に供するために、本当にするべきことを言うことができる。理想的には、倫理は〈普遍的〉、つまりは、いかなる時代のいかなる人々に対しても、正しい行動を命じる法規定である。すなわち、すべての人にきっぱりと、悪から善を見分けさせるものである。このことが、倫理的な規程を明確にすることが哲学者や教育者、説教者といった特別な人々の仕事を必要としている理由である。このことがまた、これら特別の人々、つまり倫理の専門家を、自分たちが固執する経験則を適用しつつ（しばしば、これら経験則がどのようなものかはっきりと言うことさえできずに）物事を行い続けるだけの一般の人々に対して、権威的な立場に置かせるのである。倫理の専門家の権威は、立法上のものであり、同時に司法上のものでもある。彼らは法律を宣告し、そしてその規程が誠実に誤りなく施行されているかどうかを裁く。彼らは、先祖の魂に話しかけることや聖典を研究すること、道理の指示を解明することといった、一般の人々が利用できない知識を持っているがゆえにそれができると主張する。

　一般の人々の倫理的能力を蔑む見方や、専門家の言うこと、言うであろうこと、あるいは言いたいであろうことにあらかじめ与えられた権威は、倫理的判断というものが、そのための唯一の証拠が〈人々がその類のことをする〉という事実にある限り、根拠づけられないという考えに基づいている。本当の根拠は、移ろいやすい人々の習慣や、悪名高く根拠の薄い、移り気な見解よりも、より強固でより永続的でなければならない。さらに本当の根拠は、一般の人々が通常の生活をしている場所からは見えないように、また専門家

によって告げられ、教えられ、導かれない限り分かったふりができないように、日常生活のごたごたからは一定の距離を置かれる必要がある。人々の倫理的な無能力および専門家の倫理的な権威は、相互に説明し合い保証し合う。つまり、〈適切に根拠づけられた〉倫理という考え方は、その両方を支持しているわけである。

　正しくは、道案内や安心させる言葉に対する人々のニーズが、倫理の専門家に仕事をさせるわけではないことを明記しておこう。大方の人々は、大抵のとき（そしてそれは、倫理的専門家が、自分の専門的な仕事から解放されているときや、自分の日常生活の事柄に没頭しているときにはいつでも、専門家自身もそうなのだが）、コードなしに、またその妥当さを保証する公式な消印なしに大変うまくやることができる。実際、人々はコードやその権威づけをめったに必要としないので、それがないことを見出す機会というのはほとんどない。私たちが使ったことがない家庭内の物を盗まれても気づかないのと同じように。大方の人々、私たちの多くが、大抵のときは、習慣やお決まりの手順に従って行動している。つまり、私たちは昨日行ったように今日も行っているし、私たちの周りの人々もまた、同様の仕方を続けている。だれも、また何物も〈通常〉やっていることを止めなければ、私たちはずっとそのようにやり続けるだろう。だから、それはむしろあべこべなのである。すなわち、申し立てによれば私たちが見失っているとされる、堅固な根拠づけの基盤や誰にでも分かる勇気づけの必要のせいにしないと、彼らの職業（他者に何をすべきかを言い、彼らが間違ったことをしていると非難し、彼らに正しいことをさせるように仕向ける立場にある、権威をもった専門家）を維持できないのは倫理的専門家の方なのである。また、そのような根拠づけや勇気づけなしには、私たちはやることができない、少なくとも私たちがすべきようには、つまり、真に上品で、道徳的な人々がすべきようには、やることができないと彼らが判断した理論の主張や、欲を言えば実践における提示なしには、彼らの職業を維持することはできないのである。命題というのは、権威と適切な手段の助けを伴って繰り返し述べられると、真実になりがちである。そして、私たちを〈専門家依存〉にしようという狙いで訓練す

133

ると、そうならざるを得ない。そこで、私たちは強く自発的に〈事情通〉の信頼できる道案内を求め始めることになる。一旦、私たちが自分自身の判断を信頼することを止めると、間違っているのではないかという恐れを一層感じやすくなる。すなわち、私たちは恐れるものを過ち、罪あるいは恥と呼ぶが、私たちがどう呼ぼうと私たちを確実性という居心地の良さに連れ戻すために、専門家の手助けの必要性を感じる。専門的意見への依存が増大するのは、そのような恐れからである。しかし、一旦依存が芽吹き根を張ると、倫理の専門的意見の必要性が〈自明のこと〉になり、つまるところ自己再生産するようになる。

　このように、倫理的専門家に対する必要性は、たとえあったとしても、専門家が見込みを提供できるかどうかということにはあまり関係がない（ちょうど彼らが提供するサービスの有効性がどうであろうと、私たちが医療の専門家を必要とするように）。それは、人がそのような専門家からの情報を求めることなしには、やることができないという条件にのみ依存している。もしあるとすれば、その必要性は、専門家から伝えられたことが期待にまったく副わず、それゆえ、それらが対処すると期待されたニーズを満たせないほど、ますます大きくなるのである。

社会、隠蔽工作

　「人間というものは、無秩序状態を受け入れることができないし、物事を無秩序として受け入れることができない。人間は底なし地獄に真っ向から立ち向かうことができない」と1982年にコーネリウス・カストリアーディスが言った。人間ができないことは説明されることができず、所与の感覚であり、何か他のもの、ある原因の結果として表される。すなわち、それはそれ自身、あらゆる意味付与の喧騒、あらゆる説明努力の源泉および原因であり、それ自身は、無意味で説明できるものではない。人間というのは、完全に成功はしないので、永遠に無秩序状態から逃れようと努力をしている。社会、その制度や制度がもたらす日常の決まり、そのイメージやイメージの構成、その構造や構造の運営原理は、その永遠に要領の得ない無慈悲な逃亡の様々な顔

である。社会とは、強力で継続的な隠蔽工作であると言えるかもしれない。とは言うものの、うまくいったと思われる逃亡の試みも、せいぜい、その上を覆う無秩序によって常に穴をあけられ、引き裂かれ、畳まれた秩序という薄いフィルムにすぎないのである。その無秩序状態は、「証拠なしに主張された内在性、すなわち所与のもの、慣れ親しんだもの、明らかに飼いならされたものを常に侵略する」。そして、その侵略は、〈内在性〉それ自身のように、完全には飼いならされないけれども、日常の、慣れ親しんだ出来事である。また、その侵略は、「まったく新しいもの、根源的に変化するものの出現を通して」および、「破壊、絶滅、死によって」自らを明らかにする（Castoriadis, 1993）。

　けれども、〈社会〉と呼ばれる隠蔽工作は、概してカストリアーディスの言う、〈無秩序状態〉、〈底なし地獄〉、〈無根拠性〉が、私たちに対して人間というものを露骨に示すのに十分効果的であると言えるかもしれない。ただしその無秩序状態は、私たちが逃げたり隠れたりするのに忙しい原初の形態としてではなく、〈所与のもの〉における破れ目、妨害、それとは異なる通常性という堅固な岩における割れ目、滑らかに流れる存在の繰り返しの規則性における穴として装われている。それは、敗北の印や破滅の警告として、ばからしい野心の傲慢さやそれに従う努力の軽薄さを思い起こさせるものとして、私たちの人生に突然現れる。無秩序状態は、所与の決まり事によってちらつかされた約束事のために、一層私たちを恐れさせている。社会は恐怖からの逃避である。すなわち、それはまた、その恐怖を増殖する場でもあり、社会はその恐怖を育み、そこから私たちを拘束している力が引き出されている。

　誕生と死、新たなものの入場と慣れ親しんだものの退場は、何の苦労もなしに、またこれからも苦労せずに、秩序の装いに割れ目をつくる二つの穴である。入場と退場のあいだの束の間の時間と狭い空間に固定された存在、毎日、手に負えない偶然性やそれ自身の限界の間を旅するような、両者の限界の不可抗力性を思い起こさせる存在は、前世と来世を十分に含み込んで、それが紡ぐ意味を広げることはできない。他のどこかで監督されず、管理され

ないものから、存在するとは別の何ものかから、目新しさと予期せぬものが
やってくる。すなわち、そのなかにおいて、普通のもの、ありふれたものの
すべてが究極的に失われている。意味は、意味のない海に浮かぶ島である。
ただし、不安定で漂流する島であり、その島は、もしその海に底があるとし
たら、海底に固定されていない。それ自身の碇なしに、自己成長する意味に
富んだ島は、外部からの支援を必要とする。碇のないところでは、土台を必
要とする。ニーチェは言う。

　　「自然死は、あらゆる道理と関係がないし、本当に非合理的な死である。
　　そこでは、殻の哀れな実体が、核というものがどれだけ長く存在するか、
　　しないかを決める。従って、そこでは、発育不全の、病を患った、頭の
　　鈍い看守が主人であり、聡明な囚人が死ぬ時期を指し示す。自然死は、
　　自然の自死である。言い換えれば、それに属している最も非合理的な要
　　素による、最も合理的な存在の絶滅である。宗教的な啓蒙を通してのみ、
　　その逆転を目にすることができる。なぜなら、そのとき、公正なものと
　　して、より高尚な理性（神）が命令を発し、より低俗な理性がそれに従
　　わなければならないからである。」(Nietzsche, 1911: 286-7)

　神の不可思議な理性が、無秩序状態（カオス）の非合理性を覆い隠す。そこでは、存
在の束の間の時間と狭い空間を住むのに適するようにする原理が、存在を耐
えられなくする限界を超えて影響を広げ、来世との良好な関係を樹立する。
神の理性は、論理的なことと不条理なこととの間、秩序の装いとその短さと
狭さとの間の休戦をモニターによって監視する。その無秩序状態は、その無
根拠性を否定する名とともに洗礼を施され、存在は自分自身を、つまり、存
在の目的や意味を説明する必要から放免される。人間の秩序は、その存在や
限界を説明するのは自分自身のみだと認めることを無理強いしない。社会
は、それが支配できないものを管理する権利を正式に割り当てられている限
り、それが支配する場所では確かなものになっている。社会は、しばらくの
間、放棄という行為への自分自身の署名を秘密にしておくことさえできる。

そして、それ自身の無能力さを神の全能さとして、また、それ自身の不可解さを神の全知として、それ自身の死を神の永遠として、それ自身の偏狭さを神の遍在として、覆い隠すことさえできる。

　社会と宗教の結びつきについて不慮のものは何もない。その結びつきを、歴史の偶然と選択の連鎖によって説明し続けるのは無駄である。宗教と社会は一つのものである。すなわち、宗教のない社会は不完全であり、いかなる法の裁きにも耐えられない運命にある。あらゆる意義あるものの保証はそれ自身には意義がなく、あらゆる目的の保証人は、それ自身は無目的である。そして、その離齬の証拠を発表しないわけにはいかず、社会はその行為への当事者性と責任の罪で被告として呼ばれた場合、裁判には勝てない。

　もし人が底なし地獄に面と向かうことができないのなら、最善のことは、それを視界から追い払うことである。これがまさに、社会／宗教が成し遂げることである。社会は、神、望ましくは人格的な神、あなたや私のような神、あなたや私が分別や目的の否定を理解したり、あるいは疑ったりできる範囲で、命令や意味や計画を見通すことに、限りなくより優れている神を必要としている。理性や歴史の法則のような、非人格的な神は、次善の解決策である。確かに、かなり距離のある次善ではあるが。〈見えざる手〉や〈理性の巧妙さ〉あるいはまた、〈歴史的な必然性〉といった事柄はすべて、不可思議さと説明の不可能さという重要な特質を人格的な神と共有している。ただし、それらが、脇において、影響されないままにしているものは、第一に神を必要としている存在の頑固な性質である。つまり、とりわけ実存の儚さや狭隘さ、死すべき運命、死そのものである。それは〈最も非合理的な要素による、最も合理的な存在の絶滅〉である。それらが代理をするところでは、死は、攻撃、挑戦であり、そしてそれを通して不条理なものが生のなかに漏れ出る隙間になる。すなわち、分別のある実存という狭いが居心地の良い家における、分別のない無限の広がりに開かれた施錠できない窓である。一旦、それが意味を理解されなくなると、死は偽って伝えられねばならないし、文化的な隠蔽行為に支配されるか、脱構築されねばならない（Bauman, 1992）。そして、これは耐えがたく難しい仕事であることが分かる。

　神なしでは、底なし地獄に直面しないというのは容易なことではない。そのとき、人が目前にしているものは、アルトゥル・ショウペンハウアーがずっと以前（それはまだ元気いっぱいで、自分に自信のあった近代の真只中からであったが）に述べたように、「実存は単に偶然である」という残酷な事実である（Schopenhauer, 1966: 579）。

　　「もし誰かが大胆にも、なぜこの世界よりも無なものはないのかと問うたならば、そのとき、その世界は、自らそれに理由付けすることはできない。つまり、その存在の根拠も、決定的な理由も、それ自身のなかに見出されることはない。すなわち、その世界がそれ自身のために存在している、言い換えれば、それ自身の利益のために存在しているということは証明されることが不可能である。」

では、その問いへの答えは何か。

　　「死は、人生の結果であり、要約である。あるいは、詳細に少しずつ人生によって与えられたすべての指示を、一挙に言い表す合計である。すなわち、すべての骨折りが、それが人生という現象だが、救済から帰還したがために、虚しく、実りのない、自己矛盾の努力であったということである。」（Schopenhauer, 1966: 637）[1]

　当時、ショウペンハウアーの声は、荒野におけるお叫びであった。あるいはむしろ、その種の声が聞かれることができた場所は、神が失敗した、あるいはもはや神がやることとは見なされなくなった仕事をすることができたという自信がまだあった文明によって、荒野としての役割を持たされていた。19世紀の哲学は、ショウペンハウアーのような考察を上手に周縁化し、破門した。それは、ヘーゲルの壮大な楽観的なユートピアで始まり、実証主義の過剰な自信によって進展し、ニーチェの狂気の家への囲い込みとともに終焉した。その夢見る世紀を通して（おそらく、彼の従者に、毎朝「起きて下さ

い。あなたの高貴で、偉大な行いが為されることを待っています」という言葉で自分を起こすように指示した、サン・シモン伯爵によって最もよく象徴される）、為されるべきことが為されるだろうというばかりでなく、為されていることが為さねばならないことであり、そうする他にはないことが明らかになり、議論の余地がないという希望が打ち砕かれることは決して許されなかった（「近代はドン・キホーテとルターという二人のヒステリーの発作で始まる」と E. M. シオランは言う [Cioran, 1987: 35]）[2]。カストリアーディスからの既述の引用に述べられている見方の独自性は、その新しさにあるのではなく（まったくもって、ショウペンハウアーは懲戒的な力でもってそれを言ったが）、それらはもはや周縁的な見方ではないという点にある。かつては異議の声であったものが、急速に普通のことになりつつある。非難されるスラムで囁かれていたことが、いまや都市の市街区で叫ばれている。夜に密輸入されていたものが、いまや光り輝くショッピング・モールで公然と取引されている。そして、この違いは、あらゆる違いを形作っている。

面と向かえないものと面と向かう

　現在、やっとのことで、私たちは「無秩序状態にまっすぐに向き合っている」。私たちは、これまでそうしたことはしたことがなかった。無秩序状態に向かい合うことは、とても避けたいことであり、混乱することである。しかも、その行為の新しさ——標準にすべき、それによって保証され、導かれるあらゆる手順の欠如——はまったく勇気を失わせる状態にする。私たちが飛び込んだ海は、深いだけでなく海図がない。私たちは、交差点にさえいない。交差点が交差点であるためには、まず道がなければならない。今、私たちは、道を歩きながら、自分たちが道——存在する、および存在し得る唯一の道——を作っていることを知っている。

　あるいは、同じことを哲学者や教育者の言葉で言えば（どう考えても、説教者の言葉ではないけれども）、存在に対する何の根拠も見つけられなかったし、見つけられそうにない。そして、そのような根拠を用意するどんな努力も成功しなかったし、成功しそうにない。道徳性に対しては、大義も理由

もない。道徳的である必要も、道徳的であることの意味も、明示されること
はできないし、論理的に演繹されることもできない。そこで道徳性は、存在
の他の部分と同様に状況依存的である。すなわち、それには倫理的根拠はな
い。私たちはもはや、道徳的自己に対する倫理的な道案内を提供することは
できず、道徳性を立法化することもできず、あるいはまた、かつて私たちが
その仕事に対して、より熱心により体系的に取り組んだような能力を得たい
という希望もない。私たちは、自分たちや誰もが、道徳性の事例は、道徳的
人格それ自身の力よりも強い力——道徳的自己の束の間の時間と狭い空間に
先んじ、より長続きする力——によって打ち立てられた堅固な根拠のうえに
置かれた場合にのみ、保証されるということを喜んで受け入れると確信して
いるので、私たちは、なぜ自己が道徳的であるべきなのか、また、もしもそ
れが道徳的である場合、私たちは、どのようにしてそれが道徳的であると認
めるのかということを理解するのは極めて難しい、いや不可能でさえあると
思っている。

　倫理的根拠がまだ見出せない、あるいはまだ構築されていないと考えるこ
とと、倫理的根拠を全然信じないというのはまったく別なことである。ドス
トエフスキーの率直すぎる「もし神がいなければ、すべてのことが許される」
という言葉は、無神的（あるいは、おそらく〈脱神的〉）秩序の近代的建設
者の最も内奥にある恐れを叫んだものであった。「神はいない」というのは、
人間の自己を道徳的であるように強制することができる、人間の意志よりも
強く、人間の抵抗にも勝る力が存在しないことを意味している。そして、人
間に彼らが上品で、公正で、適切な——道徳的——と感じる行為がまさにそ
のようなものであると確信させるための、また、悪に走るといけないから、
彼らを過ちから遠ざけるための、人間自身の切望や予感よりもより高尚で信
頼に足る権威がないということを意味している。もしもそのような力や権威
がなければ、人間は自らの知恵や意思を断念させられる。そして、これらの
ことは、説教者が自分の持ち場で働き続けたように、罪と悪を独自に生み出
すことができ、また、哲学者が極めて説得的に私たちに説明したように、正
しい行動をさせるための、あるいは正しい判断を約束するための、信頼を築

くことができない。〈倫理的に根拠づけられない道徳性〉というようなものはあるはずがない。つまり、〈自己が根拠づけする〉道徳性というのは、どう見ても嘆かわしく、倫理的には根拠がないものである。

　一つ確かなことは、その無根拠性、それは目的の欠如であり、常識という壊れやすい渡し板だけで社会から分離された深淵だが、それを認めた社会にあるどんな道徳性も倫理的には根拠のない道徳性である。そのため、倫理的に根拠のない道徳性は、制御できないし予測不可能である。それは、社交性——人々が集い別れる、力を結集し分散する、合意に至り分裂する、人々を結合する絆や忠誠、連帯を繕い引き裂く——の行為に沿って、異なる形で自己を解体し再構築できるように、自己を形作る。私たちに分かるのはそれだけである。他のこと——その他いろいろな結果——については明らかではない。

　あるいは、おそらく絶望というのは根拠がなく、無視というのは誇張されている。こう言って良いだろう。社会の自己構成は新しいことではなく、ただ〈新しい知らせ〉なだけである。すなわち、社会はその初めから自己構成によって存在していた。ただ、私たちがそれを知らなかっただけである（あるいは、むしろ、その事実から目をそらすようにしてきた）。しかし、とても多くのことがその〈ただ〉ということには含まれている。カストリアーディスの言葉では、社会は常に自己構成的であった一方、加えて今日まで、〈自己魔術的〉なものであった。〈自己魔術〉は、社会が他律的な命令の結果、あるいは物事の外部からの指令として、社会自身の自己創造の沈殿物と直面できるように、自己構成という事実を否定したり、偽ったりするものである。多分、他律的な命令は、それ自身の検証されていない企画よりも従いやすいであろう。つまり、その結果に耐えるのはより困難ではなく、そこでの苦痛はそれほど深くなく、意識の痛みは和らげられ、責任という塩を失敗という傷にすり込まないで、人々が深く苦しむことがないようにする（公判に付されたどんな罪人も、命令を下した人をあげて無実を主張することで、その判決に違いがあることを十分承知している）。〈脱魔術〉の苦悩は、何にもまして、放棄することができず、引き受け手がいない責任と面と向かうことから

生じる。

　この苦悩は、自律的な社会の苦境である。すなわち、再びカストリアーディス（1993）を引用すれば、「明らかに自分自身を自己構成する社会である。このことは次のように言うことができる。つまり、それが社会として生き、存在することにおける、またそれを通した意義は、その全作品であり、その意義は必然でもなければ偶然でもないということである」[3]——付言すれば、その意義は、交渉の余地のないものではなく、告知されずにどこか分からないところからやってくるわけではない。自律的な社会にとって、意義（道徳的であることの意味もまた）は、倫理の哲学者によって暗示された意味における根拠は大いに欠落しているけれども、根拠がないようには思えない。すなわち、その意義は十分根拠づけられているのだが、その根拠は、それが基礎づける意義と同じものなのである。その意義はまた、自己創造の進行しているプロセスの沈殿物である。倫理と道徳性（もし私たちがまだそれらを別個のものと主張するのであれば）は同じ土壌で育つ。つまり、道徳的自己は、その倫理的根拠を〈発見する〉ことはないが、（それ自身の解釈の枠組みや基準を、それが判断されるべきものによって、提供しなければならない現代アートの作品とまったく同様に）道徳的自己は自分自身を形成しながら、その倫理的根拠を築き上げている。

　さて、この新しく見える世界を取り上げて、ホッブスやデュルケームの、規範に十分に規制されず、孤立していて、非社会的な怪物という、なじみの深いお化けと一緒にその世界を眺めると、そこには人間性の未来に対して不安になるあらゆる理由があるであろう。あるいはむしろ、もし、もう一度（いや何回も）繰り返すに値しない事実がないのであれば、あるのは、変貌した共住の様式というよりも、むしろこの顕著な功績をいかにして継続するかという私たちの了解の方であろう。それで私たちは、人間的秩序の他律的な倫理的根拠と同じ程度に、非社会的な人食い鬼の案山子は、自己魔術的社会の作り話であったということが分かる（実際、この二つの作り話は、自己充足的な予言がそうであるように、お互いに必要とし、お互いを生み出し、お互いに確かめ合った）。自己創造という仕事は、以前そうであったように、ひ

どく難しいままであるが、以前よりもより一層難しいというはっきりとした理由はない。変わったことは、今は私たちがその仕事がいかに難しいかを知っていることであり、その困難さから容易に抜け出すことはできないのではないかと思っていることである。どんな口実も、見ぬふりをすることも助けにはならないであろう。

〈我々の時代の教師〉としてショウペンハウアーを選んだ、マックス・ホルクハイマーを参照するのがよかろう（「人々は絶望に直面しているので、まったく希望がないという顔でその他のどんな希望よりも多くのことを知っているという考え方を、今日の世界がショウペンハウアーの時代よりも必要としている、という思考はほとんどない」と1961年に、ホルクハイマーは書いている）。ショウペンハウアーの

「永遠の力としての盲目の意志という教義は、この世界から旧い形而上学がそれに与えていた、当てにならない金箔を取り除く。実証主義とまったく異なって、それは否定的なものを言明し、そして思考においてその否定的なものを防御し、それによって、人間やすべての生き物によって共有された連帯のための動機──その放棄、を暴露する。欠乏はいかなる来世においても決して償われない。この世で欠乏に対処するべく駆り立てるのは、この災いに十分気づいているのにそれを見ることができない、また災いを止めるべき機会があるのにそれに耐えられない無力から生じる。絶望から生じるこのような連帯にとって、個性化の原則という知識は二次的なものである……無慈悲な来世に対して、現世を擁護することがショウペンハウアーの意味での道徳性なのである。」
（Horkheimer, 1974: 82, 83）

ヴェールを織る

その〈放棄〉に決して甘んじない、また〈絶望〉を一時も許容しないというのが近代的精神の最も顕著な特徴であった。この点では、神学的に魔術に傾倒していた前近代と同じであった。しかし、近代の〈脱魔術〉は部分的で

あった。すなわち、古い戦略や飽き飽きした総則を非難し否定しつつ、戦略に対する必要性や最終的には正しい戦略が生み出されるのではないかという期待を担う、より若い将校の勢力を絶賛するものであった。科学の牧師が神の牧師に取って代わった。進歩に導かれた社会は、運命が予定された社会ができなかったことを達成する筈であった。究極的な成功についての疑問が、不完全な過去の批判として改めて提起されていた。過去の弱さや過ちは、新しい運営の下で取り除かれる――そして進歩的な牧師の行動は、継続的な自己改新における永遠の神の牧師とは異なるものであった。近代の批判は、〈前向き〉なプログラムに導かれない限り不完全なものであった。つまり、〈前向き〉な批判のみが受容された。どんなに恐れ多く衝撃的なものであっても、批判はハッピー・エンドをもたらすものでなければならなかった。近代の批判は、そのエネルギーや正当性を、〈解決策〉は見つけられ、〈前向き〉なプログラムは確実に可能で、最も緊急なものであるという揺るぎない信念から引き出していた。振り返ってみると、称賛される近代の脱魔術は、魔術師のリレー競技におけるバトンの受け渡しにとてもよく似ているように見える。近代の脱魔術は、新しい十分効き目のある魔術キットをそのなかに含む一括取引のなかにあった。

　その魔術の定式は、歴史と理性であった。つまり、歴史という理性であり、また理性という働きとしての歴史、あるいは理性の自己浄化、理性が歴史を通してそれ自身になるプロセスとしての歴史であった。そのような定式において、理性と歴史は切り離せないシャム双生児であった。理性は歴史として、永遠の未完成として、常にどこか他の場所であり別の時間として到来した。すなわち、〈理性〉は常に未来形で使われる不思議な名詞であった。そして、目的志向の現在時制は、その意味を成就するべき目的から、またそれが貢献したプロジェクトから引き出すように、理性に身を任せることを期待されていた。規則に関する理性は、意味を現在に与え、その現在は時間を拘束し、未来をコントロールする努力にあずかるべきものであった。ジャン=フランソワ・リオタール（Lyotard, 1988: 36, 47）の言葉では、近代の物語は、その正当性を「来るべき未来に、つまり成し遂げられるべき計画のなかに」求め

た。希望の不朽性は、常にまだ手の届かぬものとしての未来と、永久にその未来をより近くにもたらす現在との間の消すことができない緊張関係、つまり、「現在の特殊性と偶然性、および不透明性とそれが約束した未来の普遍性と自己決定性、および透明性との間の緊張関係」によって保証されていたように思えた[4]。

　近代とは目標を決める絶え間のない努力であった。つまり、その努力に意味を与える、まったく同じ未来を義務づける努力であった。それは、最終的には無駄ではなかったことを確かめる努力であった。すなわち、事後にそれ自身を確認するために、先立つ正当性を強いるものであった。古い、前近代の自己魔術の神学的演出と違って、その近代版は、変化や不確実性や偶然性を難なく切り抜けることができた。つまり、それは何があるか、また何があらねばならないかばかりでなく、何が消滅しそうかという、意味の雲に覆われていた。従ってそれは、その消滅によって明らかにされる所という結果がなかったならば、意味を成すことができなかった。近代の感性は、存在することの、また近代的存在の根拠のなさを覆い隠すために編まれた。それは創造的破壊の感性であった。

　シオランは「たくさんの成功の光景をもとにして、西洋の民は歴史の名声を高めること、歴史に意味と完成を帰属させることに困難はなかった。歴史は彼らのものであった。彼らは歴史の主体であった。それゆえ、歴史は理性的な経路を取らねばならない……結果として、彼らは歴史を順番に、神と理性と進歩の後援の下に置いた」[5]と言う（Cioran, 1987: 48-9）。自分自身を〈近代〉と呼ぶ西洋文明の局地的な法則は、西洋が人間の住む地球のそうでない部分に割り込む包囲網の普遍性のお陰で、普遍的なもの、あるいは普遍的に思われるものとして言明されることができた。すなわち、ヨーロッパの人々に、「彼らの文明、彼らの歴史、彼らの知識を、より一般化された文明、歴史、知識」（Klemm, 1993: 19）として具体化させたものは、彼らの支配のグローバル性であった。認識が作られる見通しは、不平等に配分された権力によって固定される。認識の対象というのは、それを変える、あるいは邪魔にならない所にそれを移動させる力が抵抗し難いように、脆弱で偶然的なものであ

る。高峰からは、階層の底辺にある対象物は小さく見える。アメリカやオーストラリア、ニュージーランドを植民地化する銃を振り回す開拓者にとって、その土地は、何もない土地に見えたに違いない。歴史のない地点であり、新鮮な出発、新たな始まりの場所に見えたに違いない。

　近代に独特の自己魔術の形態は、辺境（フロンティア）として世界を認識することであった。つまり、近代とは真っ先に辺境の文明化である。近代は、辺境が約束された、希望の始まりの場所として残っていると認める限り、あるいはむしろ、その世界が自らを辺境として認識され、そしてとりわけ辺境として扱われるのを認める限りにおいてのみ生き延びることができる。カストリアーディスは「西洋は絶対的自由という考え方の奴隷である」と言う（Castoriadis, 1991: 196-7）。ここに絶対的自由とは、〈純粋に任意〉で、まだ質的なもので満たされていない〈まったくの空白〉として理解される。どんなことでも為されることができ、為されなければならない。まずは、行為それ自身ではなく、行為できる能力が重要なのである。行為の内容、行為の目的、行為の結果は二次的なものである。

　近代的実存は、表向きにのみ目的志向である。本当に重要なことは、〈手段を保持していること〉からくる自信である。なぜなら、それは、人間は自己魔術の〈歴史は理性の進歩である〉というタイプを供給する試みをし続けることができる（いかなる失敗も決定的ではない）ということへの信頼だからである。従って、その自己認識や自己増強する宣伝（プロパガンダ）に反して、近代文明は行為志向ではなく行為能力志向であり、また常にそうであった。けれどもその能力は、人間が利用できる手段と、なまの資源の抵抗（つまり、なまの資源として扱われる原料の用意ができている状態）との共同生産物であった。要するに、権力の不均等配分の産物であった。西洋とそれ以外の世界の権力の不均衡が均されることは、自己魔術の歴史、進歩、計画志向版の力が枯渇する主要な理由であったと考えることは理に適っている。近代性（モダニティ）の危機であり、ポストモダニティの出現であり、存在が運命的に予定された秩序や意味よりも、無秩序や不条理によって基礎づけされていることだけでなく、長い間そのようであり続け、それを変えることができないであろうということを

進んで認めることである。

穴をあけられたヴェール

　かつて、近代はそれ自身を普遍的なものと見なした。それに代わって現在、近代はそれ自身をグローバルなものと考えている。言葉の変化の背後には、自己認識と自己信頼の歴史における分水嶺が横たわっている。普遍的なものは、感情への奴隷を理性的な存在の自律性に、迷信と無知を真実に、漂うプランクトンの苦難を自己制作で十分に管理された計画による歴史に置き換える、理性の規則であり物事の秩序であった。対照的に〈グローバル性〉は、誰でも何処でもマクドナルドのハンバーガーを食べ、最新のテレビのドキュメンタリードラマを見るということを意味しているだけである。普遍性は、誇り高き企画であり、果たされるべき至難の使命であった。それに対してグローバル性は、そこで起こりつつあることに温順に従うことである。たとえ〈長い者には巻かれろ〉式の自分を慰める情熱で和らげられていても、加わることは常に条件付き降伏の様相を帯びている。普遍性は、哲学者の名声の印であった。グローバル性は、哲学者を、普遍性が彼らを解放することを約束した元の荒野に裸のまま追放する。デイビッド・E・クレムの言葉では、

　　「法は、グローバル経済の競争システムのなかに築かれる。そしてそれは、哲学的な言説とはまったく関係ないものになる。つまり、それは経済的利益を最大にすることである。この法は、真理に訴えるのではなく、生活の現実的結果を確定することで、行為を導き、拘束する規範の役割を果たす。法それ自体は、ある種の経済的ダーウィニズムに沿って、失敗者から成功者を選別する。真理に訴えることは、その法に逆らうことができない……。」(Klemm, 1993: 18-9)

　言い換えれば、ヘーゲルからハーバーマスまで、歴史と近代性、そして結局、その近代という舞台への歴史の進歩と成熟のすべてが、哲学的な問題——哲学的な裁定を待っている課題（たとえ、ハーバーマスが考えるように、

それは分からない、あるいは認められないことでも）であると、どんなに執拗に主張しようと、また、その反対が事実であろうと強く願っても、哲学者が言う、言わないというのは重要なことではない。理性的秩序という社会的な島の境界から追い出された、無秩序と偶然性が強烈に戻ってくる。つまり、それらは、自然の法ではなく、法律に定められた法によって管理された、理性の隠れ家であることが意図され期待されていたものの内部を支配する。そして、それらが支配すると、賢人たちは、歴史を創り出す者たちのメインテーブルから、地位の低い裁判記録者の職に左遷される。屈辱に困惑が加わって、メインテーブルそれ自身が、普遍性からグローバル化への転換（あるいはむしろ、グローバル化として普遍性の仮面をはぐ、あるいは、グローバル化の実践として普遍性の企画の質を低下させる）を生き延びたかということはまったく明らかではない。社会はもはや偶然性に対する防御壁であろうとはしない。自発性の乱暴な野獣を真剣に手なずけるのに足る十分な強い力と意志の欠如で、社会それ自体は無秩序の場所になる——皆が同じように食料や安全な家を求めているのだが、それぞれのやり方でそれをやっている群れの戦場ないしは牧草地として。年代記が歴史に取って代わり、〈発展〉が進歩の代わりをし、偶然性が決して達成されなかった計画の論理を引き継ぐ。根拠のない、状況依存的な実存を確固たる基盤のうえに置くのに失敗したのは哲学者ではない。それはむしろ、他のものがより価値がなく信頼に足らないためではなく、打ち砕かれた期待や守られなかった約束のゴミ箱に、普遍的な理性の夢をつけ加えるために、彼らの手から組み立てギアが奪われたのである。

　立法者の左遷は政治的な怒りを呼び起こすであろう。すなわち、立法プロセスの解体は、哲学的な絶望を育む。それは、期待される真理と権力の間の末永く続く結婚が離婚に終わったというだけではない。それよりもずっと悪いことには、哲学者の真理には、結婚の資格のある独身者が不足している。つまり、未婚の身分から逃れられないように見える。単純に、真理の結婚相手のために、指導者において、たとえどんなにそれを必死に追い求めようが鼻であしらおうが、哲学者によって縫われた〈啓蒙の独裁者〉のマントを着

たいと熱望する権力者が見える範囲にいないのである——今日の反逆者は、明日の取るに足らない暴君としての正体をいまだ暴露していない（後者の傾向をみせる人々に対して、シオランは次のような警告を発している。すなわち、「定義づけは常に教会のコーナーストーンである」、「燃えるような目は、大量虐殺の前兆である」、「新たな誓いを企てるものは、迫害する者に転向するまで迫害される」、「真理は警察力との衝突によって始まり、警察力を取り戻すことによって終わる」[Cioran, 1990: 18, 4, 74]）。立法的郷愁に取り付かれた哲学者のポストモダニスト（ポストモダンとは異なる）の言説は、欲求不満の語り口に誠実に従っている。新たな知見それ自身は、精力的に反証され尊大に退けられる一方、恨みで非難が積み重なるのは、その新たな知見の配達人<ruby>配達人<rt>メッセンジャー</rt></ruby>に向けてなのである。

　そうすることで、哲学者は現実を、進歩的な歴史の地平に彼らが設定した、指針となる理性の標準にまで達していないと非難する。実際起こったことは、近代の到来とともに複数のプロセスが生じ、それらが調整され指針とされた（普遍的な）理性へ向けての進歩であると誤解される一方、不統一で自己管理する（地域的で、偏狭な）理性の大群が生み出され、それが普遍的な理性的秩序の大きな障害になった。近代の系図小説の最終章には、ウルリッヒ・ベックの〈リスク社会〉が見え隠れする。そこでは、昨日までの局地的な、グローバルには損害を与える事業によって残された弊害を制限すべく、ある種局地的な、地球規模的にはリスクのある戦略が、やがて着手されるであろうというのがせいぜい期待できることなのである。

　今の私たちの時代は、〈酸っぱい葡萄〉の感覚は、〈前向きな思考〉の力が弱まることで、また特にユートピアの終焉によって、悩まされ衰退しているというよく語られる見解を反映している。けれども、この診断は正しいのであろうか。ここで嘆き悲しまれ、極端に一般化された命題に隠されていることは、ある種のユートピアが色あせていることではない。ポストモダニティは、希望によって生きるのに十分なほどモダニティである。それは近代の荒れ狂う楽観主義をほとんど失っていない（哲学者はそれにあずかりそうもないけれど。つまり、お祝いのテーブルの下で彼らが見つけるパンくずはあま

りにも少ない――〈新しい改善された未来〉という特にポストモダンの展望において、彼らのスキルや信任にとって残された余地はあまりにも少なかった）。永久に不完全という現在のリアリティとともにある近代のもどかしさに拍車をかけ、それを促進したユートピアの類に探し求め見出すように訓練されたものを、そのなかに認めることはできなかったと人々は言い訳するかもしれないが、ポストモダニティにはそれ自身のユートピアがある。

　ジョー・ベイリーは、お互いに相補的な二つのポストモダンのユートピアを上手に説明している。つまり、自由市場の驚くべき癒しの力のユートピアと〈技術的な対処〉の無限の能力のユートピアである。一番目のものは、新自由主義的なユートピアが、裕福と幸福への最も早く安上がりの方法を間違いなく見出す、完全に解放され規制緩和された市場の楽園を目に見えるものにしている。「基本的に社会は、満足する社会制度は意図せずに出来上がるという、自然の秩序として見なされる。社会的な対策の計画化や〈政治化〉による干渉や意図的な設計は、すべて自然発生的な社会秩序の危険な崩壊と見なされる」。二番目の技術的なユートピアは、「社会の社会的、政治的、および道徳的な問題でさえ技術的な解決に動かされやすく、すべての領域における進歩は、技術変化によってのみ保証されるのであって、私たちが今生きている社会は、技術の発展による新たな質的改善へ向けて加速されている」と述べる。ベイリーは次のように結論づける。「これらは公的な言説に楽観主義を投影する顕著で、影響力のある新しいユートピアであろう。さらに、それらは楽観主義を支配し植民地化している」(Bailey, 1988: 73, 75, 76)。

　ポストモダンのユートピアは、無政府主義的である――ただ、めったに無政府組合主義的ではないが。それらは義務のない権利を伴った世界、プロムナードを安全にぶらつくことを保証し、買い物バックがひったくられないようにするのに必要であるようなもの以外は、とりわけ支配者や憲兵のいない世界を心に描く。ポストモダンのユートピアは、なぜ無いのかという理由に信頼を置く。それらは、設計や計画、将来の便益のための犠牲、満足の先延ばしといったことに逆らって機能する――これらは皆、未来は前もって描いたものと一致するように、管理、拘束、強制することが可能で、それゆえ、

現在行うことは将来にとって重要、〈ゆゆしきこと〉であるという想定のお陰で有効と見なされていた昔の法則なのであるが。ポストモダンの知識は、〈家族計画〉と呼ばれるタイプの計画だけを認める（その本質が確実に家族に子供が生まれないようにするので、まさにニュースピークの表現法において、とても欺瞞的で、二枚舌的にそう呼ばれる）――重大な結果を避けることに、あたかも新しい公理が古い公理の正反対であったように、結果が生じないように行為に専心している計画である。つまり、行為者が未来を拘束するというよりは、むしろ行為者を拘束し、制約し、抑圧するのが未来である。ポストモダンのユートピアが魔法で呼び出す世界の自発性は、未来への関心から自由になるという関心を除いて、未来へのすべての関心を無意味なものにする――そして、それに応じて行動できるものにする。

　モダニティが生活から取り除こうとした無秩序と偶然性は、将来展望の場に単に戻ってくるだけではなく、それらは覆いも飾りもなく、また衣服を着るように促す羞恥心もなく、丸裸でそこにあるように見える（おそらく、そんなに露骨に、また頻繁なのは初めてのことであろう）。根拠がないということは、もはや社会が全力で後悔し償うための存在の罪でも、恥ずべき秘密でもない。代わってそれは、存在の美しさと喜びとして、本当の自由の唯一の根拠として喜んで迎え入れられる。ポストモダニティは、近代の時代に人間を共同的にも個人的にも、理想の状態に近づけようとする課題――合理性と完全という、合理的な完全と完全な合理性という課題に責任をもつ担い手を解体し、分裂させ、規制緩和することを意味する。ポストモダンのユートピアは、私たちにその解体を歓迎し、解放の最後の行為として、（要求の厳しい、大いに努力の必要な、腹立たしい）理想を喜んで受け入れてもらいたいのである。

　その自分自身の根拠のなさを受け入れているように見え、もうそのことを気に掛けるようには思われず、また無秩序に逆らい続ける課題に責任をもつ担い手がいないことにほとんど狼狽しない世界において、どのようにして道徳や善、公正といったことの大義が真剣に捉えられ促進されるのかということはまったく分からない。倫理哲学が色あせつつあり、彼らの伝統的な、た

だ現在はますます冒険的で、はやらない倫理の法律と裁定の仕事に対して、古いテキストに関する学究的な論評の虜になった集団の内部に、倫理哲学が留まろうとするのは不思議なことではない。政治的スペクトルの左右両派について、現在の中心的な知的関心を詳細に検討して、カストリアーディスは「知識層の間での、はなはだしいイデオロギー的な逆行」を見出した。

　定義づけと立法化は、公然であろうと遠回しであろうと、常に現存のリアリティの批判である——そして現在そのどちらもしたがらないのは、偶然ではなく、ほぼ批判的思考がまったく途絶えてしまったことに符合している——実に、もっともらしい、生き延びるに足る代替案なしに、今日見かけ上ゆだねられた社会とは異なる社会のタイプを示唆することは言うまでもなく、それを想像する能力の枯渇である。「現在の時代は、一致主義（コンフォーミズム）への普遍的な退行として最も良く定義される」とカストリアーディス（Castoriadis, 1992）は嘆きと怒りをもって結論づける。しかし、彼でさえ、社会的および個人的自律性が素早く萎えてしまうようなプロジェクトに、新しい生活を注ぎ込むようにという要請は、今日の知識層の無感覚とイデオロギー的な貧困を（うまい理屈でもって）非難する意見と、それほど違わない一つの観察で終わっている。つまり、「新しい政治的な目標と新しい人間の態度が求められているが、当面、その兆候は見られない」[6]。

引き裂かれたヴェール

　たとえ、あらゆる確固たる倫理的関わりを現在無くし邪魔しているものが〈マスコミの悪評〉のせいであろうと、それに代わる見込みのあるものが見出せないのは、倫理的な退屈さや慎重さのためというよりも一つの徴候のように思われる。倫理的に適切か否かの裁定が控えめであるのは、これまで行われていた近代独自の形態における〈無秩序追放〉作戦の功績が、ただ当てにならないことから生じているように見える。確かに多くの地域的な秩序の島を打ち立てることに成功はしたが、その作戦は無秩序を境界のなか（あるいは、そのことなら考えのなか）に入れないようにすることも、待ち望まれた〈倫理的進歩〉を保証することもなかった。翻って考えると、治そうとし

た病気よりも薬が足らなかったようである。初歩的で、偶発的で潜在的に危険なものに対する効果的な管理という意味でも、社会的および個人的自律性の増大という意味でも、〈人類の普遍的な進歩〉はやってこなかった——それを成し遂げようとする努力は、多くの毒のある果実をもたらした。どんな反省的な考えにも付きまとうに違いない疑問は、毒のある果実より他にもたらすことができたのかどうかということである。この疑問にもっともらしい答えが見つかるまでは、〈イデオロギー的な逆行〉は、思慮深さや責任という感覚よりも、裏切りや臆病という事柄であるとは、すぐにははっきりと言えない。ジャン゠フランソワ・リオタールが言うように、「この最近の二世紀の後に、私たちは（進歩の）動きとは逆の兆候により敏感になった。経済や政治の自由主義もマルクス主義の多様な形態も、人間性に対する罪の告発を受けることなしに、この血にまみれた世紀から出現することはなかった」。

　何よりも二つの疑問が、西洋社会の倫理的な自信と自己正当化を次第に脅かしている。第一は、アウシュビッツやグラーグ（より後には、またごく最近でも、民族浄化から始まって、内々に称賛される外国人への襲撃から、一般に積極的に受け入れられている〈新しい、装いを新たにした〉反移民および愛国的な法に至る、様々な形態のよそ者への怨念の復活）は、近代に特徴的な〈法令による秩序化〉の実践の特異な事例というよりも、その論理的な産物であったという、拭い去ることのできない疑問である。また、主張される〈普遍化〉の根拠は、他者性への不寛容を覆い隠し、他者の他者性を握り潰すのを認めるものとしてしばしば役立つ一方、〈普遍化〉のもう一つの顔は、軋轢であり、抑圧であり、支配への跳躍であるという疑問である。言い換えれば、人間化というプロジェクトの代償は、より非人間的なものであるということである。この疑問の矛先は深くまで——まさに近代のプロジェクトの中心にまで達する。問われていることは、近代の戦略の要点である、合理的管理の増大と社会および個人の自律性の増大との結合というのが、初めから間違った発想だったのではないかということ、そして、それは果たして成就されることができるのかどうかということである。

　二番目の疑問も同様に基本的なものである。つまり、それは近代のプロ

ジェクトのもう一つの中核的な仮定に関わるものである。その近代性^{モダニティ}は、本質的に普遍的な文明化であり、グローバルな適用に相応しい、長い、苛まれた人類の歴史における実に最初の文明化であった。その信念の必然的な帰結は、〈進んだもの〉として——残された人類が従うべき道を照らす、ある種の前衛として——の世界の近代的側面の自己描写であった。すなわち、地球の最も離れた僻地における〈前近代的〉な生活様式の情け容赦のない根絶が、世界市民権に導かれたカントの市民法の類——同じ価値を追求し、同様の倫理的な原則を共有する自由な人々の連合——といった平等の仲間の真に地球規模での統一への序曲としてそのときは考えられた。これら密接に関連したすべての信条は、時の試練に見舞われた。近代の文明化は、遍く一般的なものなのではなく、普遍的な適用には著しく適していないという示唆がますます増えている。すなわち、ある場所におけるその活性化の必要条件は、他の場所の荒廃と貧困化であり、自分の所での秩序構築や無秩序の克服の生産廃棄物を捨てるための場所が不足すると、活力がなくなってしまうのは当然だということである。再びリオタールを引用すると、

> 「人間性は二つの部分に分けられる。一つは複雑性の挑戦に直面し、もう一つは昔の恐ろしい生き残りの挑戦に直面する。これがおそらく近代のプロジェクトの失敗の主要な側面である……
>
> 　それは進歩がないのではなく、反対に 科学技術、芸術、経済、政治の発展である。そしてそれは、全面戦争、全体主義、裕福な北と貧しい南の格差の拡大、失業と〈新しい貧困〉をもたらした……。」(Lyotard, 1988: 116, 118, 124)

リオタール（1988: 141）の結論は、率直で破滅的なものである。つまり「それは、その全体における人間の解放を約束することで、発展を正当化することが不可能になった」。しかもそれは、まさに1947年のハリー・トルーマンの〈低開発〉に対する戦争宣言の背後にぼんやりと見える〈解放〉、それは、欠乏、〈低水準の生活〉、貧しい要求からの〈解放〉であるが、将来に人々が

願うであろうことが何でもできる（現在の願望以上に〈できる〉）というよりも、共同体が慣習的にしていたことをすることからの〈解放〉であった。そのときから、言うに言われない苦難が、現在では近代の生活様式である、〈発展〉と認識されている幸福という名で、世界の〈地球経済〉に訪れた。簡素、質素、人間の限界の受容および非人間的形態の生活の尊重といった非難を乗り越えることができなかった、微妙にバランスが保たれた暮らしが現在崩壊の過程にあり、〈開発〉——その行く手にたまたまある、あらゆる物や人と衝突する、まさにギデンズのジャガーノート——の犠牲者は、「発展した部門によっては避けられ、古い様式からは遮断され……彼ら自身の国における追放者である」(Sachs, 1992)[7]。ジャガーノートが通り過ぎた所はどこでも、ノウ・ハウが消え失せ、スキルの欠乏に陥り、人々の生活に商業化した労働が出現し、伝統は安定をもたらすものではなく犠牲の大きい負担になり、共有財は使われない資源となり、知識は偏見に、賢人は迷信の担い手となる。ジャガーノートは、自分だけで動いているというわけではなく、衝突されたいと願う将来の犠牲者の群れによって教唆されている。つまり、専門家、技術者、建設業者、種や肥料や殺虫剤、道具や運搬車の商人、研究所の科学者やコスモポリタンに加えて土着の政治家といった多くの群れによって、内々だが情け容赦なく後押しされている。このように、ジャガーノートは止まることができないように見えるし、その止まれないという印象が、ジャガーノートをより一層止まることができないものにする。元気で健康でいるために、常に補給されねばならない新鮮な血液を必死に探して、地球の近代的な部分によって、〈自然の法則〉と言ってもいいような当然なものにされた〈開発〉から逃れるものはないように見える。しかし、その〈開発〉において何が開発されているのであろうか。

　〈開発〉という名の下に最も顕著に開発されているものは、人々が作るものと、彼らが生き続けるために充て使用するものとの間の距離であると言える（〈生き続ける〉ということが、その状況下でどのように解釈されたとしても）。最も明白なことは、〈開発〉は、彼らが生産も管理もできず、見ることも理解もできない物事や出来事への人々の依存を開発することである。他

の人間の行為は、それが人々の戸口に達したときには、洪水や他の自然災害のように衝撃的に見える波長の長い波を送っている——告知されず、どこからともなくやってくる自然災害のように、また、先見の明や巧妙さ、思慮深さを侮る自然災害のように。どんなに誠実に、プランナーが管理統制している、ないしは少なくとも管理統制できると思えても、また、どんなに強く彼らが物事の流れに秩序があると信じても——その犠牲者（開発の〈対象〉）にとって、その変化は、かつての秩序ある暮らしに無秩序と偶然性を注ぎ込むことになる。彼らは、かつては自分の居場所と感じていた場所を今は失ったと感じる。プランナーにとって脱魔術であったものが、人々にとっては魔術なのである。つまり、度肝を抜かれる不可思議（ミステリー）が、かつての家庭的で、透明で、よく知られた世界をいまやしっかりと包み込んでいる。いまや彼らはどう暮らしていけばよいか分からない。そして、彼らは自分の足を信頼しない——その足は、変化し不安定な地盤を踏み固めるほどしっかりとはしていない。彼らには支援者が必要なのである——それは案内人、専門家、指導者、命令を下す者たちである。

　けれどもこれは、経済と政治の話で〈発展〉として理解されているものではない。そこでは、発展は消費された生産物の量——財やサービスに対する有効需要の規模によって測られている。どんな実利的な意図や目的に対しても、その規模が増大すれば発展が起こる。独特の冗言法的推論において、これは要求満足の向上として表される（イエール大学のロバート・E・レイン[1993]が指摘するように、オーソドックスな経済学者にとって、「何かに満足するということは、その何かが引き起こす楽しみや悲しみにかかわらず、また、人の市場外部での時間や努力の代替利用にかかわらず、それが買われたというまさにその事実によって示される」——したがって、人々が必要なものを買う、あるいは彼らはそれが必要だからそれを買うということは言うまでもないことである）。つまり、オファーが先行する需要と商品自身が見込んだ消費者を買収している、または、市場化された財が消費者を満足させると見なしたのと同じやり方で、欲望が産業生産物に認められるという大きな問題をうまくごまかす推論である。この等式を信頼——自明でさえ——あ

るものにしている語られない前提は、幸福は欲望の満足の後にやってくるということである（ショウペンハウアーからフロイトに至る一連の著名な学者によって繰り返し疑われているにもかかわらず、根強く常識となっている考え）。一つは同義反復、もう一つは誤った前提に基づく演繹法の結論は、発展は必要であり望ましいものであり、人間の幸福を増大させるので倫理的にも正しいということである。そして、もう一つの循環論的推論において、その結論は、増大した所得と世界の〈発展した〉地域の貿易量の統計値によって度々確証される。

　満足していると思われる人々によって認識され定義された、生活満足度の程度についての利用し得る知見を検討して、ロバート・レイン（1993）は、オーソドックスな経済的知見とは著しく異なる結論に達する。

　　「先進経済国における研究は、人々が期待するように、一千ポンドごとの所得の増加に対して、実際、幸福感の増加が見られることを示すが、ただしそれは人口の最も貧しい五分の一の層に対してだけである。それを超えると、所得レベルの増加につれて、人々の生活満足度が増加することはほとんどない。……アメリカやイギリスでは、取るに足らない不規則な関連が見られるだけである。富裕層の人々はミドルクラスの人々よりも幸福であるとは言えず、アッパーミドルクラスの人々がロウアーミドルクラスの人々よりも幸福であるとは言えない。所得の貧困あるいは貧困に近いレベルを超えると、仮に金銭で幸福が買えるとしても、それはごくわずかであり、しばしばまったく買えないのである。」

　所得の増加は、貧しい人々の間でのみ生活に幸福感を与える。しかし、どの統計結果も示すように、正しくはこれらの貧しい人々は〈発展〉の結果としての所得の増加をほとんど期待できない。もしあるとすれば、貧しい人々の部類が拡大し、旧来および新しい富裕層に対する彼らの相対的な分け前が減少するということぐらいであろう（そして、質素な生活を〈物質的貧困〉に変え、その自己正当性に関わる社会心理的な〈貧困の問題〉を解決すると

いうよりも、それを生み出すのが〈発展〉それ自身なのだということに、ま
ずは留意しておこう）。より大きな収入のお陰で、幸福が増大するかもしれ
ない人々は、彼らの利得を拡大するチャンスが最も少なく、一方で、より稼
ぐ（より消費する）人々は、彼らの暮らし向きが改善されているということ
に気づかない……。

　そして最後に、戦後復興の非常に活発な成長が止まる時代までより顕著
だった、〈蛇が自分の尻尾を食べる〉（自己共食い）現象があり、そして過去
の寛容な行為が、倫理言語から経済言語に素早く翻訳されて、〈反生産的〉
なものとして再定義される。人々は、すべての人々が近代的で幸福になる世
界規模での開発という壮大なビジョンを望むことはできるが、それはローカ
ルな保護主義の流砂のなかに、また、気まぐれで不安定な資本のより大きな
占有をめぐり繰り広げられる奪い合い、そして他国の人々の仕事をかすめ取
り、自国の失業を外国に投棄する政府の試みのなかに跡形もなく沈んでしま
う。どう考えても、開発による解放という過去の信条への信頼を活性化し、
開発の物語の最後には、秩序立った、合理的に設計され管理された世界が
待っているという従来の希望を生かし続ける余地はほとんどない。

暴露された道徳性

　近代は、それがどこに向かっているかを知っており、またそこに到達する
ことを決定づけられていた。近代の精神は、それが到達したい所を知ってい
て、またそこに到達する仕方を見出すために何をしなければならないかを
知っていた。もしも、近代が自己を立法化することに取りつかれており、近
代の精神が立法化する精神であったならば、それは貪欲さや帝国の欲望のた
めではなく、傲慢さと自信のためであった。グローバルな帝国主義と束縛さ
れない過度の欲望は、単に、無秩序が支配するところに魔法で秩序を呼び出
すという度肝を抜かれる仕事の実利的な反映であった。そして、外からの助
けを借りずに、自分自身の決意以外に成功の保証はなく、自分自身の努力に
よってそれをすることであった。その仕事は、冷静な頭脳と強力な手腕を要
求した。多くのものがその途上で破壊されねばならなかったが、その破壊は

創造的なものであった。その目標を追求し達成するには無情さが必要であったが、その目標の気高さが、憐れみをかけることを罪に、無法さを博愛主義に変えた。健康の輝かしい見込みは苦い薬を必要とし、普遍的な自由という眩しいプロジェクトは、綿密な監視と厳格な規則を要求した。理性の規則という華やかなビジョンは、その慈悲深さに浴することになる人々の合理的な力を信頼することを禁じたのである。

　立法に取りつかれるのは、あらゆる文明化の特徴である（「これは何世紀もの間に、文明化された世界であり、たくさんの経路や道筋を持っていた」と『イギリス人の患者』にマイケル・オンダーチェが書いた。それは、人は文明化を、用意された小道に従う旅行者と、彼らが従うように据えられた小道によって理解することができるという意味である）。ただそれ自身を文明化と認めた近代（モダニティ）だけが、自分自身をその名で呼び、その見出された宿命から意識的に囲われた運命を創り出した（そして、それ以外の物を自分自身の劣った変種として回顧的に解釈し、それによって、自分自身の特性を普遍的な様式として提示した──まるで教育に取りつかれた啓蒙の教師が、古女房や教区の牧師を教育職の歴史における前任者に任命したように）。近代はそれ自身を文明化と定義した──つまり、その要素を飼いならす努力として、もし創造の働きがなければ、そのようにはならないであろう世界、人工的な世界、技巧が働く世界、どんな人工の仕事もそれ自身の根拠を追求し打ち立て、弁護し保護しなければならないような世界を創り出す努力として定義した。他の文明化とは異なり、近代は法──職業と義務としての法、また生き残りの問題としての法のなかにそれ自身を法制化した。

　法は、秩序とカオス、人間的実存と動物的な混乱状態、住むのに適した世界と住めない世界、意味と無意味の中間に位置していた。法は、すべての人々とすべての物事に対するものであった。また、誰かが他の誰かに行っても良いすべての事柄に対してであった。倫理的原則の絶え間ない探究は、立法的狂乱の一部分（見込みのある部分、容赦のない部分）であった。人々は、善を行う義務について、そして美徳として彼らの義務を行うことを教えられねばならなかった。そして人々は、その義務の筋道に従うことを説き伏せられ

ねばならなかった。教育され、励まされ、強制されなければ、彼らはそうすることはなかったであろう。近代は、倫理の時代であったし、そうであらねばならなかった。さもなければ、それは近代ではなかったであろう。ちょうど法がすべての秩序に先行したように、倫理がすべての道徳性に先行した。道徳性は倫理の産物であった。すなわち、倫理的原則は、道徳の生産手段であった。倫理は道徳産業の技術であった。善はその計画された産出物であり、悪はその廃棄物あるいは不良品であった。

　もしも、秩序化と創造が近代のスローガンであったとしたならば、規制緩和と再利用がポスト近代（モダニティ）の標語である。ニーチェの〈永遠の帰還〉についての黙想が、進歩の物語が削除されたガイドブックの空白のページを埋める。私たちはいまだ進んではいるが、もはやどこに向かっているかは分からない。すなわち、私たちはまっすぐに進んでいるのか、円を描いているのかを確かめることはできない。短い行程や時空間の湾曲をしばらくの間忘却できる限定された空間の外は、〈前進〉や〈後退〉というのは、ほとんどその意味を喪失している。新しいものは、古いものの再利用にすぎず、古いものは、新しくなるべく復活と再生を待ち受けている（一度限り、帰還しない、呼び戻せないという意味での死は存在しない。すなわち、隠れてしまう行動や一時的にこの世の中に忘れられてしまうということがあるだけである。忘れられるというのは、必要なときに取り返されるように、冷凍保存されていることを意味している。しかし、死がなければ、永遠、永久、歳を取らない、朽ち果てないという意味での不死もない。かつて死がそうであったように、運命の気まぐれに任される瞬間の不死、束の間のあいだの不死があるだけである。従って、獲得するもの、得るもの、勝利するものはほとんどない——人々に、運命を習得する、破滅に打ち勝つ、儚さを維持する、移ろいに耐えるといった努力を促すものが何もない。死は、不死も共に無効にならない限り、無効になることはできない）。歴史はばらばらになる。つまり、近代の夜明け以前のように、再び歴史は蓄積する過程というよりも、一続きの出来事のようになる。物事は、お互いに追随したり結束したりすることなしに生起する。しかし、前近代の時代とは異なり、物事の間の欠落した絆の代わりをし

て、物事を生じさせる高貴な精神や高尚な力は存在しない。

　挿話や地域的な実践知の時空間においては、実際的なノウ・ハウが客観的な真理を引き継ぐ。つまり、対処能力への関心が根拠への配慮に置き換わる。そして、経験則が普遍的な原則に片をつける。そのとき、空間においては、追って通知のあるまでと、これらの期限内にという法規以外のすべてのものが空虚（そして全体主義的悪夢）である。従って、学究的環境の懐古趣味に浸った隠れ家を除いて、倫理的立法に対する余地はない。

　誰もが道徳性は道徳産業の最終生産物として捉えるものだったので（つまり、私たちは皆、道徳性をそのように考えることを習慣づけられていたので）、倫理の時代の終わり（つまり、道徳性に対して立法の時代）は、道徳性の終焉を告げるものであった。生産ラインが消えるにつれて、財の供給は確実に枯渇するであろう。神の命令によって節度を保っていた世界、および理性によって管理されていたもう一つの世界の後に、人々が自分自身の機敏さや巧妙さに依存する世界がやってくる。人々は解放される……男が解放され、女が解放される？　生は、再び不快で、残忍で、短いものになるのであろうか？

　立法化という恐怖を広めた時代は、私たちにこのような展望を与えた。秩序形成という戦略は、代替案のない、自分たちに都合の良い政策をもたらすことは避けられない。それは常に文明化した生活という自分たちのタイプか、未開の状態かということである。この秩序への置き換えはまったくの手当たり次第で、他の秩序はあり得ない。外はジャングルであり、ジャングルは、そこでは何でも許されるがゆえに、恐ろしくて住むことができない場所である。しかし、ジャングルでさえ法がある。つまり、自己称賛（文明化された秩序）の恐怖を広めるキャンペーンに要約される無秩序（カオス）でさえ、〈ジャングルの法〉によって支配されている。本当に、秩序形成における冒険的なそれぞれの事業は、自己中心的で傲慢で、その類の他の実践には寛容でない。しかし、作られた秩序ないし秩序形成の時代に、想像するのが最も難しいものが、どんなに恐ろしくぞっとさせるものであっても、〈秩序〉──その秩序が、どんなにまがい物でも、ゆがんでいても、邪悪なものであっても、そ

れがない世界であった（ちょうど、悪い指導者なしの〈邪教〉、異議の張本人なしの不規律を想像することが難しいように）。私たちは今、想像できないものに直面している。もう一つ別の原則によって法的原則を問題にするのではなく、まさに原則の立法化それ自体を問題にしている。ジャングルはジャングルの法すら奪われた。倫理なしの道徳性である――これは単に、一つの道徳性をもう一つの道徳性で置き換えるということではない。つまり、誤った原則に基づく、あるいは普遍化できない奥地や文化的に沈滞している地域の原則に則った、適当でないような道徳性を広めるということではない。これは、道徳性なしの社会という考えることの難しい見通しなのである。

　立法者は、法律なしに秩序のある世界を想像することができない。つまり、倫理の立法者や説教者は、法律化された倫理なしに道徳的な世界を考えることができない。彼らの言い方では、彼らは正しいのである。脱倫理的で、脱法律的な人間的環境内で、道徳の問題を考え、発言し議論するための語彙を心に描くのは、疑いなく並大抵のことではない。そのような試みは強烈な知的抵抗にあい、格闘すべき心理的障害に頻繁にぶち当たるというのは一層疑いのないことである。

　しかも、倫理なしの世界、それがまた道徳性なしの世界に必然的に思えるのは、ただただ〈倫理の法なしに道徳なし〉という原則の近代的宣伝ゆえである。そのような宣伝の影響を思考から振り払ってみよう。道徳性と倫理的に法律化された道徳性の間に強いて作られたそれ固有の刻印を消し去ってみよう。有効な倫理の法律がなくても、道徳性は無くならないし、それどころか、それが本来のものになるということが十分想像できるであろう。権力に支えられた倫理の法律は、道徳規準の不安定な中身が分解しないようにしっかりと護る枠組みとは異なって、そのような規準が本来の大きさに成長しないように、倫理と道徳の双方が究極の試験、すなわち、人間間の相互性を導き維持する究極の試験に合格しないようにする檻であった。一旦、その枠組みが崩壊すると、それが包み込むことをもくろんでいた中身は消え散ることはなく、その反対にそれ本来の堅実さを獲得することがあり得るであろう。いまや、それ自身の内的強さ以外に頼るべきものはないのである。倫理の法

律との関係にもはや逃げ込めないという考えや理由で、人々は彼ら自身の道徳的な自律性——そしてそれはまた、彼ら自身の道徳的責任を意味するが、それに率直に何物にも邪魔されずに対峙できるし、そうすることを余儀なくされるであろう。そのうえで、近代は倫理の時代として歴史に刻まれ、来るべきポスト近代の時代は、きっと道徳の時代として知られることになるであろう。

倫理の法律、道徳的規準

　善、悪をどのように決めようが、それは階層、優越と劣等、支配と規則に関連するとフリードリッヒ・ニーチェは言った。ある種の行為と善性の間の本質的な関係性は〈中立的なもの〉ではない（たとえば、善という言葉を愛他的な行為と関連づける先験的な必然性はない）。つまり、その関連が理解されるためには、まず命じられる必要がある。そして、命じる権力を持ち、その命令を守らせる人々が命令をする。

　　「善の判断は、その善がなされた対象からは生じない。むしろ、それは〈善良〉な彼ら自身であった。つまり、彼ら自身と自分たちの行動が善であると判断する高貴で強大な、上層で高慢な者たちである。すなわち下層で、卑しく、平民であるものと対照的に区別される最も高い地位に属している人々である。彼らが価値を創造することを正当と認め、彼らを任命したのは、隔たりのパトスであった……。
　　基本的な考え方というのは階層的、階級的意味において常に高貴なものである。ここから歴史的な必然によって、精神の高貴さ、精神的な卓越さを包含する善概念が生まれた。その誕生は、普通、卑しさ、下層という概念が最終的には悪の概念に転換されるという対極のものと厳密に対応している。」（Nietzsche, 1956: 160, 162）

　初めには、自己主張と自己を隔てる貴族的な身振り（ジェスチャー）があった。つまり、傲慢さと軽蔑が、高貴なものと平凡なものとの間の差別を思いつき、次いで、

善悪という考えを生み出した。初めは実際に身振りであった。すなわち、自分たち自身のやり方を維持する価値があると命じる強さと意志をもった人々の豊かな権力から発散する、おそらくあまり思慮のない身振りであった。そして彼らは、自分たちが何であるかということに罪悪感は持たず、そのことを謝る必要性も感じていなかった。ニーチェは言う。貴族的な価値は、

> 「自発的に生じ、作用する。より快適でより楽しく自分たちを肯定するためにのみ、彼らと真逆の人たちを追い求める。ここで、卑しい、下層、不良といった否定的な概念は、肯定的で、熱烈で、情感的な『我々は、高貴で、善良、幸福な人々』という信条の遅れた、ぞっとするような片割れなのである。」(Nietzsche, 1956: 171) [8]

　このような幸福で陽気で、自信に満ち、満足した身振りが続く限り、価値それ自身の貴族的な肯定には、規則はいらないということが分かる。規則は常に外部的なものであり、めったに自己肯定的なものではない。つまり、規則は、それが向けられる人々に、今とは違うこと、変わることを要求する。規則というものは、「人はこうであるべきである」(Nietzsche, 1968a) [9]が、今はそうではないという対をなす仮定から生じる。まさに、今の物事、今の自分への満足が、善性という貴族的な考えに生命を吹き込む。そのような考えにとって、規則というものは必要ない。すなわち、もし何かあるとすれば、そのような考えは物事を行う自由（物事を成す権力と同義）として、規則がないことを称える。それゆえ、ニーチェの原初的（彼の見方では、〈自然な〉、生まれつきの、ゆがんでいない）な善悪についての貴族的な見通しの描写は、倫理のない道徳性の一つである。それは、規則によるすべてのコード化を憤慨し振り払う、善性の自発性と自発的な善性なのである。
　しかし、高貴な人々の自由は、よく観察すると、普通の人々の不自由である。地位が高く権力のある人々の自発性は、下層で力のない人々のコントロールできない運命を、真逆の人々として照らし出す。当然のこととして、〈卑しい下層〉の人々の反道徳性は規則を要請する。つまり、それは規則、

それも強制し拘束する規則を要求する——力のある人々の規則が、支配され
た人々の無能力さを補うのである。ニーチェは、あらゆる規則で縛られた道
徳性、あらゆる倫理のなかに、奴隷の共謀の臭いを嗅ぎつけている。恨み多
く、嫉妬深く、しかし無能力な奴隷の憎悪が、貴族イコール、善、高貴、力
のある、美しい、幸福、神の好意を得ているといった等式に挑戦し最終的に
それを打ち崩す、〈貧しい者、力のない者だけが善である。つまり、苦痛、
病気、醜い者だけが本当に祝福される〉という反対の考えを押し退けたのだ、
とニーチェは言う。弱い者、普通の人々、特別な才のない、無能力な人々が、
規則に規定された道徳性を考案し、高貴な人々の本当の道徳性に対して、そ
れを破壊する道具として使い続けることになった[10]。

　ニーチェは、あらゆる倫理——あらゆる規則に拘束された道徳性——を身
分の低い、踏みにじられた人々と同一視する。なぜなら彼は、その反対の極
にある、意志と精神の貴族性には規則が必要ないものと考えているからであ
る。すなわち、ニーチェの言う貴族は、自説を主張し、〈規範〉の平準化す
る力の無視と軽蔑的な拒絶によって、それは本来の貴族になる。けれども、
ニーチェに貴族モデルの原型を提供したのは、塀で囲まれた荘園や城壁で守
られた城の貴族社会であった。すなわち、生活や思考において一般大衆から
はかけ離れ、一般大衆が隔てられている深淵からは無限に遠ざけられ、そこ
に橋をかけることもその必要性も感じることなく、普通の人々や下層の人々
と交わる努力も、彼らと何らかの形で交わる必要性も感じていない。そのよう
うな貴族は、彼らと真逆の者たちを勝手に解釈していた。それは、実際的な
関わりを持たないという、無関係、無関心の思想の純粋な反映であって、過
誤への恐れなしに、機械的に深く考えもせずにそうしていた。

　貴族に取って代わった近代のエリートは、そのような有利な点は持ってい
なかった。新しい時代の初めから、彼らは主人／奴隷の矛盾のねじれに困惑
し閉じ込められていた。彼らは自分たちの特権に対する〈大衆〉の従順性に
依存し、大衆が彼らに主人というエリートの役柄を与え続けることができる
ように、その特権を度々主張する必要性を心に留めていた。昔の貴族と同様
に、近代のエリートも支配者であったが、貴族と違って、彼らはその支配を

根拠づけ維持するために、教師や後見人や番人であらねばならなかった。彼らの政治的、経済的支配は、精神的なヘゲモニーによって裏書きされねばならなかった。彼らは束の間のあいだも大衆の存在を忘れることはできなかった。つまり、判断の誤りは高くつき、その結果は取り返しのつかないことになり、最終的には自殺的なものであった。近代のエリートには、昔のエリートのような遊び心や子供じみた、自己中心的で気軽な陽気さを身につける余裕はなかった。それはもはやゲーム——自由に歩き回る武者修行の冒険ではなく、抒情詩人の詩的な空想でもなかった。支配はいまや遊び心のない極めてまじめな事柄であった。それは、高度なスキルと常に集中を要求するフルタイムの仕事であった。

　いまや規則——厳格な規則、明確な規則、強制し得る規則、効果的な規則——を必要とするのは、エリートであり、支配者の側であった。彼らは倫理——あらゆる人々とあらゆる生活機会に対するルールの法典——を必要とした。つまり、支配された空間のどんな所や隙間にも届く遍在する規則、その空間に居合わせる誰ものあらゆる動きを、状況に合わせて舵を取り、あるいは止めさせる規則である。何事も誰もが、規則そのものに対して、またその機会に対して放っておかれることはなかった。支配層はその支配を確かなものにし、永続するためにとても多くのことを必要とした——無法で移り気な大衆の放つ不穏な力を拘束し制御するために、〈野獣を飼いならす〉ために、移動する民衆を抑制するために多くのことを必要とした。けれども、彼らは自分たちの支配の状態——彼らの支配であり、それ以外ではあり得ないという状態——を提示する名目上の法を必要とした。　そして、それは彼ら自身の特殊性の観点からではなく、支配する者は支配し、支配される者は支配される、彼らにそのようであることを余儀なくさせる原則の普遍性という観点からの法であった。従って、彼らは十分かつ真実に根拠づけられた倫理、普遍的であるかまたは普遍的にできる倫理、そして理性の権威に迎合する倫理を必要とした。それは、その件に関しては一回限りの宣告で、異議を申し立てする権利を認めない、他ならぬ驚くべき権能を有していた。

　反対に、規則の必要性を感じないのは被支配者の側である。支配された

人々は、自分たちの生活を、普遍的で原則的に論じられる〈すべき〉の観点から説明することをまずは好まない。理性の根本原理として支配者によって枠づけられた規則は、その最終段階において、残酷な力や〈盲目の必要性〉として再び立ち現れるというのは常にあることである。支配された人々は、まるで泳いでいるというよりも波と戦っている、自由に動いているというよりも押されている、選択しているというよりも〈しなければならない〉と感じていた。〈しなければならないこと〉と〈避けることができないこと〉の系列に一定のパターンがあるのかどうかという問題や、そのパターンの合理性や非合理性という問題は、支配された人々にとっては、純粋に学問的な事柄であり、被支配者層は学問的な娯楽を与えられていないことを知っている。もしも、被支配者層が自分たちの生活世界を、自分たち自身の生活経験に照らして理論化するならば、倫理原則や道徳的命令の優美な法典にはならず、目的の食い違う力と疑う余地のない必然性とが網の目のように錯綜したものになったであろう。

　近代、それはまた資本主義（もし資本主義でなければ全体主義）の時代でもあるが、その時代に、〈大衆〉が〈価値〉を選択し、取り入れ、従ったのは、彼らの定めの、また自分で決めた精神的指針という幻想であった。そのため彼らの行為は、その選択という事実によって説明される筈であった。そのような見方は、〈大衆〉は、彼らがかつて持っていた、また持つことができた以上に策略の自由があったのだと思わせる。しかし、〈普通〉の資源とパワーを持った〈普通〉の人々は、彼らの生活状況において、本当の価値選択に直面することはめったになかった。ヨーゼフ・A・シュンペーターが大昔に言ったように、

　　「有利であろうが不利であろうが、資本家の仕事についての価値判断にはほとんど関心がない。なぜなら、人は自由には選択できないからである。これは、人々の多くが代替案を合理的に比較する立場にいないという理由だけでなく、人々が常に言われることを受け入れるからである。それにはより深い理由がある。経済的、社会的な物事は、それ自身のは

　ずみで動き、その結果として起こる状況は、個人や集団に彼らが何を欲
　しようが、ある種の仕方で行動することを強いる。それは、選択の自由
　を破壊することによってではなく、選択のメンタリティによってであ
　り、選択の可能性のリストを狭めることによってである。」(Schumpeter,
　1976: 129-30)

　倫理的法律の崩壊、それは哲学者や教育者、説教者にとっては大変ゆゆし
きことであるが、それが、〈すべきこと〉よりも〈しなければならないこと〉、
原則よりは必要性に沿った生活を繰り広げていた多くの人々には顧みられな
かったということは理解できる。以前とまったく同様に、多くの人々は、歩
くよりもしばしば振り回されている——そして、たとえ歩いていても、自分
たちを刺激する次のひと押しを見込めるところを目指している。以前のよう
に、彼らは留まり、原則について考えるという時間はめったにない。つまり、
生き残るということはゲームの名であり、問題の生き残りは、概して、次の
あるいは次の次の日没までの生き残りなのである。来るものは拒まず、去る
者は追わない。多くの人々にとって、倫理原則が消滅したわけではなかった。
つまり、それは初めからそこになかった。哲学者の気力の喪失と哲学者の普
遍的な法に代わる説教や勧誘の不快な調べもほとんど変化をもたらさない。
人々は以前よりも道徳的でなくなるわけではない。つまり、もしも彼らの現
実の生活実践に適用されたならば、倫理に大きな期待が寄せられていた過ぎ
去った時代でも〈不道徳〉と言わざるを得ない、倫理的／哲学的な意味にお
いてのみ、いまや彼らは〈不道徳〉なのである。

　毎日の生き残りの戦いに深く捕らわれている人々は、倫理規定の形態での
善悪の解釈を法典に編むことはできなかったし、その必要性も感じなかっ
た。結局、原則というのは未来——その未来が現在とどれだけ異なるかにつ
いてのことである。その性質上、原則は〈脱埋め込みされ〉、〈煩わしさから
解放された〉、自己を構築し、自己を向上させる近代的個人に良く適合した。
そして、その近代的個人は、日ごと常に衣食住の確保という基本的な心配事
が胸から離れず、そのため彼らはそれらのことを〈しのぐ〉ことに自分の時

間を費やす。すなわち、原則はしのぎの手が不足しないようにするのに役立つのである。反対に、生き残りというのは本質的に保守的である。その地平は、昨日の絵の具で描かれる。つまり、今日生きているということは、それが何であれ、昨日生計を保証したものを失っていない——そして、それ以上でもないことを意味している。生き残りというのは、以前よりも悪くならない事柄についてのことである。

　その結果、生き残りという課業（タスク）に没頭している人々によって下されるどんな道徳的判断も、肯定的というよりは否定的なものになりがちである。つまり、それらは、処方箋というよりも非難、戒告、禁止といった形をとる。バリントン・ムーア・Jr（1979）が見出したように、長い間にわたって踏みにじられた人々は、自分たちの日常的な形を変えたいと望むどんな公正の見込みのあるモデルよりも、道徳的には、不公正の経験によって起動されていた。すなわち、習慣化した惨めさがどんなに厳しく非人間的であっても、また一定の抽象化された体裁の良い〈客観的な〉原則によって判断された場合、現状としてそれがいかに〈不正〉と言われようが、彼らは日常的に直面する圧迫から抜け出すどんな事柄も不正と見なしていた。道徳的な憤慨は、先見の明のある完全な公正のプロジェクトによって、仮面を剥がされ、暴露され、咎められていた圧迫の日ごとレベルの不満によってよりも、圧迫の締め具を一段、二段とさらに締めつけることで喚起されていた。原則よりも基準に頼るこの〈庶民の道徳性〉の見方について、アクセル・ホネット（1992）は、それは顕在化した〈道徳的非難に対するレベル〉によって、庶民の道徳性の構造を探究する必要性を含意しているとの見解を示した。

　　「抑圧された大衆の社会的倫理には、全体的な道徳的秩序、あるいは特
　　定の状況から抽象化された公正な社会の投影という考え方はない。その
　　代わりに、直感的に理解された道徳的要求の侵害への高度に敏感な感覚
　　中枢がある。……社会的不公正という意識の内なる道徳性は、社会的な
　　出来事やプロセスの道徳的非難によって明らかになったレベルを基礎に
　　して、間接的にのみ把握される。」

　もし、バリントン・ムーアの発展性のある知見を信頼するならば、庶民の道徳性は、近代哲学によれば本当の倫理が目指すべきである、普遍的な原則の法典に決して類似していない。そのことは、〈大衆〉が道徳感情や道徳的感性に門外漢で、道徳を教えたり、道徳的であることを強制したりしなければならなかったということではない。それは単に、彼らが身につけていたどんな道徳性も、善悪の区別の他律的な原則を設定する専門家の努力によって、概して強まりも弱まりもしなかったということを意味するだけである。

　それゆえ、もう一度言おう。倫理の危機は必ずしも道徳性の危機を予兆するものではない。つまり、〈倫理の時代〉の終焉は、道徳性の終焉を明確に予告するわけではない。反対の仮説のために、説得的な事例を考えることができる筈である。つまり、〈倫理の時代〉の終焉は、〈道徳性の時代〉を迎え入れる——しかも、ポストモダニティは、そのような時代として見ることが可能である。原則を追求し、普遍性を促進する近代よりも、〈より道徳的〉というのではなく、また道徳的選択を単純にする、あるいは道徳的ジレンマを軽減するというのでもなく、以前よりも道徳的生活をより容易にする、また不和を恐れず柔軟に対応するというのでもなく。ポストモダニティは、たった一つの意味においてのみ〈道徳性の時代〉であると言うことができる。すなわち、〈脱閉塞〉のお陰で——道徳的自己のリアリティをしっかりと覆い隠していた倫理の雲が晴れることで——道徳の問題が人々の生活経験から持ち上がり、繕うことができず無くすことができないどんな偶然性（曖昧さ）にも、道徳的自己を立ち向かわせるように、いまや、どんな赤裸々な事実にも、道徳の問題をじかに面と向かわせることが可能になるどころか、避けることができないことになるのである。

　逆説的に、行為が責任選択——つまるところ道徳意識と責任の問題として、道徳的自己に現出するのは今しかないのである。一方で、〈規制緩和〉され、断片化されたポストモダンの条件を特徴づける、しばしば意見の異なる多様な声や矛盾し移ろいゆく忠誠のポリフォニーの内部で、善悪の区別が前もって決定されており、それゆえ状況に適した明確な倫理的原則を学び適用するという仕事を、行為する個人ひとりに委ねるというのはもはや信頼に

足ることではない。他方で、実存の顕著な条件依存性、生活状況のエピソード性、あらゆる面での社会的実体の不安定性といったものが、かつては——堅固で持続的であった時代には——推し量られ、それによって、遠回りに庶民の道徳性の安定的で〈客観的〉な水準を確認していた〈正常〉で〈慣習〉的なもの、そういうものへの不正や冒瀆に対する評価基準になっていた〈正常な状態〉というものを目まぐるしく変えることになる。道徳的行動を他律的にしていた二つの源泉が枯渇しつつあるように思える。ポストモダン時代の住人は、いわば自分たちの道徳的自律性、従ってまた自分たちの道徳的責任に面と向かうことを強いられている。これは道徳的苦悩の原因である。しかしまた、これは道徳的自己が以前には決して直面しなかった好機（チャンス）でもある。

【注】

　この論文は、『断片のなかの生』（Blackwell, 1995）に収録されている。

(1)　ヘーゲルは、ショウペンハウアーに存在の究極的な虚しさ——根拠の無さ——を偽るためのあらゆる試みの摘要として貢献した。つまり、神によって空位にされた王位をコントロールする際に、理性を即位させるべく最も綿密な標準設定をする試みの創始者は、ショウペンハウアーによって「無比の厚顔無恥で、突拍子もなく無意味なシステムを編集した、平凡で、空虚な、胸の悪くなる、不愉快極まる、無知な山師として」（1974: 96）却下された。

(2)　その時代には、「ヨーロッパの疑問でさえ、単なる偽りの確信であった」（1987: 55, 63）とシオランは言う。現在の歴史家とはかなり違い、「ローマはもはや自分の邪悪さにも、その救済にも耐えられないとローマのことを評した昔の歴史家は、彼自身の時代を私たちの時代を予期するものとはまったく考えなかった」。

(3)　カストリアーディスは、自律性の到来を人間性の好機として歓迎する。それが取って代わるものは、結局、他律性についてのあらゆる仮定の耳障りな非人間性である。つまり「真の啓示は私たちがそれから利益を受けるものであり、私たちの社会は唯一の本当の社会、あるいは卓越に匹敵する社会であり、その他のものは、真に存在せず、より他愛無く、地獄の辺土にあり、実存の——伝道の期待のなかにある」（Castoriadis, 1993）。

⑷　対照的に、リオタールは「ポストモダニティは人間の王様の歴史の終わりである」と言う（Lyotard, 1988: 39）。

⑸　もし「定義というものが常に教会のコーナーストーンであるならば」、「もはやその名において殺せない神は、実際には死んでいる」（Cioran, 1990: 18, 172）。文明化が定義づけをやめ、教会堂を建てるのをやめ、神の名において殺すのをやめ、守りの戦いに専念するとき——文明化が自ら貢献してきた価値を現実化する手段の代わりに「生がその単なる妄想になる」とき——没落の時代が始まる（1990: 111）。宿命の感覚が持たれ始めるとき没落が起こる。すなわち、何物も世界全体を改善することを成し得ない。「些細な主張への狂乱に陥る弱々しい、悟った個人以外、集合的な改革運動もないし市民もいない」（Cioran, 1987: 49）。果実はジュースにすることができない。すなわち、明日、ジュースが流れ出ているという確信がない。誰もが、果実を最後の一滴まで搾り取ることに全力を傾けさせられる。誰もが独力でその結果を成し遂げるという、そのような宿命の感覚は、歴史はもはやそこにはないと言えようが、その文明化のうえに急激に襲いかかることになる。

⑹　カストリアーディス（1992）の見方では、代替的な態度が示されない限り、「もし私たちが長い挿入句を切り抜けて生き延びているならば、また、本質的に自律とそれによる共同決定のプロジェクトと結びついた歴史として、西洋の歴史の終わりの始まりを目撃しているならば、決定する試みは不条理なものになるであろう」。しかしながら、この知的な非決定は、まさにカストリアーディスによって非難される多くの評論家の口を重くするものである。立法化のために立法化されているものへ向けてそれ自身をこじつける、リアリティのないリアリティを立法化することは、必ずしも〈自律のプロジェクト〉を十分に予言しないであろうし、カストリアーディスが思っているような類の代替的な社会を迎え入れることもない筈である。

⑺　注目に値する、情熱的にしかも詳細に論じた本（Sachs, 1992）のグスタボ・エステバ、ヴァンダナ・シヴァ、マジド・ラネマ、ジェラルド・ベルトー、イヴァン・イリッチによる記載事項を特に参照。また、この本への鋭敏な議論も参照（Schwarz, 1992）。

⑻　貴族的な自己肯定の楽天的な自発性は、その他者であり好ましからぬ顔、情け深いけれどあまりまじめでない一般の人々を軽蔑さえさせるものである。「あまりにも暢気で無頓着、あまりにも事実を無視して短気、率直な風刺画と怪物の対象になる生まれつきの陽気さ、そういったことすべてが軽蔑の対象になる。……彼らは、多くの恨みを持った人々がそうするように、敵を見る

ことで、人為的に自分たちの幸福を創り出す必要はなかった。」（Nietzsche, 1956: 171-2）

⑼　モラリストは単に個人になり、自分に「あなたは〈これこれ〉をやるべきである」と言う場合でさえ、彼は自分を茶化すことを止めない。個人は、彼の未来や過去において、一片の運命であり、一つの法以上のものであり、今ある、そして将来あるすべてのものに対して必要以上のものである（Nietzsche, 1968a: 46）。

⑽　ニーチェの言説は、無論、倫理の歴史の偏りのない分析ではない。彼の目的は、どんな批判も品のない卑怯な怨念の表現として高尚に退ける、ニーチェが貴族的自己主張の起源と見なしているものの、荒廃からの救済に関わることによって導かれた党派的なものである。『反キリスト』の読者へ向けて、ニーチェは次のような助言を行った（Nietzsche, 1968b: 114-5）。「人は力において、魂の高尚さにおいて——軽蔑において、人類一般よりも優れていなければならない……」。そして、彼自身の肯定的な道徳性を次のようにまとめている。「善とは何か？——力の感覚を高めるものすべて、力への意志、人間における力それ自体。悪とは何か？——弱さから生じるものすべて。幸福とは何か？——力が増大しているという感覚——抵抗に打ち勝てるという感覚」。

第6章

不確実性の時代における道徳性の見込みは如何に？

ジグムント・バウマン

ポーランドの詩人、アレキサンダー・ワットは、かつて音楽や詩や絵画について、それについて何が言われていようとも、最も重要な事柄が言われないままになっていると言った。同様のことが道徳性にも当てはまると私は思う。たとえば、道徳的であるための起源や大義、根拠といったことについてである。行為や思考や感情が、なぜ私たちに善かそれとも悪かのように受け取られるのか？　なぜ私たちは当然善悪に煩わされるべきだと感じるのか？たとえ心配する必要はないと自分自身を説得するのに全力を尽くしたとしても、善悪に煩わされないと私たちはなぜ心配になるのか？

すべての神秘、そしてほとんどの解決できない神秘は、人間の理性的性分に反している。そのような神秘は、人間の好奇心が抗うことができない挑戦である。人間の心のなかで最も力強いものが、それをこじ開けるために時間や労力を惜しまなかったというのは何も不思議なことではない。もし、それらがまったく成功しなかったとしたら、それは技術（スキル）の欠如のためでも努力の欠如のためでもなかったはずだ。〈なぜ？〉ないしは〈何のため？〉というタイプの数えきれない説明が試みられてきた。そして、いくつかの説明があまりにもしばしば、一本調子で繰り返されたので、すべての批判的能力は眠ってしまい、もはや何も説明に対して騒ぎ立てないように見えた。そしてしかも、すべてのそれらの熱心さや巧妙さにもかかわらず、どんな説明もさらなる別の病因的神話以上のものではなかった。それは、途方もない深淵な時間に隠された起源や、人間の目で目撃することができない人間の魂につい

175

ての寓話であった。

第一の余談：〈病因的神話〉の意味について

　表向きには、病因的神話とは〈あらゆるものの起源〉についての話であり、何かがそこから始まった一度限りの出来事についての話である。一見したところでは、それはその起源を呼び起こすことによって面前の存在を説明する試みである。そしてしかも、クロード・レヴィ＝ストロースとロラン・バルトが説得的に論じているように、病因的神話は、一度だけかつ曖昧な大昔に起こった単独の出来事の話以上のものである。その話は、〈現在未完了〉時制であり、永久に未完成に留まる運命にある。たとえ話的に言い換えれば、病因的神話は、説明の対象がいかに繰り返し、再び生じるのかという話をする。それはまた、問題にしている現象が再三再四、繰り返し起こり、それが一度限りの出来事ではないということを保証するために適さなければならない条件を明らかにする。

　そのうえ、進歩しつつある〈新しく改善された〉説明が理解を推し進めることはなかった。一見どんなに複雑でも、またそれがどんなに新しく、最新の言葉で言い表されていたとしても、すべての説明は二つの原初の病因的神話の変形にすぎなかった。それは聖書で語られた物語であり、すべての未来を考えるうえでの枠組みとなった物語である（少なくとも私たちのユダヤ・キリスト教文明の内部では）。

　最初の物語の主題は、エデンの園からの追放である。楽園から追い立てられ、アダムは〈自分の食料を労働で勝ち取るように〉また〈額に汗して自らのパンを得るように〉言われた。彼はその他のいかなる指示も受けなかった。いかに生きるか、どの道に沿って進むか、何を選択するべきかといった事柄に関する詳しい助言は受けなかった。彼が得た唯一の命令は、これからのち彼は、いわば自分自身の手で物事に対処しなければならないということであった。生きるために、決定し選択するために努力しなければならなかった（彼はすでに善悪の知識の木の果実を食べてしまったので、彼はこれからしようとする選択が多かれ少なかれ、好ましくてより良いものであるのか、よ

り悪いものであるのか、すなわち善悪があるということを理解していた）。そして、あたかも一層の指示を求めて彼が帰還するのを禁じるために、神はエデンの園の東に智天使と煌めいて回転する炎の剣を配置した。

　追放以前、アダムとイブは、物事や行為が善であるか悪であるかということは知らなかった。〈善〉とか〈善でない〉という言葉は、神の心のなかにだけあるものであった。そのとき、神は彼自身の創造物に批判的な目を投げかけつつ自分自身に語りかけた。いまやそれらの言葉は、アダムとイブの語彙の一部にもなった。一旦、善悪の知識の木の果実を口にするや、アダムとイブは〈神のよう〉になった。いまや彼らが獲得した知識は神性なものだった。けれども、彼らは神の全知全能に欠けていた（彼らは命の木からの果実は食べていなかった）。神と違って、彼らは物事を行ううえで失敗する可能性があった。彼らには罪を犯し、誤りを犯し、間違った決定を下し、善悪を取り違える可能性があった。神と違って、彼らは善い行いをすることと悪い行いをすることとの間の選択をすることを運命づけられていた。このことは、この物語から私たちが推測できることだが、彼らがどのように道徳的人間になったのかということである。道徳的人間とは、その人にとって物事が善か悪かとして現れ、それらのうちのどちらかを選ぶことができる人間である。物事は、彼らがまだ楽園にいて、善悪の間の選択をする力も機会もなかったときのようには、彼らの前に立ち現れることはなかった。

　二番目の物語は、シナイ山における法授与行為の物語である。「山は厚い雲に覆われ、ラッパの大きな音が鳴り響き、雷がとどろき稲妻が光っていた。キャンプをしていた人々は、皆恐れおののいた」。「人々がどのように雷がとどろき、稲妻が光るのかを目にしたとき、また彼らがラッパの音が鳴るのを聞き、山が雲に覆われるのを見たとき、彼らは震えおののき、遠ざかり立ちすくんだ」。「もしも神が私たちに話しかけるのなら、私たちは死ぬであろう」ということに恐れて、彼らは震えおののいた。天主がモーセを通して告知した法に従うというモーセの戒めに対して、彼らは白地式小切手（署名はあるが金額は未記入）でもって答えた。つまり、「天主が何と言おうとも、私たちはそうするだろう」ということである。そして天主は続けて、彼らがすべ

きことと、すべきでないことをとても詳細にわたってはっきりと説明した。天主は、人が奴隷や奴隷の少女の目を打ち潰そうとするとき何をすべきかを彼らに告げた。もし隣人に貸した雄牛が死んだらどうすべきか、もし父親が処女じゃないという理由で花嫁への結納額を受け入れなかったらどうすべきか、などなど。明確にされたすべての事柄が、その後モーセの律法となったであろう。神は人々に命じた。

> 「法についてのこの書に書かれているように、モーセの戒律と規則を守ることで、天主、あなたの神に従いなさい。ここで私があなたに課す戒律は、そんなに難しいものでも、かけ離れたものでもない。でももし、あなたが聞く耳をもたず、他の神を敬うようであれば、あなたは死ぬ。」

神がするように言ったことをやれば、人々は善になる。一方、天主がするなと言ったことをやれば悪になる。従えば報いられ、背けば罰せられる。この表現によれば、善を行うためには、また道徳的であるためには、人々は神の命令に従わなければならない。神の命令はあまりにも力強いので直接人々に話しかけることはできず、またあまりにも恐れさせるので神の顔を垣間見ることはできない。

　これらの二つの物語が私たちに語りかけることは、道徳性の〈どこへ〉や〈どこから〉、〈なぜ〉といった苛立たしい問いへ答えることではなく、道徳性とはどういうものか、道徳的であるとは何を意味するのか、といったことである。最初の物語が示唆することは、道徳的であるというのは、善悪の選択に面と向かうことであり、そのような善悪の選択があることを理解し、その知識をもって選択を行うということである。二番目の物語が意味することは、道徳的であるというのは、厳格に命令に従うということであり、行為においても思考においても、無条件に従うことであり、決してまっすぐな道から逸脱しないということである。最初の物語は、道徳性を残酷な窮境、永遠の不確実性、絶え間ない苦悩として提示する。一方、二番目の物語は、道徳性をモーセの律法への従属、および一致という困難のない生への処方箋とし

て提示する。

　繰り返すと、倫理学のあらゆる学派、道徳性のあらゆる理論は、それらが科学、神学、哲学、あるいは社会学の名で表されようが、この聖書の二つの物語のどちらかのパターンに従っている。彼らは、自分たちの専門用語で彼らの語りをたくさん盛り込むことに全力をつくしたが、悲しいかな、一方で原作の詩的な想像力や魅力を取り除いてしまった。大抵の理論、事実上、倫理哲学のすべての学派は、二番目の物語のパターンに従った。このなかで彼らは、人々を道徳的にするには怖がらせ強制される必要があること、人々は無限の不確実性に苦悩する生活よりも強制されることを好むこと、そして人々を道徳的にして、一気に安心させるためには、まず法を書きとめ、次に法の精神や文言に向けて規律を教え込ませる必要があることを念頭に置いた社会的な慣習に忠実であった。もしも聖書の最初の物語に従って、道徳性が選択のドラマであるとするならば、倫理的律法の社会慣習は、最善は選択をまったく排除することだが、その選択を制限できるあらゆることを行った。二番目の物語のパターンに従う慣習は、最初の物語の跡に残された不幸を救済するものとして自らを規定した。しかし、それはまた、最初の物語が人間の生に訪れたある種の窮境に対する、そしてそのような生が要求したある種の道徳的人間に対する宣戦を布告した。

　社会的慣習、およびそれを称えた理論は、律法に従うことと交換に、明確さと確実性の心地良さを約束した。そのような慣習や理論は、道徳的な対立がないものとして、道徳的生の完璧さを描いた。そして、もし単一の律法の規則のみ、および単一の律法のみが保証され得るならば、対立のない道徳性を予言した。このような法の独占は、道徳的生にとって必要と見なされ、単一の神という旗印の下、一つの本物の信仰、また単一の主権国家、あるいは一つの真実を知っている党派、あるいはまた唯一の根拠や一つの本物の哲学のための戦いに動員された。けれどもどの場合も、その闘争はその独占を問題視するあらゆるものに対して向けられた。ある種の無神ないしは外来の法やある種の異教徒や外国人、あるいはそれに服従する精神的な無能力者に対して。すべての実際的な意図や目的に対して、唯一の、普遍的に拘束する、

179

競合のない倫理規則に根ざした道徳的生という名における闘いは、意図的であれ偶然によってであれ、常に一致ということに対する異議との闘いであった。

　実際、もしも道徳性が一つの律法への無条件の服従のことであるならば、道徳的人間が想像し得るに直面する唯一の対立、またそのような人間が善い行いをするという決断において経験するかもしれない唯一の困難は、彼らの要求を押さえつける二つあるいはそれ以上の法が同時に存在していることである。そして、それぞれの法が同じように強力で尊敬し得る権威によって支えられている一方で、各々が他方によって要求される行為と両立しない行為を要求する場合である。ソポクレスはアンティゴネの物語で、二つの法と二つの権威に引き裂かれる、そのような道徳劇の原型を提示した。2500年後、私たちはいまだに、道徳的な対立を、疑問の余地のない正しさの保証である規則に従うか従わないかという問題として考えている。つまり道徳的な対立を、同じように道徳性に対する立法の権限があるにもかかわらず、互いに食い違う行動を示すような権威の衝突によって引き起こされる窮境として考えている。人々が、神の戒律「あなたは、私の他に神を持たない」を聞き入れさえすれば、また、その神の戒律に逆らって自らを定める他の神々がありさえしなければ、いかなる道徳的対立も起こらないであろう。そして、信心深く正しい人間は、悪から善を引き離しておくのに困難を感じないであろう。なぜなら、唯一の律法はただ一つしかなく、またその律法のみが包括的な法であり、矛盾や曖昧さのない法であり、精神的な苦痛や道徳的ゆらぎの余地がない法だからである。

　しかし、確かにこれは、道徳性の誕生についての最初の聖書の物語が私たちに提示した道徳的窮境の類ではない。その窮境は、苦痛そのもの、苦悩そのもの、ためらいそのものであった。その窮境に投げ込まれた人間は道徳的であった。なぜなら、彼らは明白で曖昧でなく善いという選択なしにその状況を生き抜いたからであり、また（私たちが聖書から学ぶことができるような）行為とその結果との関連を忘却しているからであった。さらに、彼らは自分の選択が非難されないという確信を持つことが決してできなかったから

であり、また彼らは美徳を、とても簡単なことではない、自分自身の機知や勤勉さによって追い求めなければならなかったからであった。そしてまた、彼らは自分が行ったことの美徳が、あり得る疑問に打ち勝って、立証されたり承認されたりするであろうことを期待できなかったし、あえて期待もしなかったからである。したがって、現在あまねく不確実性が支配しているところでも、確実性を受け継ぐことができるはずである。

　クヌド・ロッグストップとエマニュエル・レヴィナスの道徳性の概念の独自性は、私たちの問題の多い、混乱した、比類なき不確実性の時代に、あたかもぴったりと符合したものとしてそれを捉えていることがその特徴だが、哲学的、神学的説明の主流派に反して、聖書の二番目の物語ではなく、むしろ最初の物語から示唆を得ていることである。人間であることの困難さへの最終的で変更できない解決策を追い求めている権力保持者や賢人および立法者と共に支配勢力に加わる代わりに、道徳性についての彼らの概念は、私たちを他のどこにも存することができない、私たちの人間性が存する場所へと連れ戻す。つまり、ポストモダンの転換によって暴露された人間的条件の取り除くことのできない不確実性や曖昧さへと連れ戻す。他者との原初的な出会いのなかにすでに根づいている、道徳的であることのその必然性と不可能性へと連れ戻す。

　クヌド・ロッグストップは、語られない要求、レヴィナスは無条件の責任について語る。それぞれの説において、その要求も責任も社会的ないしは超自然的に制定された法律から導かれることはない。しかもより重要なことは、どちらも約束された報酬や恐怖に陥れる罰によって裁可されることはないことである。そして一番重要なことは、どちらもいわばその大きさや程度といった論理的な説明を受け入れないことである。事実、ロッグストップは、なにげないそぶりで、あるいは控えめに、なぜ要求がそこにあるべきなのかを、私たち自身は自由なそしてそれ以外には報われない贈り物として自分たちの生を授かっているので、私たちは他者に自分の世話を負っている、ということを指摘することで説明しようとしている。しかしレヴィナスは、説明に思い悩むことはないであろう。彼の無条件の責任というのは、ナマの事実

であり、人間の根本的に天性のものであり、妥協することなく他者の顔によってもたらされたものである。しかし、彼らの教えのこの点に着目する多くの注釈者の傾向にもかかわらず、ロッグストップとレヴィナスの道徳性の捉え方における本当に重要なことは、論理的な根拠の問題を回避する点や、道徳的命令を存在以前のものや社会的に定義された慣習や規範以前のものに設定する点にあるわけではない。

第二の余談：存在論に対する倫理の先行について

　多くの注釈者、なかんずくデリダのような感性豊かで共感的な者でさえ、表玄関から追い出された倫理哲学の問題のすべてを裏口から導き入れたとして、レヴィナスを非難する。「倫理は存在論に先行する」という命題は、それ自身が存在論的な命題であって、それゆえ自己矛盾であるということ、また、レヴィナスは、最も一般的に行われているのとは違う形だけれども、彼が追い求めている（あるいは展開しているだけ）絶対的な真理や根拠を、レヴィナスが認めない者たちと同様に、秘密裡に形而上学を密輸入しているということが繰り返し語られてきた。私はそのような疑問を正当化するレヴィナスの読み方があることを否定はしない（そして、それはこれまでに受け継がれてきた倫理哲学と合致するし、またその哲学が中心的と考えてきた問題群をめぐって整序されるので、とても明快な読み方でもある）。しかし、私はまた、これはレヴィナスを読む唯一の方法ではないと思う。そのうえ、それは倫理の非正統的な概念を構成する彼のアプローチの最も独創的な側面を無視した方法である。私は「倫理が存在論に先行する」という命題は、むしろ次のように理解されるべきであると考える。つまり、私たちはここで、（他のすべての価値の傍らにある）道徳性は存在から演繹することができないというもっともな疑問を乗り越えたことを知る。社会的に確立された法的な規則や規範によって支配された選択や行為について語る場合、私たちは道徳的行動ではない他の事柄について語っている。私たちが、行為者やその行為の対象者に固有のないしは成し遂げられたメリットを指摘して、ある種の行動の妥当性を正当化しようとするとき、私たちはまた、道徳的責任とは異なる

他の事柄について語っている（たとえば私たちが、押し付けられた義務や責務について語る場合、あるいはまた、行為者の熟知した利害によって導かれた行為のことを語る場合がそうである）。それゆえ、私たちは自分が〈二者択一〉の境遇にいることが分かる。私たちは、社会的に構成され、意味づけられ、強制された行為の規範とは関わらない方法で、また存在に由来するいかなる情報にも言及することなく道徳性について語ることができるか、あるいは、私たちは、道徳性の独特な本質を把握することができないままでいるかである。言い換えれば、私は問題にしている命題は、フッサールの〈現象学的な態度〉として、超越論的な還元の実行として解釈されるべきであると思う。ただし、この場合、エポケーは〈経験的世界〉に適用されているが。存在論の全領域が〈かっこに入れられ、判断停止〉になる。否定されるわけでも、疑問視されるわけでもなく、さしあたり決定を先送りにして、私たちは道徳性の意味を探究することになる。

　本当の意味で、最も発展性のある斬新さは、要求の非言及性と責任の無条件性という考え方にある。ロッグストップにとってもレヴィナスにとっても、道徳性の原初の場面は、ひどく非決定であって、はっきりせず、不明瞭で不透明で、曖昧さに満ち溢れている。要求はあるが、それがどんな要求かは分からない。その要求が満たされるものかどうか、あるいはその要求がなされたことではないことを求めているのかどうかも分からないし、決してはっきりとは分からない。責任はあるけれども、それは無条件的である。その責任が間近にあるケースに当てはまるかどうかは誰にも分からない。誰もそのことを見破る手段を持っていない。誰にも、責任がどこで始まりどこで終わるのかというのは決して分からない。

　そのうえ重要なことは、人が、霧を払いのけ、不確実性を確実性で置き換え、語られなかったことを明確にし、責任の条件を設定するといった、一義性に導く方法を見出だそうとするまさにそのときに、人は道徳性の領土を放棄する。法典や規範は道徳的関係性の始まりではなく、その終焉である。そして、しばしば道徳的自己の終焉でもある。ロッグストップは肯定的に言う。

語られないままである限り、要求は権威を持たないし、真に充足できるものでもない（もしその何かの性質が、捉えどころがなくはっきりしないままであれば、どのようにして何かが満たされたと確信できるであろうか）。そして彼は、道徳的自己の赤子が、その曖昧な条件という風呂の水と一緒に流されてしまわないように、そのような矛盾を遠ざけて理論化することに対して警告を発している。レヴィナスは肯定的に言う。他者は私たちに、そのパワーではなく弱さによって命令する。そして彼は、流動的で形のない顔の像に、堅固さをさしはさむために、確実でりっぱな権威を進んで追い求めるならば、私たちは再び、道徳的責務の領域を捨て去ることになるだろうと警告する。

　それから、道徳的人間とは、自分が為したことに常にたゆまなく満足しないこと、つまり自分は十分に道徳的ではなかったのではないかという絶え間ない嘆きによってのみ道徳的と認められる人間である。P. F. ストローソンが言うように、道徳的態度の最も確かな証拠は、自己に対する批判であり憤慨である。私たちは、命令の内容や責任の条件を明確にしようとする試みは、より道徳的でありたいという願いからではなく、道徳的人間に初めから終わりまで付随する、曖昧さに悩み苦しむことから逃れたい、それから道徳性そのものの証拠であり核心である、自己への憤慨の不快を取り除きたいという願望からきていると疑うことができる。

　語られない要求や無条件の責任ということは、少なくとも人間がエデンの園から追放されて以来、健在なままであり、常にこれまで健在であったし、これからも健在であろう。私たちは皆、いわば、それを理解しているか否か、あるいはそれを好むか否かにかかわらず、道徳的境遇に投げ込まれている。もし、なぜそうであらねばならないのかと問うことを主張し続けるのなら、私たち人間は、言葉という功罪相半ばするものを獲得したことを思い起こすと良い。そして、不思議な接頭語〈NO〉を伴った、他のすべての生き物の世界には存在せず彼らには不可解な言葉や、同様に一風変わった未来時制を伴った言葉は、私たちにそれを望むことなしに、物事が今あるあり様とは異なってある可能性や、行われたり熟考されたりする段階ごとに他の選択肢が

あることを強制的に理解させる。そして、私たちが経験していない世界を想像することを強い、また私たちが経験する機会を持つ前にそれらのことを想像することを強いる。少なくとも暗黙にでも、異なるものの可能性を認めることなしに、その世界を考えたり語ったりすることはできないので、それなしではその世界の代替的な姿がまったく同質のものであるとか、あるものは他のものより好ましいとか、物事は善かったりより善かったり、あるいはより悪かったり、悪かったりするはずであるとかいうことを知ることができない。自分自身が道徳的境遇にいると判断するのは、その気づき以外にはないことを意味している。私たち人間だけが、そのような境遇にいる。猫や犬、蝶やクジラは、多分まだエデンの園に生きている。そこは他の選択肢も選択する必要もない楽園である。ともかく私たちは、それらの追放という話は聞いたことがない。

　けれどもこれは、道徳的境遇、すなわち善悪の選択という境遇に投げ込まれることが、必ずしも善であるということではないことを意味している。道徳的人間であることは、私たちは否でも応でも皆そうなのだが、一つのことであり、善であることはまた別のことである。道徳的境遇にあるということは、善である（あるいは、ついでに悪でもある）という可能性を意味しているだけである。ロッグストップとレヴィナスの道徳的境遇の記述に照らして、何が善性への第一歩であろうか？　そこには一つの答えがあるだけである。語られない要求に耳を傾けること、自分の責任に対して責任を負うことである。一方、すべての悪の始まりは耳に栓をすることであり、要求の沈黙を語られなかったことと見なすのはかえってより容易な決定である。そしてまた、自分の責任を拒絶することは、責任の無条件性、その願いや要請が詳しく述べられていないことを引き受けるよりかえって容易い。悪は、カインの「私は弟の世話人ですか？」、加えて「なぜ、私なのですか？」という質問から始まる。それは、すべての人のなかでその世話人の役を引き受けねばならないのが、この私であるという法的、論理的、ないしは他のあらゆる根拠を求める質問である。善は、次のように言うことから始まる。私はもはや、声高に宣言される慣習という居心地の良い防護壁に隠れることで、また、私

は皆がするであろうことをしたのだ、あるいは、皆がやらないことをやることは控えたのだと自分を納得させることで、気づかないふりをしない。それに代えて、私は沈黙の要求を聞き取れるようになり、責任を自分のものにするであろう。私はあたかも、その要求が私にだけ語られたように行動し、またあたかも他人が何をしようがしまいが、その責任が私の肩にだけ背負わされているように行動するであろう。

　ここで思い違いをしないで欲しい。私たちは今最初の一歩、および始まりについて話している。声なき要求に声を与えること、責任に対して責任を取ることは善であるための必要条件であって、たやすく請け合うのは無論のこと、その十分条件ではない。どちらかと言えば、道徳的人間の苦悩は、一旦、要求に耳を傾ける努力がなされると、あるいはまた責任が負わされると、その時点でのみ始まる。それ以降は、道徳的自己の危険に満ちた航海を印象づける暗礁の間を帆走するだけである。

　一方で、ロッグストップが忠告するように、他者の自由をそれに値しないとして遮断する、無関心と他者との関係を断つというスキュラの巨岩がある。つまり、私は彼や彼女が私にはっきりとして欲しいと言うことだけをやり、彼や彼女を彼らの欲するままに放っておくことである。他方では、抑圧というカリビュディスの大渦巻きが不注意な道徳的船乗りを待ち受けている。つまり、私は彼女にとって何が良いのかを知っており、彼女はそれを認めないかもしれないけれど、彼女はあまりにも愚鈍で誤っているので、自分の一番の利益を理解できないのだと考える。だから、自分が彼女にとって一番だと考えて、自分が鋳造した型に彼女を唆し、誘い、押し込めるのは自分次第だとすることである。そのような巨岩や大渦巻きなしに、道徳的航海というものは存在しない。そのどちらかに危険なほど接近することなしには、要求に耳を傾けることや自分の責任に対して本当の責任を負うことはできない。そして、私たちは一つの危険を避けるために全力を尽くすたびに、もう一つの危険に近づきすぎるリスクを負っている。この二つの極端、つまり無視や無情の恐れと抑圧への誘惑との間を航海することが、人が悪に対して善を選びたいと欲するたびに、道徳的人間の運命になる。そして、心配や操縦

ミスに道徳的苦悩が加わって、私たちが航海している領海はほとんど海図で示されず、船が難破しないかどうかを知ることができない。道徳的な確からしさという贅沢は、船がすでに沈没してしまったあとにのみ訪れるものである。

　これは、最終的に、責任に対して責任を取ること、あるいは語られない要求に言葉を与えることに等しいものである。それは、自分の責任を十分果たしていないのではないか、また要求に的確に応えていないのではないかという自分の行動に対する永遠のためらいと絶え間ない不安に該当することである。

　この種の不安は、道徳的責任と契約的な義務との大いなる違いを生み出す。後者の契約的義務は、明確に定義され、あるいは少なくとも明確に定義されるように努力され、課業（タスク）を正確に定義することが可能であり、その十分定義された状態はあるべき理想的な状態であると確信されているものである。契約的義務では、私は何をすべきか、いつ始めそれをいつ終えるべきか、また何をするかで悩む必要がない。私はまた、あらゆることがどのような条件下でなされる必要があるのかを知っている。それらの条件のうち、他者の行為は、ここで他者は契約における一方の側であるが、最も顕著なものである。私は、相手が義務を果たすという条件で、自分の義務を果たす。私に対する彼の義務に応じるときにのみ、彼は自分に対する私の義務を果たすように要求する権利を得る。私の義務は相手の権利であり、相手の義務は私の権利である。つまり、私たちの間に公平な交換の関係が介在する。そこでは、私たちそれぞれの義務を比較することができ、一方に対して他方を評価することができる。それは結局、明確さや画一性の条件ないしは必要条件であり、曖昧さに対する防護壁である。これは道徳的責務とは大いに異なっている。道徳的責務においては、私の義務は相手の権利から生じるものでも、私が義務を負ったという事実に対して私の義務が相手の権利になるわけでもない。さらに、私の義務の大きさや性質は、相手が何をしたか、何をするか、あるいは何をするつもりかということにはまったく関係がない。二つの考え得る意味において、私たちの関係は、対称的でも相互的でもない。つまり、相手

の行為や立場を評価することからはいかなる確実性も得られない。契約的義務を、非常に満足のいく形で、明確で曖昧さのないものと見なすという問題である。それはまた、相手が誰であり、私の奉仕に対する権利を得るために彼が何をしたのかという問いかけである。このことは、道徳性の領域においては何の意味もなさない。

〈他者のためにある〉、この自分の無条件の責任を受け入れることから生じる存在類型は、私から奉仕を引き出す他者の能力とはまったく関係がない。他者の法的権利は無論のこと、義務を課しその要求を強いる相手の能力とは関係がない。〈他者のためにある〉という性質を帯びたこの道徳的責任は、契約的義務のそれとは正反対の仕方で振る舞う。要するに、道徳的責任は、契約的義務が減少する傾向にある状況において増大する傾向にあると言えるし、その逆もまたしかりである。道徳的責任は、他者が弱ければ弱いほど、より無力であればあるほど、ずっとより大きなものになる。反対に、契約的義務は、他者がより強ければ強いほど増大し、より圧倒的なものになる（一層の義務を負う）。それから、彼が交換と見なす奉仕が大きければ大きいほど、彼が私の怠慢や義務の不履行に対して私に与えることができる罰がより厳しくより苦痛を伴うものになる。私を責任あるものにするのは、他者の弱さである。私を契約上、義務的にするものは他者の強さである。人は強者に対して義務を負わせられる。人は弱者に対して責任を感じる。

違う言い方をすれば、道徳的責任は、力がないために他人に義務として負わせ強制し得る義務を、自分で請求することによって自分の幸福を支えることができない他者と面と向かうときに高揚する。そしてしかもそれは、他者があまりにも弱く、彼女が必要なものを可視化したり、要求を聞こえるようにしたりすることができない場合、一層の高みにまで達する。他者の弱さが私を力強くする。そのとき、すべては私が責任を引き受け、語られない要求に声を与えるか否かに依存している。私はそのような他者の生と死に文字通り責任を負っている。私が責任を引き受けるか拒絶するかは、他者の生と死を分ける違いである。

レヴィナスは、戒律について多くを語るが、彼の全著作において具体的に

は、たった一つの戒律にのみ言及している。それは「汝殺すことなかれ」である。委任状のように見えるこの省略形によって、レヴィナスは一つのご神託を伝えている。ここにあるのは、他のすべての戒律に意味を与える戒律であり、いわば超戒律、メタ戒律であり、それなしではいかなる責任も存在せず、すべての責任がそこから始まる戒律である。実際、他者の生を保証することが、すべての道徳的関係の中心的で決定的な条件である。つまり、他者の生きる権利を認めることで、私は彼女に顔として私に面と向かう機会を与え、私は遠回しに彼女を、要求や命令の能力を賦与された、別の主体の顔の地位に昇進させる。私は彼女に、別の主体としての反対、相違、分離によって私に反抗する権利を授ける。それから私は会話に従事する。私たちはお互いに話し合い（たとえ、あるいはおそらく特に、彼女が沈黙し声なきままであっても、その場合は、対話を続ける責任、また私たちの想像上のかつ考えられる会話の責任は、まさしくきっぱりと私の肩にかかっている）、私たちはお互いに敬意を払うようになる。そのうえ、私は彼女のなかの尊敬すべきものが何であるのかを知るようになり、その敬意がどのようにして大きくなるかが分かるようになる。一旦、会話が始まると、強さが他者の弱い身体のなかに注ぎ込まれる。そして、彼女の生を私の責任にし、その強さを注入したのは、まさにこの私である。さらに、私がもし必要ならば、そのような注入をすることに同意し、それを繰り返す用意がある限り、他者は要求の源泉として十分に強いままである。

　子供は、身体的にあまりにも弱く、物理的な力に抵抗できないし、精神的にもあまりにも口下手で、論証や証明に反対できないし、あるいはそれを求めることさえできない。動物は、要求を言い表すことができる言葉がないし、駆け引きや脅しによって権利を求める術を持たない。まだ生まれてない固体やその世代は、私たちに話しかけることはできず、返礼したり報復したりもできず、要求を持つ者や命令する者としての顔として私たちの前に立ち現れることさえできない。貧しく惰弱な者や、不利な立場の者やはく奪された者は、法や因習、習慣によって人間の権利を否定され、あるいはまた、あまりにも弱いので以前授かったような権利を行使することができない。これらは

道徳的責任が、その最高潮に達する事例である。しかし同時にこれらは、要求が最も語られない、そして責任の条件が最も不透明で確かでない事例でもある。

　そこで私たちは、ロッグストップやレヴィナスの教えにおいて見取り図が描かれたような道徳的生の戦術の最大のパラドックスに遭遇する。つまり、道徳的責任が大きくなればなるほど、その規範的な統制への期待はますます悲観的なものになる。私たちが行動を必要とすればするほど、私たちはするべきことが何かがますます分からなくなる。要求が切迫すればするほど、私たちに何を要求しているかについての沈黙がますます深まる。負うべき責任が大きければ大きいほど、その責任を引き受けることが何からなる必要があるのかが、ますます確かでなくなる。小さく取るに足らない、陳腐でくだらない責任に対しては、指針や規範でも明瞭に説明することは易しい。本当に重大で完璧で発展性のある責任に対して、同じようにすることはずっと難しいし不可能ですらある。私たちのすることが当てにされればされるほど、私たちがするべきことが何であるのかがますます分からなくなる。

第三の余談：レヴィナスとロッグストップの道徳的生の戦略の射程範囲について

　レヴィナスとロッグストップを読むことによって示唆される道徳的生の戦略を描写するたびに、いつもその戦略が、今日私たちを悩ましている本当の大問題に何の役に立つのかという疑問を呈する読者や聴衆がいる。その大問題とは、地球上の生物の保存、止むことなく増大する暴力を緩和したり阻止したりすること、民族紛争や民族殲滅、殺人兵器が地球に溢れるのを防ぐこと、世界のあるいはそれぞれの社会の増大する分極化を阻止したり平等化するといったようなことである。実際、レヴィナスとロッグストップの共同の労苦によって語られるような、〈道徳の原初的な場面〉から刺激を受ける一方、私たちはどの範囲まで理解が可能なのであろうか？　それは、〈二人の出会い〉や面と向かった出会いにのみ当てはまり、それを超えて定着し発展することができる戦略ではないのではないか？　〈二人の道徳的出会い〉と

一般の、社会的で、匿名的な共存との間に、それをつなぐ橋を架けることができるのであろうか、また〈原初的な道徳的場面〉には不必要で欠如している道具や素材に頼ることなく、そのような場面で利用可能な建築材だけを使って、そのような橋が築けるのであろうか？　二つの異なった、ゆるく関連するだけの〈道徳性〉、一つは、限定的な個人間に使われるもの、もう一つはその外部に展開する広い世界のためのもの、すなわち、ミクロとマクロの二つの倫理を考える必要がないのであろうか？

　〈二人の道徳的出会い〉の領域の外部で、また、〈顔〉以外の類型や範疇で満たされた場所で、唯一の案内役に対する他者に責任を持つ一方で、他者に心を動かされることが難しいことは疑いの余地がない。第三者の出現とともに私たちが加入する土地は、比較や利害の提携、交渉や妥協によって地図化され管理されていて、それゆえ案内があったとしても、それを道徳的自己の習慣的な経験やノウ・ハウから引き出すことはほとんどできない。〈二人の道徳的出会い〉は個人間の関係の領域であり、その境界の外部では非人格的な規則が支配している。もし、〈二人の出会い〉がその問題のすべてを道徳的衝動の助けを借りて処理することができるとすれば、その他のより大きな集合体は、正義（公正）のルールを必要とする。そして、公正は何にもまして、政治の問題であり道徳性の問題ではない（道徳的衝動それ特有の奇抜さに、普遍的で規則正しく注視される原理を必要とする、社会的公正を基礎づけることはできない）。そして、もし私たちが皆、道徳的境遇に投げ込まれるとすれば、私たちがまた公正ということにも投げ込まれると見なすのは間違いであろう。道徳的衝動と異なり公正の感覚は、私たちの実存的条件から生まれるものではない。それは、他者との共存の始まりではなく結果である。公正という視点は、理性という働きの結果である。私たちは、望むと望まざるとにかかわらず道徳的な存在であり、私たちは、ことを為すことあるいは為さないことによって、公正な人間になるかもしれないし、ならないかもしれない。そのうえ、人間の集合体内部の公正のルールとそこにいる各人の公正の感覚の間には、もしあるとしても、どんな関係があるのかは直ちに明らかではない。〈二人の道徳的出会い〉の領域の外部では、全体は実際、

部分の総和以上のものである。それゆえ、もし何かがあるとすれば、〈道徳性の原初的な場面〉は社会の生活に何を提供しなければならないのであろうか？

　道徳的衝動の力を保持していることについての疑いは、それゆえ取るに足らないことではなく、容易く粉砕されたり追い払われたりするものではない。それらを論破するために、あちこちにあるような類の平凡な議論（たとえば、一人の人間に当てはまることは、人間の集団にも当てはまるであろうとか、顔に当てはまることは、範疇にも当てはまるといった類の議論）を用いることは意味がないであろう。いわば昔、〈太陽上での午後五時〉という明らかに分かる語句の不条理の正体を暴露するといった、ヴィトゲンシュタインによってあざけられたような類の議論がそれである。公的な領域では、人は〈二人の道徳的出会い〉という仕事場に集められた乗り物には乗らないであろう、また、公的生活は、どの場所で始まっても、初めから原則を打ち立てることを要請する、さらに公的生活は、道徳的態度の美徳、それは公的生活においては、より多くの障害や義務といったその価値あるものの反対物になるかもしれないが、それとは関係のない、マクロないしメガ倫理のようなものを必要とすると結論づけたい気持ちにかられる。

　論理的な議論ないし経験的な証拠がない場合、そのような批判に対応し得る最高のやり方はたとえ話に頼ることである。人間として、私は歩くことを可能にしてくれる足を持っている。それゆえ私は移動する生き物である。私はある場所から他の場所へ移動することができる。毎日の実践において遂行されるこの潜在能力から、移動性^{モビリティ}という一般的概念が形成された。その概念は、私が距離というものを相対的なものであり、単なる一時的な障害、原理的には自分が克服できるものとして取り扱うことを可能にする。この移動性という概念のおかげで、私はリーズに住んでいながら、たとえばフィンランドのタンペレに行くことを考えることができる。私の〈生まれつきの装備〉、すなわち私の足は、この企てをやり遂げるには十分な助けにはならないであろう。私は自分の足で、そんなに遠くまで歩いていかないであろう。でも、私は汽車や船、飛行機を使うことができる。実際、汽車や船や飛行機がある。

しかし、それらのどれもが、移動できない種族によっては発明されなかったであろう。すなわち、移動性というすでに十分定着した概念なしには、さらにまた、経験され克服された空間という世界観なしには、それらは発明されなかったはずである。能力があることが物事を可能にするのである。そして同様に能力のあることが、自分自身の〈生まれつきの〉資源に委ねられた場合には、その能力の範囲を超えたところにある課業（タスク）を想定（ある時は達成する）することを可能にする。詩人が目で見えないものを見よと呼びかけるとき、ただし目がなければ、見えないものを見るという考えそれ自体が、最も空想的な詩人の想像力においてさえも思いつかないであろう。

　そこで、〈二人の道徳的出会い〉のなかに秘められた道徳的生の戦略は、そんなに遠くまでは、つまりは親しい他者より遠くまでは届かないであろう。しかし、一旦それが形成されると、それはそのままではいないであろう。それは、道具や用具の助けを借りずに影響を及ぼすことができる範囲にのみ影響を及ぼすということには満足しないであろう。

　結論として、道徳的自己の窮境が、その本質的な曖昧さから救われるであろうという希望はほとんどない。理性や論理は、害がなければ効果がない、あるいは効果があれば毒のある薬を提供する。もっと言えば、曖昧さは、道徳性への外部的な障害物ないしは病気の事例であるどころか、それは道徳性の自然な居場所であり、健康の印である。曖昧さは、道徳性が育つ唯一の土壌であり、道徳的自己がその責任に従って行動する、あるいは語られない要求の声を聴くことができる唯一の領土である。語られない要求や無条件の責任の意味していることの止むことのない探究において、道徳的自己は自分の目指す確からしさを決して手に入れることはないであろう。しかも、そのような確からしさを追求することでのみ、自己は道徳的になることができ、また道徳的であり続けることができる。

第Ⅲ部

バウマンの道徳論批判

第7章

倫理に関するバウマン
——グローバル世界に対する親密な倫理？

マニー・クロネ

序

　社会学は倫理に対して、複雑で多少の緊張関係を保持している。社会学はまさに道徳哲学から自分自身を区別することで、実証科学として19世紀に出現した。近代、経験科学として社会学は、デイヴィッド・ヒュームやイマニュエル・カントのような哲学者によって定式化された〈である〉と〈すべき〉との間の近代的な相違に基礎をおいて発展してきた。社会学は、経験的な〈である〉に専念すべきであって、倫理に関する役に立たない議論は哲学に任せるべきであると考えてきた。確かに社会学者は、社会的現実の一部として価値や倫理的実践を研究することはできるが、社会学者は彼らの科学的な知見から道徳や政治的な結論を導くことは慎むべきであると見なしていた。このような近代的な世界観に則って、とりわけマックス・ウェーバーの説明に見られるように、社会学は経験知から倫理的あるいは政治的な勧告を導くことができない〈価値中立的〉な科学であった。しかしより仔細に検討すれば、事柄はもう少し複雑であった。たとえば、エミィール・デュルケームは特定の社会（〈である〉）の統計的知識から道徳的命令（〈すべき〉）を引き出す可能性を主張した（Durkeim, 2002）。彼はなお進化論に固執し、人間社会は特定の法則に従って進化すると考えていた。そのような社会的法則を見出すことで、社会科学者は健全な社会はどのようにあるべきかということを知ることができる。これに反して、正しい歴史の進路からの逸脱は社会病理のサインであった。ただしデュルケームの社会学で留保されていることは、科学的な

〈すべき〉を定式化する試みではなく、〈である〉についてのはっきりと明らかな知識を導く実証科学の定式化である。社会学的実証主義に対する最も重要な挑戦は、ユルゲン・ハーバーマスとテオドア・アドルノからもたらされた。彼らは、1961年に、とりわけカール・ポパーや価値中立的科学の考え方に対して向けられた実証主義論争を開始した。しかしながら、フランクフルト学派の代表者が実証主義や事実上再設定された道徳哲学に挑戦したのに対して、ハーバーマスの理論は、〈である〉と〈すべき〉の近代的な区別の内部、あるいは事実関係と価値の間の区別という枠組みに留まっていた（Habermas, 1992）。実証主義が経験的な〈である〉を研究するのに対して、ハーバーマスにとっての批判的な問いは、いかに合理的な〈すべき〉を構築するかにある。

　ジグムント・バウマンが1980年代に倫理の問題を扱うようになるまでに、倫理をめぐる学問的状況は一変していた。1980年代と1990年代に、倫理に関する新しい言説が現れた。それは近代の〈である〉と〈すべき〉の区別は慎重に避け、代わって新たな方法で倫理の問題に焦点を当てた。この新しい論客（たとえば、ミシェル・フーコー、エマニュエル・レヴィナス、チャールズ・テイラーやアラスデヤ・マッキンタイヤ）は、実証主義（ウエーバーとデュルケーム）と普遍的な道徳哲学（ハーバーマス）の双方の批判を共有している。1990年代に問題とされたのは、実証主義論争の焼き直しではなく、倫理についての哲学的、社会学的問いの再構築である。中心的な問題は、もはや科学が倫理的な命令を下せるかではなく、むしろ現在問われているのは、どのように科学は倫理を考えるのか、倫理的実践とは何か、道徳性とは何か、道徳的な人間とは何か、といったことである。言い換えれば、私たちが目にしているのは、認識論的な問い（科学は何が知ることができるのか）から倫理とは一体どのようなものかについての問いへの転換である。

　バウマンの偉大な功績は、このような哲学的な議論を社会学の文脈に位置づけたそのやり方にある。バウマンは社会学に哲学的な議論を紹介し、これらの議論をモダンとポストモダン社会という社会学的な分析に結びつけることに着手した。『近代とホロコースト』（1989=2006）、『ポストモダンの倫理』

(1993)、『断片のなかの生』(1995) で、バウマンはポストモダンの倫理について独創的な主題を展開した。ポストモダニティは、しばしば道徳性の崩壊として理解されてきた。多くの哲学者にとって、倫理に対する普遍的な理解の崩壊は、直ちに道徳的相対主義に導くものであったろう。しかしバウマンは、倫理についての近代的な概念の消失は、反対に道徳性の機会を構成するという独創的な見方をとった。近代的な倫理の喪失は道徳的相対主義を導くのではなく、道徳性の新しい理解に道を開く可能性がある。倫理を規範や規則、法律へ従う能力と見なす近代の理解に比して、バウマンは道徳性を、特定の社会に普及している特定の法則とは無関係に、個々の人間の自律的な道徳的責任として理解する。バウマンのポストモダンの道徳性という定式化は、近代の完全な批判、とりわけ〈法としての倫理〉という近代の理解への批判のうえに構築されている。

　法としての倫理という近代的概念への厳しい批判を考えると、2001年にバウマンが突然、現代的問題の解決策として規則や法に訴えたのは幾分驚きである。「必要なものは、一群の規則であり、特定の国が賛成しようがしまいが、ただ単に依存するのではなく、本当に拘束するグローバルな法である。……グローバルな法は、特定の国が喜んでそれをそのように見なす場合にのみ効力を発揮するという法であってはならない。グローバルな法は服従させるべき本当の法でなければならない」とバウマンは言う (Bauman, 2001)。法としての倫理という近代的概念への非妥協的な批判は、2001年には明らかに、法の強い使命に置き換わっている。しかし、近代の法の重視への激しい批判から、法の熱烈な使命へのこの転換はどのように理解可能なのであろうか。バウマンは別のところで、近代哲学者の立法へのノスタルジアを告発しているが (Bauman, 1994: 14)、彼自身がそのような立法へ懐古的になったのであろうか。バウマンは、本当の道徳性は法を超えたところに見出されるというポストモダンの幻想を放棄したのであろうか。あるいはまた、彼の倫理的な考察の深まりが、法と道徳性の対立は偽りの対立であったと明示したのであろうか。

　この章では、私はバウマンの倫理論を法と道徳性の関係に特に焦点を当て

て議論する。バウマンは、法としての倫理という近代的な枠組みへの説得的な批判を提供したが、それに代わるオルタナティブな社会学的、政治学的倫理概念を発展させることには失敗していると論じる。バウマンは、社会学における倫理についての伝統的な考え方の限界を説得的に指摘して、総合的な倫理の分野についての再考の道を切り開いたが、彼自身の倫理の理論は未開発のままである。たとえ、バウマンが既存の社会学理論内部の限界を指摘し、倫理についての伝統的な理解に修正を施すことを望んだだけだとしても、バウマンの修正と既存の社会学理論との間の関係は不明瞭なままである。以下では三つの点で、このような自分の考えを展開する。初めに、近代の倫理についてのバウマンの批判を検討し、次いでポストモダンの道徳性についてのバウマンの考え方を検討し、最後に、倫理に関するバウマンの社会学への貢献を総合的に評価する。

近代の倫理──法の優先

　バウマンは1990年代に、ポストモダンの倫理についての独創的な論文を公表した（Bauman, 1993）。多くの哲学者は、倫理はポストモダンの相対主義の渦に飲み込まれてしまうので、ポストモダニティは倫理のたそがれを示唆するものと考えていた。そのような哲学者にとって、〈すべてが消え去る〉というポストモダンの格言は、倫理についても当てはまるものであった。しかしバウマンは、ポストモダニティは倫理の終焉を意味するものではなく、その反対にポストモダニティは倫理に対して良い機会を提供するという独自の見解を示した。『ポストモダンの倫理』のなかで、バウマンは「この本はポストモダンの倫理の研究であり、ポストモダンの道徳性の研究ではない」（Bauman, 1993: 1）と強調していたかもしれない。しかし仔細に検討してみると、その正反対であることが分かる。『ポストモダンの倫理』は、ポストモダンの倫理についての本ではなく、むしろポストモダンの道徳性についての本である。倫理に関するバウマンの考察は、実に倫理と道徳性との間の明確な区別に裏付けられている。そして、もしモダンの時期が倫理によって特徴づけられていたとするなら、ポストモダニティは、道徳性に有利に見える

新たな社会的実体を創り出している。モダニティは倫理の時代であり、一方ポストモダニティは道徳性の時代の前兆である（Bauman, 1994: 31）。バウマンの用語法において、倫理は普遍的な法の形態における道徳性の法典化についてのことであるので、倫理は超道徳性である。しかしポストモダニティは〈幻想のないモダニティ〉を表している。そのようなものとして、ポストモダニティはモダンの倫理概念の崩壊と、それに続く倫理から解放された新しい道徳性の出現を通告している。もしも、モダニティが倫理を推進し、倫理的な法に則った道徳的な行動を形作る試みであったとしたなら、ポストモダニティは、それとは反対に、〈倫理なしの道徳性〉を提供している（Bauman, 1994）。

　バウマンの野望は、このポストモダンの道徳性を詳細に計画することであり、その努力は相互的にモダニティへの厳しい評価に結びついている。新しいポストモダンの道徳性を描くために、バウマンはモダニティ、とりわけこの時代に浸透していたその倫理概念に十分な批判を下さなければならない。この試みは、理論的および社会学的レベルの二つのレベルで開示される。バウマンの貢献の独創性は、哲学的議論をモダンおよびポストモダンの社会における、倫理のより広範な社会学的分析に関係づけたことにある。理論的なレベルでは、バウマンは、モダンの哲学者と社会学者は、倫理についての近代的理解の形成に重要な役割を果たしたと言う。バウマンの分析は、近代の倫理概念は、かなりの程度モダニティの社会的現実を形作った、すなわちその理論は近代の時代において、道徳的実践にかなりの影響があった、という命題のうえに成り立っている。これが、近代の倫理についての社会学的な批判がまずもって哲学に焦点を合わせねばならない理由である。近代の倫理概念の問題は、二重性を帯びていた。まずは、近代の倫理概念は、倫理を法や規範や規則に制限していたこと、そして第二に、それは道徳性を社会的構築物であると見なしていたことである。

　第一の点から始めると、バウマンによれば、倫理が普遍的な法に従うという問題であるという近代の考え方を導入したのはイマニュエル・カントであった。近代の哲学者たちは、倫理の形而上学的な基礎という考え方を拒絶

していた。その代わりに彼らは、倫理は人間の合理性の結果であるという倫理についての新しい解釈を提案した。この点で、カントは中心的な人物であった。カントの道徳哲学をもってすれば、倫理はもはや、アリストテレスにとってのように、特定の状況において倫理的な判断をするという問題（実践的な知）ではなく、抽象的な普遍的な法に従って行動するという問題であった。カントの議論にとって決定的に重要なことは、道徳的行為者の自律性という概念であった。道徳的な作用は、どんな法にも従うということではなく（確かに宗教や伝統の法には従わない）、合理的な行為者が彼の自由な根拠を用いることによって、自分自身を定式化させた道徳的な法に従うという問題であった。カントによれば、近代の道徳的主体は、伝統や宗教や人間の本性によっては支配されず、彼が自分自身を定式化していた普遍的な法によって支配されるという意味で自由であった。

　バウマンによれば、法としての倫理というカントの枠組みは、近代の期間において社会的現実（リアリティ）に極めて大きな影響を持った。近代の倫理は、法の倫理であった。社会学のレベルであまり成功していないのは、自律性の考え方であった。哲学的な抽象から社会学のレベルへ移行すれば、あたかも近代の立法者たちは近代的主体の合理性と普遍的な法で自分たちを統治する能力を信用していなかったように見える。むしろ立法者たちは、近代国家の市民を、程度の低い本能と願望によって導かれているものと見なしていた。近代的主体は、自発的に道徳的であるわけではないので、近代の立法者たちは、彼らに道徳性を強いるために、強い法と訓練する技術を求めた。この意味で、近代の〈倫理の時代〉は、カントが夢見たような自律性の時代ではなく、強固な他律性の時代であった。近代的倫理の中心であった普遍的な法は、合理的な主体それ自身によって自律的に定式化したものではなく、出現しつつあった国家の正当な権力に支えられた近代の立法者たちによって定式化されたものであった。近代性（モダニティ）のこの陰気な記述においてバウマンは、秩序と規律という近代の企てについてのミシェル・フーコーの卓越した解釈に多くを負っている（Foucault, 1961, 1975）。これについては後に立ち返ることにする。

　この規則や法としての倫理という解釈は、倫理の社会的解釈の顕著な特徴

でもあった。カントが法としての倫理という考え方を導入したとすれば、社会学、とりわけデュルケームは、近代の倫理についてのそれとは異なる、道徳性は社会的構築物だという主要な考え方を推進した。デュルケームによれば、生まれながらの人間は倫理的な能力を持っておらず、社会の社会化の努力を通してのみ、人間は少しずつ社会的、倫理的な動物へと転換していくとされる。バウマンによれば、倫理についてのこの社会学的な考え方は、トーマス・ホッブスおよび彼の有名な自然状態という定式化にさかのぼる。トーマス・ホッブスの自然状態においては、人間は自分自身の関心のみを追求する自己中心的で、超道徳的な生き物である。それゆえ、自然状態というのは潜在的に、有名な文句である「万人の万人に対する闘い」という形態を想定している。この哲学的仮説の要点は、人間は自然状態から抜け出し、社会に踏み込むときに道徳的になるということである。社会の外では、人間は道徳を欠いた存在である。しかしながら、社会的領域に入ることで、人間は主権国家の法への服従を受け入れるという意味において、道徳的動物へと転換される。近代の立法者たちの実践に完全に賛同することで、デュルケームや近代の社会科学は倫理を他律的なもの、すなわち、個人が社会化や教育や訓練という手段によって植えつけられるべきものと見なした。

　では、この近代の倫理概念の問題は何であろうか。人間は道徳的に中性の生き物として始まり、道徳的な生き物になるためには教育されなければならないというのは正しくないのであろうか。そして、道徳的な行動というのは、自分自身の狭い利害関心をわきに置き、普遍的な、個別的なものではない関係的な規則に従うことで成り立っているのではないのか。バウマンによれば、そのような倫理の社会学的概念の問題は二重にある。(1)倫理を特定の社会に出現する社会的構築物と見なすことで、社会学は倫理的相対主義の側にある。もしも社会学が法や規範のいかなる所与の構築物も倫理として受け入れるならば、社会学はそのような特定の倫理を判断する立場にないことになる。言い換えれば、それは倫理の一つの形として、ホロコーストへと導く規範を受け入れねばならない。それは極めて特殊なドイツの倫理かもしれないが、それにもかかわらず、それは倫理であることに変わりはない。しかしな

がら、この倫理相対主義の問題は大いなる実証主義論争ですでに扱われていた。(2)そこでバウマンのアプローチの独創性は、二番目の問題に見出される。それは、近代の倫理によって引き起こされた不道徳な結果である。効率的な近代官僚制と結合した近代の倫理が、懲罰のテクニックの陳列を容易にし、偶然にも、ホロコーストのような現象にもまた道を開いたことである。

　すでに述べたように、バウマンの議論の核心は、近代という時代において、理論がかなりの程度、社会的実践を形作るという考え方そのものにある。それゆえ、近代的倫理についてのバウマンの批判は、厳密に言えば、特定の理論の内部的矛盾や欠陥を指摘する理論的あるいは哲学的批判ではない。むしろ、バウマンは特定の倫理概念の社会学的結果を指摘している。近代的倫理概念の主要な問題は、それが哲学的に一貫していないということではなく、それが倫理についての理解を狭め、そのようなものとして、社会学的レベルで多くの注目されない結果を残したということである。

　このことは、マティアス・ユンゲが指摘したように、バウマンは、道徳の形態は社会の形態に依存するというデュルケームの命題を受け入れたことを示しているのであろうか（Junge, 2001: 108）。必ずしもそうではなく、バウマンによれば、道徳性と社会の結びつきは、道徳性が特定の社会の形態によって作られるという一対一の関係ではない。それはむしろ、近代という時期においては反対であった。バウマンの見方では、かなりの程度、近代的倫理概念が社会的実体を形作っていた。しかしバウマンは、理論が必然的に社会の特定の実践や特定の形態を導くとは言っていない。カントやデュルケームの個々の倫理概念とアウシュビッツとの間に必然的な関係がないのと同様に、ポストモダンの道徳性概念とポストモダン時代における道徳的実践の間には必然的な関係はない（この点には以下で立ち返る）。むしろ、カントの法としての倫理という特定の位置づけは、アウシュビッツが生じる可能性の条件を創り出した。そこでは近代的倫理概念は、アウシュビッツにとっての十分条件ではないが、必要条件であった。特定の倫理概念が近代社会の特定の特徴、たとえば近代官僚制と結びついたとき、アウシュビッツが現実となった（Bauman, 1989）。

　それゆえ、バウマン版の近代性は、主要には、デモクラシーや法の支配の出現ではなく、バーバリズム（野蛮）への長い道のりである。近代性についてのそのような描写は、なにも新しいものではない。1940年代に、テオドア・W・アドルノとマックス・ホルクハイマー（1975）は、合理的啓蒙の近代の企ては曖昧であり、結局はそれ自身の矛盾につまずく蓋然性が高いことを論じていた。1960年代以降、ミシェル・フーコー（1961, 1975）もまた、近代の欠陥についての洗練された描写を行ってきた。近代性についてのバウマンの説明の独創的な特徴は、それゆえ「カント、それがすでにホロコーストであった」という考え方にあるのではなく、むしろ倫理に焦点を当てたことにある。アドルノ、ホルクハイマーおよびフーコーにとって、近代性（モダニティ）の問題は、何にも先んじて理性の問題であり、秩序や管理、規律を強いる近代理性の企てであった。バウマンにとって、近代性の主要な問題は、単に理性の問題だけではなく倫理の問題である。ないしは少なくとも、倫理と理性の特定の結びつきの問題である。バウマンにとって、それは理性の冒険というだけではなく、ホロコーストへ導く倫理についての特定の解釈にある。近代性についてのこの暗い見方から、バウマンが現在の近代性の溶解を歓迎しているということは驚くに当たらない。

顔としての倫理──前社会的道徳

　近代官僚制において称賛されるに至った近代的倫理概念に対して、バウマンはエマニュエル・レヴィナスに多くを負って、オルタナティブな道徳性の概念を提示する。このポストモダンの概念において、道徳性は、現存の規則や法あるいは規範のなかにあるのではなく、他者と面と向かったときに私が引き受けねばならない無限の責任のなかにある。そこでは道徳性は、特定の状況や特定の他者と無関係な普遍的、抽象的な法ではなく、他の人間と対面したときに生じる無限の責任である。それは、そこでは私たち全員が同じ普遍的な法に従っている、中立的、社会学的な〈他者と共にある〉ことではなく、他者の現前において、私が絶対的な責任を引き受けなければならない〈他者のためにある〉ことである。遠隔で実施される匿名的な規則と違って、バ

ウマンは、特定の状況における特定の他者の存在において生じる近接の道徳
性を提示する。

　すでに述べたように、バウマンの道徳性の概念は、顔としての他者と出会
うというレヴィナス（1961）の現象学的分析を多かれ少なかれ参照している。
レヴィナスによれば、他者の顔の現前は、私が決して完全には理解し、自分
のコントロール下に置くことができない超越的なものの現前である。そのと
き、この倫理的なお膳立ては、主体が何をすべきかについての合理的な知識
を得るために、他者の顔をじろじろ見るというような合理的な関係ではな
い。むしろそれは、私の主体性を任命する他者の顔の現前である。私の主体
性は、それが無限の責任として常にすでに制定されているという意味で、常
にすでに倫理的である。私は、道徳的かそうでないかを選ぶことができる唯
我論者の自己（エゴ）ではない。その意味で、私は責任として間主観的に構成されて
おり、この責任は私が選んだり、無視したりすることが困難なものである。
さらに、この無限の責任は、それが非相互的であるという正しい意味におい
て一方的である。私は他者の弱さに対して無限の責任を負わなければならな
いが、私は自分に対して同様の責任を負うことを彼／彼女に期待することは
できない。道徳性は　互　譲（ギブ・アンド・テイク）　の関係ではない。それは、お返しを期待して何
かをあげるといった、マルセル・モースの言うところの贈り物ではない。
モース（1971）にとって、非相互性は規範を犯すものであろう。バウマンと
レヴィナスにとって、非相互性は反対に道徳性が働く仕方なのである。しか
し、道徳性が非相互的なので、バウマンが描く道徳的な小宇宙は、私たち全
員が責任の相互的関係を通して結びついている、より大きな社会学的な責任
の仕組みに到達することはない。私は他者に対して責任があるかもしれない
が、この責任はより広い社会的な領域には接続されない。より広範な社会学
的な構図は、このバウマンの言う道徳的状況をよく考えたうえで、それを打
ち破ることによってのみ得られることになる。

　それゆえ（バウマンの言う）道徳性は、デュルケームが主張したような、
社会の内部で生じる社会的構築物ではなく、むしろそれは、人間に固有な前
社会的な衝動である。人間は道徳的な存在になるために、教育や訓練を要し

ない。人間は他者に対する責任を引き受けるために強要を必要としない。む
しろ人間は、常にすでに、他人との特定の出会いにおいて活性化される道徳
的な能力や道徳的本能に裏書きされている。そこでは道徳性は、社会的強制
の問題でもなければ、普遍的な法の合理的な定式化の問題でもない。それは
感情の問題、すなわち他者との出会いにおいて活性化される前社会的で、非
合理的な本能の問題である。この道徳性の概念においては、人間は、社会が
道徳的に行動することを強制しなければならない道徳的に中性な存在ではな
い。それはあべこべであって、すべての人間は、特定の社会において、設計
され変化させられることができるが、また悪用され堕落させられることも可
能な、相容れないことが可能になる道徳的な能力に裏書きされている。バウ
マンは、人間について生まれながらの存在、すなわち不変の自然人類学とい
う考え方に与しない。人間が前社会的な道徳的能力で裏書きされているとい
う事実は、人間が実践において、いつも良いことをするということを意味す
るわけではない。むしろ、人間は善と悪、両方できるという意味で道徳的に
両義的であると見なされなければならない（Bauman, 1998: 17）。人間に固有
の道徳的能力は実現されねばならない可能性であるが、それは、ある特定の
時点における、ある特定の社会に広く行き渡った、ある特定の倫理概念とは
無関係に存在する普遍的な可能性である。

　それゆえ、このポストモダンの道徳概念の発見は、近代で失われた自律性
の再構築に対して開かれている。バウマンによれば、近代は道徳には中立的
な影響を持ったという意味で、〈道徳的無関心〉であった。〈道徳的無関心〉
傾向は、いつの時代のいかなる社会にも見出せる。それはポストモダン社会
にも見出せる（Bauman, 1993: 153）。しかしながらバウマンにとって、近代の
時代は、倫理が吹き込まれていたので、とりわけ抜きんでて〈道徳的無関心〉
であった。近代の時代においては、政治家と立法者は近代の主体（臣下）を
手なづけ、近代の国民国家内に秩序を作り出すために、洗練された倫理的な
技術を開発した。近代の官僚制は実に、このような〈道徳的無関心〉の傾向
の開発において中心的な要素であった。近代世界における官僚制的倫理は、
特定の人格を考慮することなく、規則に従うあるいは規則を施行する能力と

同義だからである。そして、この倫理的規則は、遠隔に実施されていた。倫理はまさにこの意味で、道徳性を中和化している。一定の形式のなかに倫理を位置づける試みは、他者との根本的な出会いを中和化するからである。

　善悪への正確な限定を設ける近代の規則や法とは対照的に、他者への道徳的責任は、他律的な規則や法によって実施されることはできない。むしろ道徳性は、規則や法がない場合に可能になる。それゆえ、道徳性は倫理的な空所、すなわち、まさに私が何をなすべきかを無視した状況で、私がどのように善い行いをするかという正確な指示のないところで、そして私が十分行ったという確信が決してないところで出現する。倫理的実践に形を与える近代の倫理概念と対照的に、道徳性は、本質的に無限なので、決して特定化されないし測定もされない。そして道徳性は、特定の規則や法、規範や命令に翻訳することができないので、いかに責任が遂行されるべきなのかということを決めるのは、常に各個人次第である。特定の状況において、私が他者に対して何をするべきなのかというのは私次第である。特定の規則がないことで、何をするべきなのかを自律的に決めなければならないのは常に私である。近代の法的倫理に比較して、道徳性は過剰なものとして現れる。すなわち、規則や法の厳密な制限を超えるようなものとしての無限の責任として現れる。

　私たちはここで、法や規則、禁止や権威、合法の下で、生き生きとした生活が生じるという生の哲学（フリードリッヒ・ニーチェ他）とは異なる見方への基本的な構えである、興味深い理論構成を前にしている。退屈な奴隷のような道徳性の下、民主的社会の抑圧的な制度の下、私たちは身体や欲望、肉欲を見出すとともに、明らかにまた、法の非寛容さを超越する他者への無限の責任である、バウマンのポストモダンの道徳性をも見出す。バウマンによれば、本当の道徳性とは、匿名的、非人格的、冷たい普遍的な規則や法を超えて、他人との過剰で、超越的な、生き生きとした遭遇のなかに見出されるものである。ポストモダン道徳についてのバウマンの理論は、多くの解釈のなかでずっと演じられてきた、このような理論像の作り直しである。フーコーは、ユーモアを交えて、次のような言葉で自分の仕事を語るとき、彼自

身の著作がこのような言葉で特徴づけられることに気づいていた。その言葉とは、「精神病棟の壁のなかでの陽気な狂気の自生、ペナルティ制度の下での寛大な犯罪の熱狂、性的タブーの下での新鮮な欲情」（Foucault, 1975）である。フーコーに倣って言えば、バウマンのポストモダンの道徳性は、次のような言葉で特徴づけることができよう。「匿名的な規則の下での超越した顔、官僚制的ルーチンの下での他者の過剰、普遍的な法の下での無限の責任」。もちろんバウマンは、法や規則や官僚制度なしに社会が成り立つとは思っていない。どんな社会も、ある程度の〈道徳的無関心〉を受け入れなければならない。良い社会が現実化して、法がまったく余分なものになるという〈歴史の終焉〉はない。それにもかかわらず、道徳性は、道徳性を失うことなしには、法に編まれたり、法に転換されたりすることはできないので、厳密に言えば、法と道徳性の間には少なくともある種の緊張がある。

道徳性の社会学理論へ向けて

　1990年代に、ポストモダンの道徳についてのバウマンの分析は、社会学という学問分野への挑戦を表明し、倫理についての社会学的理論の刷新に貢献した。それにもかかわらず、彼の道徳理論の社会学内での影響は、かなり限定されているように見える。モダニティやポストモダニティについてのバウマンの分析が、社会学的領域のなかで広く認知された一方で、彼の道徳理論に関してはそうではないように見える。もしも倫理に関するデュルケームの理解を修正することがバウマンの野心であったなら、デュルケームの道徳理論がその挑戦を受けたかどうかは疑わしい。とにかく、『近代とホロコースト』のなかで宣言されたパラダイム・シフトは起こっていない。ではなぜ、バウマンのポストモダンの道徳性の理論は限られた影響しか持たなかったのであろうか。

　社会学分野への限られた影響には、二つの主要な問題が関係しているように思われる。一つは、理論的なレベルの問題で、バウマンは社会学的道徳理論、すなわち社会学的広がりを持った理論の定式化に失敗していると言える。もう一つは、経験的レベルの問題で、彼の道徳性の理論は、ポストモダ

ン世界における社会的実体の展開を適切に捉えることに失敗している。

　マティアス・ユンゲは、〈二人の道徳的出会い〉というのは、前社会的な（ブリ・ソーシャル）ものであるので、バウマンは道徳性の社会学理論を提示するのに失敗していると言う。従って、彼の命題には補完が必要である（親切にもユンゲ（2001）自身が提案している）。もしもバウマンが、これまでの道徳性についての社会学理論に代わる他の理論（オルタナティブ）を提供したいのであれば、これは重要な批判である。もしもバウマンが、道徳性についての伝統的社会学理論を拒絶して、同時に他の理論を示すことに失敗しているのであれば、彼は社会学を道徳的な窮地（ディレンマ）に置き去りにしてしまうだろう。しかしもし、バウマンの道徳理論が今ある社会学理論の修正や補完を意味しているだけであったとしたら、すなわち、倫理についての伝統的な理解を敷衍するものであるなら、バウマンの道徳理論は、伝統的な倫理概念が、道徳性の前社会的領域の外部で価値あるものに留まっているので、そのような社会学的広がりは必要としない。

　実際、バウマンの野心は、これまで社会学理論において注目されていなかった道徳的経験に光を投げかけることで、道徳性についての伝統的な社会学的理解を敷衍することである。バウマンは、この道徳的状況、〈二人の道徳的出会い〉を、(1)道徳的能力はすべての人間に固有のものである、(2)道徳的能力は、その特定の社会に行き渡っている倫理についての特定の文化的解釈にかかわらず、いかなる人間社会においても実現することができる、という厳密な意味で前社会的なものと考えている。この前社会的な道徳的能力は、もちろん社会的領域で実現され得るものである。特定の社会に行き渡っている倫理についての解釈が道徳を無関心化するものである一方で、特定の人間に対しては、自律的に道徳的責任を引き受けることが可能である。ナチ体制やナチ・ドイツの政治的エートスにかかわらず、ある個々の市民が個々のユダヤ人を助けることは可能であった。しかしながら、この前社会的な道徳性、それはすでに述べたように、社会的領域で現実となるのだが、それは特定の社会においては、通常の倫理概念を破るものとして現れる。それゆえ、道徳性は規範に対する例外である。バウマンは、この道徳的な例外を見事に概念化して見せたが、無限の、過剰な責任という形を取らない規範や倫理的

実践については多くを語っていない。

　バウマンの理論とデュルケームの理論の間には、根本的な両立不可能性があるので、二人の道徳的出会いの外部では、伝統的な社会学的倫理が効力を持っているということは主張できない。道徳性についてのバウマンの理論は、どんな人間も生まれつきの前社会的な、道徳的であるという能力が賦与されているという特定の人類学に支えられている。反対に、デュルケームの道徳理論は、生まれつきの人間は道徳的に白紙であるという前提のうえに成り立っている。この二つの人類学は明らかに相互に排他的である。一つの理論の内部で、前社会的人間が道徳的に白紙であり、かつ同時に固有の道徳的能力が賦与されているということは支持できない。道徳性というものが社会的構築物であり、かつ同時に〈二人の道徳的出会い〉という前社会的な領域にその独自の源泉があるということも支持できない。この両立不可能性を考慮すれば、バウマンは道徳性の社会学的理論を提供することに失敗していると結論づけねばならない。バウマンは前社会的な道徳性概念を定式化しているが、社会的領域における倫理実践の他の形態についての説明はしていない。しかしながら、もしそうであるなら、バウマンは道徳性についての既存の社会学理論への本当の意味での代替理論を定式化する際の途中までしか到達していないことになる。それゆえ、バウマンは彼の前社会的道徳性に固執していて、それは社会的領域で現実となることもたまにはあるかもしれないが、バウマンは本来の意味での社会学的広がり（射程）を持った道徳理論を発展させる努力をしていない。

　バウマンの道徳性理論の二番目の問題は社会学的である。なぜならバウマンによって示されているポストモダンの道徳性がポストモダンの時代における経験的証拠によって支持されていないからである（そこでは、それはそもそもポストモダンなのかどうかという正当性のある疑問が浮かぶ）。すでに述べたように、バウマンはモダニティの溶解、とりわけ、この時代を特徴づけている幻想の溶解を歓迎した。そこではポストモダニティは幻想のないモダニティと言うことができるだろう。すなわち、私たちがついに真の道徳性への看破力を得た時代として。しかしながら、偶然的で状況依存的なポスト

モダニティが〈道徳の時代〉でもあるという希望は、決して応じられなかった。従ってバウマンは、近代の倫理が弱まる傾向にあるという兆候はあるけれども、ポストモダンの道徳性が強まる傾向にあるという同様の兆候もないということを認めざるを得なかった。注目に値するに、規律を通して秩序を作るという近代のプロジェクトは、自律的な道徳実践の増加によって置き換わることはなかったが、主として自己の審美的な戦略と実践によって取って代わられた。そして、近代の法倫理と同様、この審美的な実践は道徳的無関心の含意を保持している。その意味で、ミシェル・フーコー（1984）の〈存在の美学〉という定式化が、ポストモダンの状況を捉えるにはずっと適切であるように見える。ポストモダンの世界は、決して〈道徳の時代〉になったわけではなく、何にもまして消費の世界になった。すなわち、ポストモダン社会のこの特質が私たちの社会関係を印象づけた。ポストモダンの世界において、他人との関係は主として審美的である。ポストモダン都市においては、私が責任を果たすことができる超越した顔に出会うことはないが、潜在的な快楽と欲望の対象として自らを提示する見知らぬ人と出会う。道ですれ違う見知らぬ人は、私が吟味でき、結局はそこから快楽を引き出すことが可能な身体ではあるが、確かに、私にとても負担となる責任を引き受けるように急き立てる知らない人ではない。責任ではなく無関心が、ポストモダンの都市生活を顕著に特徴づけているものである。

　それゆえ、バウマンの道徳性概念は、ポストモダン時代において至極限られた経験的広がりしかない。近代の倫理概念は、バウマンによれば、近代の社会的リアリティに極めて大きな影響を持ったが、ポストモダンの道徳性についてはそうではない。バウマンのポストモダンの道徳性が、時間が経つにつれて実質的な経験的重要さを得る歴史的傾向のなかにあるという兆候はない。私たちが現在、〈道徳の時代〉に入りつつあるという経験的証拠はない。そのようなものとして、道徳性は特定の社会の形態に必ずしも依存しない。もちろん、バウマンはポストモダニティが道徳的責任の繁茂を目の当たりにすると主張しているわけではない。しかし、もしもある社会学理論が現在の社会学的展開を捉えているのだとすれば、他の要因が等しいものとして、そ

の社会学理論は、現在の展開を捉えていない場合よりも、社会学的重要性を獲得するより大きな機会がある。私は、グローバリゼーションの時代に道徳性が消え去ったとか、あるいはこの時代に道徳的無関心化がよりはっきりさえするようになったと言っているわけではない。たとえば、グリーンピースのような国際組織、東南アジアの2004年の津波、あるいは2005年のパキスタンの地震への地球規模の反応といった、市民活動という形のグローバルな道徳性についての多くの例がある。しかし、このようなグローバルな道徳性の経験的な例示は、さしあたっては、権利と義務を伴った世界市民性をどのように構築するかという、より大きな理論に統合される必要がある。

　無論、近代の倫理に対して、ポストモダンの道徳性の重要な特徴は、まさにそれがまれにしか経験的なリアリティに具体化されないということである。近代の倫理が社会的構築物であり、そのようなものとして必然的に社会的現実の一部であったのに対して、ポストモダンの道徳性は、大方事実に反するものであり、純粋に〈すべき〉ものである。そしてこのポストモダンの道徳性は、現在において事実に反するものであるだけでなく、それが社会的事実になることの不可能性によって特徴づけられているので、将来的にも事実に反するものである。より正しくは、道徳性は、〈である〉と〈すべき〉の間の隔たりに位置づけられている。ポストモダンの道徳性は、まさに社会的現実の一部でないがゆえに、現実を診断し鼓舞するために使われる批判的な規準として考えることができる。超越した顔としての道徳性は、とてもまれな現象だけれども、それにもかかわらず、それは私たちが自分自身を現在のリアリティと比較することができる規準として機能する。バウマンが言うように、道徳性を理解するためには、私たちは経験的世界を括弧に入れなければならない。すなわち、「存在の全領域を括弧に入れること。否定せず、あるいは問題にすることはしないが、しかし、私たちが道徳性の感覚を探求する期間、一時停止にしておく」(Bauman, 1998: 16)。

　しかしながら、道徳性が実体論から離脱することで、さらに続いて〈である〉でないものに焦点を当てることで見出されるべきであるという考えは、ポストモダンの発明ではない。ユルゲン・ハーバーマスは、彼は実に近代の

213

哲学者と見なされなければならないが、道徳性の事実に反する見方に賛同するであろう。道徳性の事実に反する理解というのは、そこではポストモダンではなく、近代の発明である。社会学の枠組みのなかで、〈である〉と〈すべき〉の間の道徳的な区別というのは、ポストモダンではなく、より正確には、ポスト実証主義者の区別である。このポスト実証主義者のロジックに従えば、その道徳性と価値は必ずしも〈社会的事実〉ではない。より優れた問いは、バウマンによって提起された近さの道徳性が現代社会の倫理的問題に対処するうえで適切なものかどうかであらねばならない。前社会的な近さの道徳性は、グローバリゼーションやニューメディア、インターネットや洗練されたコミュニケーション技術によって特徴づけられるポストモダンないしはリキッド・モダンの世界に要求されるものであろうか。前社会的で前政治的、反事実的な近さの道徳性は、21世紀の社会学にとって必要なものであろうか。

ミクロな倫理論からマクロな倫理論へ？

　倫理的問題との取組みにおいて、バウマンは、社会学の分野への挑戦だけでなく、常に自分自身への挑戦も行っている。1990年代半ば以降、グローバリゼーションの主題が次第にポストモダニティの主題に取って代わりつつある。そこでの関心の焦点は、もはやモダニティからポストモダニティへの転換ではなく、モダニティからグローバリゼーションへの転換である（Bauman, 1994: 14）。しかしながら、現代という時代を考察する途上におけるこの転換は、バウマンの道徳論にとって意味を含んでいる。バウマンは次第に、グローバリゼーションから生じる問題に対処するためには、顔としてのミクロ社会的な道徳性がマクロ社会的な補完を必要としていることに気づき始めている。近代の法概念に厳しい批判を下した後、バウマンは法が必要であると認識するだけでなく、法の概念化が必要であると理解している。これは、バウマンが逆戻りし、法としての近代の倫理概念（そしてその社会学的系であるデュルケームの倫理論）の完全な再生を擁護しているという意味ではない。むしろ、自分自身の理論の限界に直面してバウマンは、社会領域が道徳中立

的な法によって規制されるべきではなく、ある意味、道徳と関連した法によって規制されるべきであるということに則る、社会学的道徳理論の定式化を始めている。それゆえ、前社会的な顔としての道徳性がミクロ社会的な〈二人の出会い〉の外部に拡張され得るのかどうかという問題が提起される。道徳性は、何らかのやり方で、より広範な社会領域上にその重要性を示すことができるのであろうか。

　論文「道徳性は家庭で始まる──あるいは正義へのいばらの道」で、バウマンは道徳性の社会的次元についての苦しい胸の内を明かしている。バウマンの用語では、道徳性の社会的次元は、〈正義〉の問題である（Bauman, 1997: 48）。1990年代の終わりに、バウマンはそれゆえ、厳密な意味（ミクロな道徳性）での道徳性の問題から離れ、それに代わって、マクロ倫理的な正義の問題に向かう。近代の倫理概念を完全に拒否することで、バウマンは自分自身をミクロ社会的な真空地帯へ追いやっていた。一方で、バウマンは前社会的な〈二人の出会い〉を描いた。そこでは道徳性が至高なものとして君臨していた。他方で、私たちは、バウマンの理論では捉えられない社会領域、道徳砂漠のような社会領域を見出している。そこではバウマンは、トーマス・ホッブスや自然権の哲学者が、前社会的な〈自然状態〉（二人の道徳的出会い）から社会領域への困難な移行を言語化しなければならなかった、17世紀に直面したのと類似した窮状に直面している。

　エマニュエル・レヴィナスに従ってバウマンは、正義の社会領域は、第三者が〈二人の道徳的出会い〉の場面に入り込み、それを打ち壊すときに現れると論じる（Levinas, 1961; Bauman, 1997）。一旦、ミクロ社会的な責任の領域からマクロ社会的な正義の領域に移ると、他者は彼の道徳的な特権を失い、他人のなかの一人の単なる〈市民〉になる。第三者が倫理的な場面に現れると、〈二人の道徳的出会い〉は崩壊し、もはや無限の責任によってではなく、法によって支配される社会領域に取って代わられる。このことは、バウマンが道徳的〈自然状態〉から離れ社会的領域に入った場合、彼は近代の法としての倫理概念を復権させるということを意味するのであろうか。そうではない。なぜなら、バウマンは近代の法としての倫理概念を、道徳的な次

元が正義と実際の法との間の相違に位置づけられている別の概念に交代させているからである。バウマンは、正義と法の間に明確な区別をし、そのとき社会領域は一つではなく二つのレベルで統制されている。なぜなら正義は、道徳と同様、実際の法を超えて位置づけられているからである。正義は実際の法を超越している。

　レヴィナスによれば、実際の法は社会史のなかで作られる。実際の法は、社会領域に行き渡っている闘争、紛争、利害関係の結果である。しかし、このことは正義には当てはまらない。正義は歴史的な不正義の産物ではない。歴史や社会領域で作られる実際の法と対照的に、正義は、外部から、扉を通って、乱闘の彼方からやってくる（Bauman, 1997: 48）。そこでは正義は、歴史や社会現象を超越しており、それは一つのユートピアであるが、それにもかかわらず、歴史と特定の社会に行き渡っている特定の正義の概念の双方を裁くことができ、実際の法に明示することができるものである。今、ここに、正義を実行するために規律訓練の技術や官僚制的慣習を用いる近代のプロジェクトに反して、バウマンは正義を未完のプロジェクトと考えている。そして正義のまさに本質が未完成なので、正義は根源的な意味で未完である。正義はシーシュポス的な企てなのである。私たちは、正義に近づくために実際の法を繰り返し脱構築しなければならない。言い換えれば、私たちは、〈である〉と〈すべき〉の間の距離を縮める努力をしなければならない。その距離は決して無くすことはできないのだけれども。

　バウマンは、正義の議論によって、ミクロな倫理論からマクロな倫理論へと踏み出したがっている。しかしながらこの議論で、バウマンは本当の問題を避けている。すなわち、顔としてのミクロな社会学が、それは疑いなしに乱闘の彼方であるが、どのように政治というマクロな社会領域に関連づけられるのかという問題である。ミカエル・ヴィード・ヤコブセンが指摘するように、ミクロな倫理論とマクロな倫理論との間の繋ぎ、および前社会的な道徳性の領域と社会的、政治的な正義の領域との間の繋ぎがバウマンの仕事には未解決の問題として残っている（Jacobsen, 2004: 197）。このことが、バウマンの道徳理論が社会学的研究の周辺に留まっている一つの理由であろう。

ユルゲン・ハーバーマスの社会学的生活世界に埋め込まれた討議倫理的な目的（テロス）としての正義の議論の方が、乱闘の彼方からやってくる神秘的な倫理論よりも、社会学的な枠組みとして、幾分より説得的であるということを認めざるを得ない（Habermas, 1981）。ユルゲン・ハーバーマス、ジョン・ロールズ、ミシェル・フーコー、ロバート・ノツィック、およびチャールズ・テイラーのような社会哲学者の仕事では、個人的な倫理の諸問題は、少なくとも直接的により大きな社会学的、政治学的理論に埋め込まれている。バウマンの正義の議論は、哲学的には重要であるかもしれないが、その社会学に対する意味づけは不明確である。バウマンの仕事全体は、哲学と社会学の間を振り子のように常に往復しているが、結局、彼は哲学者ではなく、社会学者として考えられている。そこで、この正義の哲学的な議論が、どのように社会学的に重要になるのかという問題が生じる。この抽象的な正義の議論が、どのようにして社会学的分析にとって実りのあるものになるのであろうか。

グローバリゼーションと世界主義的な法

　正義の議論は、それがますます顕著になるグローバリゼーションの問題に結びつくとき、社会学的に重要になる。バウマンを駆り立てるのは、増大する文化的同質性の問題ではなく、グローバリゼーションが世界社会を不平等な分断に導くことである。一方で、〈旅行者（ツーリスト）〉の社会層、すなわち世界を絶え間なく移動するグローバル・エリートの層、他方で、〈放浪者（バガボンド）〉の社会層、すなわち運命的に特定の場所に関連づけられたグローバリゼーションから見捨てられた層、という分断である（Bauman, 1995: 77）。そこで、バウマンのグローバリゼーションへのアプローチは、彼がグローバリゼーションを正義のレンズを通して解釈しているので、道徳的なアプローチである。この社会学的な議論において、正義はずっとより厳密な概念になっている。なぜなら、それはもはやはっきりしない実際の法の脱構築ではなく、社会的正義（公正）として古典的な正義の問題になっているからである。すなわち、地球規模における富の分配と再分配の問題である。

　グローバルな不正義の問題に直面することで、バウマンの顔と顔を突き合

わせた出会いとしての道徳性の概念は、不適切であるように思える。グローバリゼーションの時代には、親密な顔の道徳性は要求されないが、自分の視界の外部にいる誰かに対する責任の問題に対処できる、遠く離れた道徳性が求められる。グローバリゼーションの時代では、他者は顔として私と出会う人ではなく、バウマンが言うように、〈顔のない他者〉である（Bauman, 1997: 47）。道徳性の核は責任のままであるが、ここで危機にさらされるのは、このような特権的なグローバル・エリートが、なぜ貧しい放浪者に対する責任を引き受けなければならないのかという問題である。なぜなら、バウマンが以前に論じていたように、距離が作り出すのは無関心であり、責任ではないからである。この難しい疑問は、〈顔のない他者〉といった急場を凌ぐ概念によってはほとんど解消されない。バウマンは無論、この困難に気づいている。そしてこのことはバウマンを、道徳性はグローバリゼーションの時代には独り立ちできないという結論に導く。

　道徳性は、倫理論ではなく政治の補完を必要とする。それがグローバルな法という主題が、バウマンの仕事に突然現れた理由である。古い国民国家は、グローバリゼーションの時代には弱体化するので、グローバルな不正義の問題への政治的解決策は、グローバルな広がりを持たなければならない。このことが、バウマンの倫理論への考察の嚆矢となった最初の法への批判が、徐々に〈グローバルな法〉への期待に置き換わりつつある理由である（Bauman, 2001: 3）。

　バウマンの倫理論に関する考察は、イマニュエル・カントの道徳哲学および彼の普遍的法としての倫理の定式化への厳しい批判で始まる。運命の皮肉によって、バウマンの倫理論の仕事は、結局、カントの世界主義（コスモポリタニズム）にかなり近い立ち位置になっている。少なくとも、18世紀の終わりに、グローバルな法律という考え方を提示し擁護したのはカントであった。カントによれば、18世紀の挑戦は、主権国家間の関係が法によって統制されるコスモポリタンな世界秩序を作ることであった。カントの見方では、主権国家は世界主義的な法によって規制されるべき普遍的な（ユニバーサル）市民社会と共存していた。〈国家連盟〉によって施行されるこの世界主義的な法は、国民国家がそれらの権利を尊重

するかしないかにかかわらず、個々人の権利が保障されるべきものである。それは、個々の国が賛同するかしないかにかかわらず適用される、バウマンのグローバルな法とまったく同様である。同様に、カントの世界主義的な法は、最も踏みにじられた人々（バウマンの放浪者）の権利を擁護する意図を持つものであった。たとえ、18世紀が世界主義的な協調よりも国家の利害によって特徴づけられる世紀であったとしても、カントは少なくとも、国民国家は長期的には、そのような力強い公的な法に従うであろうと期待していた。

　200年後に、バウマンは同様の結論に達した。今日必要なのは、グローバルすなわち世界主義的な法律である。このグローバルな法への願いは、バウマンの仕事のなかでは、パラドキシカルな展開として現れる。近代の時代の法に伴う問題は、それらが規律や秩序の道具だったということであった。それらは、近代の立法者によって定式化され、外部から個人に強制されるという意味で、他律的であった。しかしながら、バウマンによれば、これがまさに今日求められているものである。すなわち、特定の国や企業、あるいは個人が賛同するかどうかは問題でなく、正義を作り出すことのできる強い法である。要点は、もちろん、バウマンが違う種類の法について述べていることである。近代の時期の法は、〈道徳中立的〉であり、そのような法として結局は、規律訓練やホロコーストに帰着した。反対に、グローバル化時代の世界主義的な法は、道徳性によって育まれるべきである。しかし、どのようにしてそれはなされるのであろうか。近代の法もグローバリゼーションの法も共に、強い他律性によって特徴づけられている。なぜなら、両者とも個人、国家、あるいは経済的な活動に、ある特定の作法で行うように強制しようとするからである。さらに、法を編むということは、バウマンが言う意味での自律性や無制限の責任という道徳性の全否定であるように思われる。

　このような明確化に照らして、法と道徳性の強い対立は、嘘の、あるいは少なくとも表面的な対立であるように見える。問題は、そのような法ではなく、むしろどのように善い公正な法を作るかという政治的な問題である。バウマンは、社会的な法と政治的な法との区別を明確にしなかったので、バウ

マンの最初の法概念は実に曖昧であった。〈法〉という概念は、社会的な規則や規範（デュルケームの社会学のような）と政治的な法（近代の立法者によって定義づけられるような）の両方を含むものであった。本章で議論したように、バウマンは、デュルケームの道徳概念に取って代わることのできる社会学的な道徳理論を提示することに失敗した。しかし、彼はまた、政治的理論を定式化するうえでの困難も抱えている。なぜなら、ミクロな倫理論とマクロな倫理論、道徳性と世界主義的な法との間の結びつきに不明瞭さが残っているからである。従って、バウマンがこの問題を解決するうえで困難に遭遇する一つの理由は、彼の政治理論が初歩的であるからである。ハンナ・アーレントとコーネリウス・カストリアーディスがバウマンにとっての重要な参照すべき論者であるが、彼自身の政治理論は、対話、アゴラ、パブリック・スペース、自律性など、散在するキイワードに要約できるものであり、それは小論では用いられるものの、統一した理論へとは練り上げられにくいものである。バウマンの政治理論は、アゴラ（カストリアーディスから引用した概念）を再発見するという野心によって活性化されている。アゴラは、私的な領域と公的な領域の中間、オイコス（家庭）とエクレシア（市民会議）の中間にある領域である（Bauman, 1999: 86）。カストリアーディスは、この領域を公的／私的領域と呼んでいる。公的な領域は、以前はアゴラを定義するものであったが、私たちは現在、それとは反対の方向に変化しつつあるのを目の当たりにしている。公的な領域は、多くはアゴラから撤退し、それは次第に私的領域に影響されている。

　アゴラの 私 化 というこの考え方は、公的生活の私化ということを示唆しているので、興味深い考え方である。しかしながら、私的な道徳性と半公的なアゴラ、およびグローバルな法との間のより特定化された関係は不明瞭なままである。私的な道徳性は、どのようにアゴラに刷り込まれるのであろうか。アゴラは、どのようにグローバルな法の定式化に貢献するのであろうか。そして、もしも国際経済が次第に政治的規制（そのようなものとしての富の再配分の可能性）を逃れるようになるとすれば、どのように再活性化されたアゴラが、最近の経済の治外法権に対処するのであろうか。バウマン

がグローバルな法という考え方を持ち出す場合、それは近代の法に反して道徳的な法であるわけだが、バウマンは、どのように道徳性と政治と正義の領域がお互いに関連し合っているのかということについて、より厳密な考え方を示すことができる、より洗練された政治理論を必要としている。

　この明らかなバウマンの仕事における〈立法への転向〉は、道徳性に関する以前の考察の公式な否認として理解すべきなのであろうか。その必要はなく、むしろ、バウマンの仕事の全体を特徴づけている倫理的な衝動（ドライブ）は、絶え間なく新たな答えを求めて新たな問題や疑問を導く。問うことはしばしば、答えよりもより実りの多いことである。ニコラス・ルーマンと違って、バウマンは、どんな疑問も吸収し得る巨大なシステムを発明しようとする社会学者ではない。むしろ、バウマンは、起こりつつある新しい倫理的問題に常に敏感でいる、またこの点で常に社会学に挑戦する、とてつもない能力を持っている。『政治を求めて（政治の発見）』というタイトルの彼の著書のなかで、バウマンは、カストリアーディスの「現代の主要な問題は、それ自身を問うことを止めてしまったことである」という主張を参照している。バウマンは「問いを発する術を忘れた、あるいはこの術を忘れさせるような社会は、決して直面している問題に適切な解決策を見出すことはないであろう」と付言している（Bauman, 1999: 6）。もしも、これが私たちの時代の主要な問題であるとすれば、まだ希望はある。少なくとも、バウマンが社会学の学問分野や私たちの今の時代に関する新しい倫理的問題を発する限りは。

第8章

ジグムント・バウマンの道徳的聖人
——道徳の社会学における自己の再生

ニコラス・フックウェイ

要　約

　ジグムント・バウマンの道徳の社会学は、倫理を実現させた〈社会〉のエミール・デュルケームの正統的な見方とは異なる重要な新たな方向性を示す。本論ではまず、現代における道徳の源泉、戦略、経験についての社会学的な考え方を提示することで、道徳の現在の理論化において重要な貢献として、バウマンのポストモダンの立場を擁護する。次いで本論は、〈他者のためにある〉というバウマンの社会理論を、道徳的な社会性の個別かつ具体的な側面を捉えるのに失敗し、他者への無限の責任のなかに自己を喪失しているとして批判する。道徳の社会学は、バウマンの道徳的聖人論を超えて、自己と本当の自分（真正性）や自己充足の文化を理論化する概念的余地を準備する必要があることを主張する。

キーワード

　本当の自分（真正性）、バウマン、感情、倫理、自己、社会理論、道徳の社会学

―――――――――――――――――――――――――――――――――

はじめに

　ジグムント・バウマンは、道徳の社会学へ重要な貢献をした。バウマンのポストモダンの倫理（1993、1995）は、近代における最近の変容の極めて希望に溢れた社会学的な分析を提示し、その道徳生活に対する潜在的に解放的な影響を論じた。本論は、バウマンのポストモダンの立場が、現代の道徳的

実践を分析するための一連のミクロ社会学的な洞察を提供していると論じる。しかし本論はまた、彼の他者性の倫理が、自己として自分自身を認めることを犠牲にして、他者を過度に強調しすぎている点に着目する。バウマンの倫理は〈道徳的聖人〉、つまり、常に他者のためにある道徳的人格を確定はするが、普段の道徳における自己の働きを確定するものではない。この論文では、特定の具体的な出会いのなかに、バウマンの〈無限の責任〉を根拠づけるために、どのようにサラ・アーメドの感情の関係的モデルの考え方が有効であるのかを示す。そのうえで、チャールズ・テイラー（1992）の真正性の倫理に関する哲学的な仕事が、バウマンの自己を犠牲にした他者の過度の強調を修正するべく一つの方法になるという見方を提起する。テイラーは、自己への配慮と他者への配慮という両極端の間の中間領域を理論化する余地を提供している。次いで本論は、他者に向けられるばかりでなく、自己開発や自己充足、本当の自分といった事柄の道徳的な意義を認める道徳性を論じる。それは、社会学がナルシシズムに陥る危険性を見失うことなく、自己や真正性の文化の道徳的な可能性を説明することのできる倫理学を必要としていることを示唆している。バウマン（1993）は、倫理と道徳の違い──倫理は規則に従うことを意味し、道徳は、他者への生来の衝動を意味する──に言及したが、本論ではこれらは相互互換的に用いる。

バウマンのポストモダンの倫理──他者のためにあること

　道徳社会学は、社会や規範に関するエミール・デュルケームの古典的な社会学的見解に強く根ざしている。この見解は、道徳的な生活というのは、人間が広く行き渡った社会の規範や価値に強制される場合にのみ可能であるという信念によって特徴づけられる（Bauman, 1990: 9; Hookway, 2015）。それに対して、バウマンのポストモダンの倫理は、デュルケームの道徳社会学の正統性に対する挑戦として位置づけられる。バウマンは、ポストモダンにおける道徳性の「発見されていない土台」は「人は他者と共にあることに先立って他者のためにあること」であると主張する（Bauman, 1993: 13）。

　バウマンの倫理は、極めて強くエマニュエル・レヴィナスの哲学に負って

いる。他者に対する道徳的な関わりは規範に先立つものであり、生来の道徳的衝動として考えられ形になるものである（Bauman, 1990: 14, 16）。バウマンにとっての道徳性は、〈他者との原初の出会い〉という考えに基づくものであり、ある意味で常に〈お互いのため〉にあるものとして、私たちの実存の条件のナマの事実に基づくものである（Bauman, 1998: 15）。道徳的な行動というのは、他者の現前によって行為に導かれる。そして、その他者は〈対面的〉な範囲にいて、あなたを呼び、あなたに要求し、最終的にはあなたを必要としている。バウマンが言うように、道徳性は「顔として、つまり強制力のない権威としての他者の現前によって引き金をひかれる」（Bauman, 1991: 143）。顔は、権力の立ち位置ではなく、弱さの立ち位置から命令を下し、他者に応答を強いる力の無さから命じる（Bauman, 2008: 106）。

バウマンの仕事において、顔は二つの重要な意味を持っている。第一に顔は、道徳的行為を求める実際の顔や身体を暗示している。肉体的な顔は、対面的な相互行為において責任を要求する他者の表現である（Bauman, 1990: 24）。たとえば、〈隣人〉は物理的に近接し、地理的に制約された関係のなかで道徳的責任を引き出す顔を纏っている。〈近隣〉という囲われた道徳的世界の外部には、無関心や恐怖が渦巻く〈顔のない身体〉の野蛮がある（Bauman, 1990: 24）。同様に、〈物理的には近いが道徳的には遠い〉、近代の〈見知らぬ人〉は、顔のないままであり、それゆえ配慮の領域外に留まっている（Bauman, 1990: 25）。バウマンの仕事における中心的な関心は、他者が近代の社会形態によって、いかに顔のないものになってきたかということである。特に、バウマンは道具的合理性や官僚制的社会組織および技術という近代の技法が、いかに〈顔を消去〉し、責任の起源としての他者を除外してきたのかを描き出している（Bauman, 1990: 26, 31）。

第二に、バウマンは顔を、他者が要求する責任の不平等性、非対称性を表すための比喩として用いる（Bauman, 1993: 48, 74）。他者に向けられた責任は、顔が私たちに下す要求の語られなさ、つまり無条件で、制限のない、非相互的な命令によって作動するとバウマンは説明している。責任は、他者の性質や報いや便益の見込みとは関係なく果たされる（Bauman, 1990: 13）。道徳性

は、私は十分になし得ていない、私は〈普通人〉のしきたりに見合っているか自信がないと唱えることで始まる。つまり、私は自分の意識を覚醒し、「無言の要求を聞き、責任を自分のものにする」と唱えることで始まる（Bauman, 1998: 17）。他者への責任は、誰も責任がどこから始まり、どこで終わるのかが分からないので、基本的に不確かなものであり、不安を呼び起こすものである（Bauman, 1998: 17）。それは元来、曖昧で、特定化されず、無限で終わりのないものである。

　「倫理は存在論に先立つ」というレヴィナスの言葉は、「人間の他者への倫理的関係は、究極的には彼の自分自身への存在論的関係に先行する」ということを意味する（Levinas and Kearney, 1986: 21）。道徳的自己は、他者に対する責任というまさにその関係において構成される。自己が道徳の担い手として構成されるのは、非相互的、無条件、無制限の責任によってなのである。私の存在は、私が他者のためにあることで実存になる（Bauman, 2008: 122）。他者への道徳的な義務が、実存や自己といういかなる存在論的概念にも先行し、超越している（Bauman, 1993: 74）。

　バウマンの（ポストモダンの）倫理は、それゆえ、非対称の〈私―汝〉の関係の構図の内で、道徳的感覚と感情を解き放ち、育むことに集中する（Bauman, 1993: 110）。感じやすい道徳的自己（私）と他者（汝）の〈顔〉に伴う利己的でない責任は、命じられた理性の道徳的無関心、および過度に合理化され官僚制化した近代と基本的には両立しない。バウマン（Bauman, 1990: 26, 31）は、近代の官僚制的組織が、どのように水平的および垂直的な連鎖を通して、道徳的な責任を〈浮遊〉させるのかを素描した。

　バウマンのポストモダンの希望は、道徳的衝動を規制し抑圧してしまう近代の倫理的実践から、情緒や感情的性質が解き放たれるその可能性にある（Bauman and Tester, 2001: 45）。バウマン（Bauman, 1993: 67）は、至上命令という合理的で規則に拘束されたものを当てにするために、感情や感性は無意味なものとされているとするカントの企てを批判的に取り上げた。というのは、カントの道徳性は、理性に基づいた規則に従うことによってのみ動機づけられるのであり、感情は、道徳的行為の源泉として受け入れられるという

よりも、無視されるべきものであった（Bauman, 1993: 67-9）。バウマンは、ポストモダン性は道徳的に自律した主体を回復し、道徳的活力の在り処として感情や感性を再び導入し得る可能性を論じた。バウマンが見るように、ポストモダンの挑戦は、感じやすい道徳的自己が、近代的道徳という絶対的な倫理的規則、そういうもののない生活の絶え間ない偶然性を扱い得るかどうかにかかっている（Bauman, 1991: 48）。

　バウマンのポストモダンの倫理は、社会学の〈衰退する〉分野を超えて、現代の道徳的実践への理論的に豊富で、経験的に建設的な説明を提供する。彼のポストモダンの仕事は、伝統的なデュルケーム派の立場とは異なる重要な新しい方向性を示し、ナルシシズムや共同体の崩壊といった考え方とは異なる方向で社会学的な理論化を押し進めている。しかし、バウマンのポストモダンの倫理には、主に哲学的にレヴィナスに負っていることが影響している際立った問題がある。以下では、社会学の衰退する分野とは異なる方向に展開する、現代の道徳的関わりの社会的な仕組みの輪部を提供するバウマンの倫理（道徳）論の強みを素描する。そして最後に、本当の自己や自己への配慮、自己充足といった自己を基盤とした道徳形態の道徳の可能性を把握する概念としては疑問視されるであろう、バウマンの他者のためにあるという考え方に批判を加える。

擁護──衰退する分野の社会学を超えて

　バウマンのポストモダンの倫理は、衰退しているという診断を超えて、現代の道徳的行為の動態を理論化するための重要な社会学的視点を提示する。道徳的衰退という物語は、現在の一般のないし知的な西洋人の議論に影響を与えているだけでなく、道徳的危機あるいは喪失という社会学的な伝統においても深く浸透している。道徳衰退の社会学の二つの支配的な領域は、〈文化的悲観主義〉と〈共同体主義〉として認識可能である（Hookway, 2013）。文化的悲観主義者は、宗教や権威の伝統的な形態の衰退につれて、西洋人は快楽主義や消費、自己の向上といった〈治療的〉文化に同化して、ナルシスト的かつ他者への配慮に欠けるようになったと主張する（Bell, 1976; Lash,

1979; Reiff, 1987［1966］)。一方、共同体主義者は、共同的生活の崩壊やそれに伴う個人主義が、共通の道徳的文化や他者への責任という共有された感覚を掘り崩したと主張する (Bellah et al., 1996; Etzioni, 1994; MacIntyre, 1985)。文化的悲観主義者や共同体主義者の道徳的衰退の捉え方では、道徳性の構築は上からのものになりがちである。これらの見方は、道徳的な行動は、非道徳な自己を規制し閉じ込める、伝統や宗教あるいは共同体のような権威的な社会の構造によってのみ確保されるという仮説を共有している。

　バウマンのポストモダンの立場の主要な強みは、彼が道徳性の源泉として共同体や宗教を疑問視していることにある (Bauman, 1989: 174)。バウマンは、共同体主義者や文化的悲観主義者が、共同体や組織的な宗教へ極端に楽観的な見方をしていると強く言う。共同体や団体、宗教のような社会的仕組みによる道徳性の実施は、道徳的衝動を抑圧し、他者への非寛容や恐れを促進する。社会的に織り込まれたデュルケームの道徳モデルの失敗は、バウマンによって、『近代とホロコースト』(1989) のなかで精力的に議論された。このなかでバウマンは、ホロコーストは、規則に従うことが人間の行為を最も道徳的に堕落させることになった、規範としての道徳の荒廃の結果であったと論じた。

　バウマンは、共同体主義者の議論をとりわけ強く批判する。社会的な役割、共同体、部族、国家、そういったものの外部では何が起こるのか、共同体主義者への彼の疑問はこれである。さらに、もしも価値が共同体の目標に照らして定義されるならば、同じ立場を共有していない個々人や集団には何が起こるのであろうか。バウマンの答えはこうである。そのような個々人や集団は、見知らぬものと刻印され、共同体を統一している共有された価値や信念を脅かす危険なものと見なされる。あるいはまた、部外者として、〈自分たち〉には無関心以外の何物でもない (Tester, 1997)。道徳的な不確実性に直面して、共通の道徳的な基盤を無理やり求めることは、自由や曖昧さから人々を解き放つ原理主義者の立場を助長することができるが、差異や曖昧さへの扱いづらい非寛容な態度も助長することになるとバウマンは忠告する。ポストモダン性の希望は、曖昧な他者性が、近代性を求める秩序の老廃物と見なさ

れるよりも、多様性や寛容の価値へのより広範な関わりの一端として受け入れられることである（Bauman, 1991: 234-5; Bygnes, 2013: 138）。

　バウマンは、現在の道徳的な経験を把握するための前向きな理論を提供する。彼の仕事は、過去へのノスタルジックな回帰をすることなしに、現在の道徳的な挑戦に取り組んでいる（Bauman and Tester, 2001: 36）。バウマンの道徳理論は、前社会的な道徳的衝動に焦点を当てているために、適切な道徳の社会学的理論ではないと批判された（Junge, 2001）。しかしながらこの批判は、現在の道徳的実践の中心的な特徴への彼の重要な社会学的考察を無視している。〈非社会学的〉という批判は、生来の道徳力というバウマンの理論を過度に強調し、彼の〈ポストモダン〉の道徳性の社会的次元の特徴づけを見過ごしている。バウマンは、道徳的実践の社会的な側面を捉えることに失敗していると批判されているが、この指摘は、彼の理論が現在の道徳的なリアリティを捉えるべく提示する、ミクロな社会学的考察を無視している。以下では、バウマンの理論が概念化に役立つ現代の道徳的経験の三つの領域を概観する。それは、道徳的行動の源泉、道徳的意思決定のための戦略、および道徳的生活の経験の三つである。

　第一に、近代の〈法としての倫理〉からポストモダンの自己の権威への移行を詳述して、バウマンは、道徳性の現代的形態あるいはその源泉の分析を提示する。バウマンにとって、近代の立法化された〈倫理〉のポストモダン的破壊は、現代の行為者が倫理的な規則に従うものというよりも、自らの〈道徳的〉自律性に直面せざるを得ないことを意味している。存在論的に、そこでは自己は生来、利己的で感情的と見なされるデュルケームの人間の二重性に負う代わりに、バウマン（Bauman, 1993: 49）は、道徳的に能力のあるものとして、社会学のなかに道徳的自己を復権させる。他者への無限の責任という彼の考え方によって疑わしくはなるのだが、バウマンの理論体系は、道徳性が〈主要な自己のリアリティ〉になる余地を示している（Bauman, 1993: 13）。

　第二に、バウマンは、道徳的行為の主要な戦略として感情や感覚に注目する（Bauman, 1993: 67; 1995: 62）。外部の合理的な規則や規範へ従うことを基礎とする道徳性というよりも、感情が、〈顔〉の権威によって促進される道

徳的行為の主要な導き手と見なされる。道徳性は、社会、伝統や共同体ある
いは普遍的法の合理的な働きによって叩き込まれた社会的構築物ではなく、
他者によって命令される道徳的感情の問題である（Bauman, 1995: 62）。バウ
マンは、道徳的行為を解釈するうえで、その中心に愛情から導かれる行為を
据える社会学を提示する（Bauman, 1993: 67）。

　最後に、バウマンは、現代の道徳的意思決定の経験的な次元を把握するの
に示唆的である。倫理的な規則に従う者から自律的な道徳の創造者に転換す
る際に、近代の諸個人は避けることのできない不安定性という犠牲を払う
（Bauman, 1993: 248）。ポストモダンの西洋において、道徳的自律性の回復を
諸個人が主張するとき、絶対的権威や道徳的普遍性という気楽さなしに道徳
的生活を創り上げるので、諸個人は不確実性や不安という経験と取り組まね
ばならない（Bauman, 1993: 37; 1995: 73）。現代社会論（Beck, 1992; Giddens,
1991: 65）は、後期近代における主要な経験的範疇として、〈リスク〉や〈存
在論的不安〉を指摘するが、バウマンが優れているのは、現代的行為者の日
常生活において、これらの範疇が主に道徳的関心としてどのように働いてい
るのかを示しているところである。

　さて、バウマンへの〈批判〉に移ろう。以下では、バウマンの他者のため
にあるという概念は、遠く隔たった、届かぬところにいる他者を強調しすぎ
ており、その結果最終的に、実質的で意味のある倫理を構成する自己の向上
や自己充足という、DIY 道徳文化を否定しているのではないかと論じる。

他者を特定化すること

　他者の道徳的要求への根源的な敏感さというバウマンの理論は、多くのレ
ベルで批判され得る、実践の典型的な範例を提供する。これらの批判は、バ
ウマンの道徳理論に取り入れられたレヴィナスの哲学から主に生じる。バウ
マンにまず問われるべきことは、他者という関係的範疇のなかに誰が含まれ
るのかということである。他者とは、男なのか女なのか、神、近隣、同僚、
道で会う見知らぬ人、姉妹、連れ合い、はたまた犬なのか。これらがすべて
他者であるのなら、ある種の他者は、人間であれ非人間であれ、他の他者よ

りも一層他者ではないのではないか。「他者とは誰か」という質問を発することは、レヴィナスの説明にアイデンティティの政治を誤って付け加えるという理解が可能かもしれないが、単純に〈私ではないもの〉、つまりアイデンティティを欠いたものとして他者を考えることは、階級や性、人種などとして社会学的に他者を位置づける有効性を無化してしまう。

　ここでサラ・アーメドの仕事が示唆的である。著書『見知らぬ出会い――ポスト・コロニアルにおける具体化された他者』（Ahmed, 2000）のなかで彼女は、レヴィナスにおいては、〈他者〉の姿が普遍化されていると言う。アーメドは、レヴィナス型の倫理には、固有の〈見知らぬ者崇拝〉があると非難する（Ahmed, 2000: 5）。他者は、他者が出会われる特定の具体化された方法が否定されている単数形で提示されている（Ahmed, 2000: 143）。アーメドは、その批判をレヴィナスに向けているが、それはバウマンの倫理にも同じように当てはまる。バウマンの倫理的な他者は、他者性において一様であり、それは、人種であったりジェンダーであったりという特定の〈顔〉は、他の視覚的、身体的な同一性や差異といった仕組みと並んで隠蔽されている（Ahmed, 2000: 143）。

　アーメドは、他者とはすでに顔見知りであり、知っている人として認識されている誰かであると言う。様々に異なる他者は、〈私たちとは違う〉もの、不慣れなものとして身体のレベルで解読されている。ここでの彼女の要点は、ある種の他者は他の他者よりも一層他者であるということであって、私たちはすでにこのように他者を認識しているということである。アーメドは、他者性の特殊性、および限定されていて身体的な状況内でこれがどのように生まれるのかに着目することで、一般的他者としての他者に焦点を当てるレヴィナスに対抗したいと考えている。彼女は、他者の倫理的な呼びかけに応じるのは、普遍的なものというよりは、むしろ特定なものの範囲内であると主張する（Ahmed, 2000: 147）。アーメドは、私たちが他者に出会う特定の仕方を取り上げることで、バウマンの倫理論を拡張するのに貢献している。私たちが様々な他者と出会う、あるいは〈面と向かう〉具体的で特定の様式を描写することによって、アーメドは、バウマンには欠落していた〈呼

びかけの特殊性〉を認識している。

感情的で身体化された他者

アーメド（Ahmed, 2000）は、また、感情や感覚、身体との関わりで、道徳性の問題を考えることの助けになる。彼女は、感情がポストモダンの主体にとって、中心的な道徳の手引きになるというバウマンの示唆に基づいて論じている。アーメドは、身体的、感情的な出会いのなかで、他者がどのように作用するかに注意を向ける。バウマンは道徳的感覚や感性を、近代主義の倫理的規則や規制に現代的に代わるものとして考えているが、アーメドは、具体的な身体化された出会いのなかで、感情がいかに作用し、どのように絡み合っているのかを操作化する。アーメドは、またフェミニストの理論はより一般的に、バウマンの他者の倫理に身体や感情を取り込む必要性に焦点を当てる。フェミニストの仕事は、道徳的知識や実践が、私たちが道徳的生活を生きるとき、汗をかかせたり泣かせたり震えさせたりする感情や身体的経験とどのように結びついているのかを強調する（Ahmed, 2004a: 171）。

アーメドは、感情を理論化するための優れたモデルを開発している。彼女は、内から外へ移行する（心理学的）、あるいは外から内部に移行する（社会学的）ものとして感情を概念化する感情のモデルを批判する（Ahmed, 2004b）。それに代わってアーメドは、関係性としての感情に焦点を当てる、感情の〈インサイド・アウト〉モデルを構築する（Ahmed, 2004b: 9）。彼女は感情を、ある身体や対象へ近づいたり遠ざかったりするという意味で、関係的なものと理解している（Ahmed, 2004a: 8）。感情は、単に心理学的な性向であるだけではなく、むしろ遂行的なもの、つまり「感情はものごとを行っている」ものである（Ahmed, 2004b: 26-32）。感情は、身体の表層に書き込まれたり演じられたりして、私たちと彼らとの間の境界設定の手段として働く。つまり「見知らぬ出会いは、身体の表層で奏でられ、それはまた感情を伴って奏でられる」（Ahmed, 2004a: 39）。言い換えれば、感情は、個々のあるいは集合的な身体に表層や境界を与えるべく循環し、移動する。

感情は、身体間を循環し、かつまた特定の対象や身体に執着し粘着性を帯

びる（Ahmed, 2004a: 11）。たとえば、嫌悪や苦痛は、接触や出会いというこれまでの経緯によって刻印された、ある一定の身体に〈固着〉ないしは付着する。誰かを見たり触ったりするとき、これまでの接触を考えたり、感じたりするとアーメドは言う。つまり、私たちは接触や感じ方のこれまでの経緯を〈思い起こす〉。肌がどのように違っているか、またいかに肌がそれ自身の接触の記憶を肉体化するか、言い換えれば、異なる他者によってどのように違って触れられたかを認識する、接触の倫理についてアーメドは書いている（Ahmed, 2000: 155）。

　アーメドにとって、他者はお返しなしに終わりなく、私が与えるだけの誰かではなく、むしろ特定で限定的な身体的、感情的状況において、私が面と向かう誰かなのである。責任があるというのは、身体化された関係を通して、あるいはそのなかで生じる感情的応答、受容性、話すことやコミュニケーションのシステムを意味している（Ahmed, 2000: 147）。他者とは、遠く離れて抽象的で、常に手の届かない不安の原因の誰かではなく、感情的な取り交わしや関係に根ざした誰かである。ここにおいてアーメドは、バウマンのポストモダンの倫理を、抽象化された他者を超えて、身体的で感情的な他者への理解に拡張するのに貢献する。アーメドの感情のモデルは、私たちの自己という感覚が、どのように特別で特定の他者との関係的、感情的絡み合いによって形作られるのかを浮き彫りにしている。

トラウマになる他者

　バウマンのポストモダンの倫理は、レヴィナスの他者の道徳的要求に関する過度の強調を受け継いでいる。レヴィナスは、〈存在〉のための〈他者性〉を否定する哲学的な伝統に抗うことに集中しすぎていると批判された。彼は、他者の極端な先行のために、優先性において自己を否定しているように見え、そのため自己として自分自身を確立する必要性を軽んじている（Kemp, 1997: 2；Caputo, 1993: 124）。バウマンの道徳論は、レヴィナスの他者への〈人質〉において構成される倫理的自己の概念を採用することで、同じ過ちに陥っている。

　マイケル・ハールとマリン・ギリスは、レヴィナスが他者に与える優越性
は、主体や自己が、他者によって満たされ圧倒されて、その意味を見失うこ
とを意味していると言う（Haar and Gillis, 1997）。自己は、他者の根源的な他
者性の結果としてのみ、命じられ行動に導かれる。自己には、それ自身のア
イデンティティや地位がないことになる（Levinas, 1989: 81, cited in Gardiner
1996: 132）。レヴィナスにとって、私たちが自己中心的な存在の寂しさから
逃れるのは、他者への服従によってのみなのである。バウマンは、「私は、
他者のためにあるのである」と主張することで、同じ過ちを犯している
（Bauman, 2008: 122）。レヴィナスと同様、自己は他者との関係であとでのみ
存在し、自己愛や自己利益、自己を富ませることへの余地がない（Caputo,
1993: 124）。

　自己は、他者によって攻め立てられるが、他者の要求を把握するわけでは
ない（Haar and Gillis, 1997: 101）。他者は自己の本当の意味であるが、同時に
彼や彼女が誰であるかについては何も言わない（Haar and Gillis, 1997: 96）。
このことによって、ハールとギリスは、レヴィナスは自己の概念のための余
地を与えないだけでなく、トラウマを与える力として他者を陰鬱に考えてい
ると論じる。他者は、応答する以外に選択の余地のない義務として考えられ
ている（Haar and Gillis, 1997: 99）。他者は、どんな理由も自己満足として無
意味にしてしまい負担となる（Haar and Gillis, 1997: 104）。私の唯一の重要さ
は、他者への私の責任である。それが、私が持つ、あるいは持つと考えるこ
とができる唯一の重要さなのである（Bauman, 1992: 202）。

　他者によって悩まされるが、それと同時に我慢して他者に応じる理由がな
いので、自己はよって立つ所がなく、疎外されている。レヴィナスの倫理に
おいて「文字通り耐えることのできない他者の過剰」に対して、他者の途方
もない大きさと自己の私生活とが均衡する場所を見つけて、自己は回復され
る必要があるとハールは結論づける。そのような均衡なしには、他者のため
にあるというのは、自己が他者によって無にされるような、トラウマを付与
する関係になる可能性がある。バウマンの他者のためにあるというのは、無
限の責任の過剰な要求を理解するうえでは適切な考え方かもしれないが、日

常の道徳的行動を理論化するための仕組みとしては問題がある。要するにバウマンは、〈例外的な道徳〉、あるいは哲学者、スーザン・ウルフ（［1982］2007）が〈道徳的聖人〉と呼ぶものを理論化している。道徳的聖人は、道徳生活の〈すべき〉というユートピア的な陳述を捉えている。しかしながら、それは、互酬性や公平さ、道徳的な交換や評価といった考え方に含まれる、無条件で無限の責任に当てはまらない、倫理的理解や実践の日常的な道徳の形を捉えるのには失敗している。レヴィナスの責任概念の無限的性質は、人々は道徳的には常に達成されないことを意味している。しかし、レヴィナスとバウマンは、この欠陥のあり様や性質、つまり、私たちが混乱した道徳世界を理解し、航海するのに用いる様々な道徳的仕組みや理想を理解するのには役に立たない。

　バウマンの道徳の聖人的概念は、他者への責任が他者のために死ぬ用意があるかどうかを論じる彼の議論に、おそらく最も明確に示されている（Bauman, 1992）。『道徳性、不朽性およびその他の生の戦略』（1992）のあとがきで、バウマンは、他者のために自己を犠牲にする用意が、私の個性や独自性を形作ると論じた。他者のために死ねる可能性が、私の生に意味や重要さを付与するものである（Bauman, 1992: 202）。しかし、バウマンは、道徳的な人と英雄とを区別する。道徳的な人は死ぬ用意があるが、英雄は価値や原則を守るために死を望む。デュルケームの愛他主義的自殺を引いて、英雄は理念や生活様式を進歩させるために死ぬとバウマンは言う。対照的に、道徳的な人にとって死は、勧誘されるものではなく、生に配慮することの避けることができない犠牲なのである（Bauman, 1992: 208）。人々にこのような準備に基づく行動を呼びかけるのは、まさに残酷で非人間的な世界なのである。

　バウマンの英雄批判は、彼がデュルケームの規範的倫理を裏書きしないことに役立つが、彼の立場は、犠牲の聖人性が自己としての私の重要さを形作る、極端な負担の対象として他者を強調している。それはまた、他者とは誰なのかを特定化し具体化するさらなる必要性を明白に示している。親は子供のためには喜んで死ぬかもしれないが、私たちは、友人や同僚、近隣のために死ぬ用意をすべきであろうか。確かにこれは、日常の道徳の担い手という

よりも、聖人の領域である。本論の最後は、バウマンの自己を犠牲にした他者の過度の強調は、テイラーの真正性の倫理を取り込むことで克服できることを論じる。

自己への回帰──チャールズ・テイラーの真正性の倫理

　バウマンは、彼の著書『生活の術』（Bauman, 2008）のなかで、道徳性や幸福の文脈で、自己構築の問題を扱っている。幸福を追い求める際にリキッドな近代の主体は、究極的に道徳的選択、つまり自己のためにあるか、他者のためにあるかの選択に直面するとバウマンは言う（Bauman, 2008: 114）。バウマンは、この二つの異なるアプローチを具体的に示すために、ニーチェとレヴィナスの哲学を用いる。ニーチェの超人は、自己への関心や自我を高めることに焦点を当てた生活哲学を具体的に示し、一方レヴィナスは、自己や安寧の基盤として、他者のために生きることを具体的に示している。リキッドな近代の条件は、自己へ向けて関心を集中させることになるが、現代の行為者は、幸福や安寧の源泉として、自己への関心にも増して、愛や友愛を選択する希望があるとバウマンは言う（Bauman, 2008: 122）。

　ニーチェとバウマンのこの区別は、バウマンの道徳に関する仕事に伴う問題を典型的に示している。倫理は、自己を回復することが必要とされるが、配慮や責任の源泉として他者と関わってもいる。ニーチェのすべてを征服する、強力な自己とレヴィナス／バウマンの道徳的聖人は、道徳的応答の両極端を表している。私たちは、ナルシスティックに後期近代の〈自己礼賛〉を肯定する自己順応型の倫理と、自己への配慮がほとんどない他者のためにあるという倫理との間の中間領域を必要としている。

　チャールズ・テイラーの哲学は、レヴィナス／バウマン型の倫理、あるいはニーチェ型の倫理のどちらか一方に偏らない、自己と他者を共に扱うことができる理論化への余地を提供するのに役立つ。テイラーは、〈真正性〉（本当の自分）という倫理的理想に根ざす自己責任化の形を強調する。彼のアプローチは、道徳的自己の中心性を認めるとともに、ある意味、常に他者のためにあるバウマンの道徳的聖人には欠落している、日常の道徳的実践を理解

するための枠組みを提供する。

　テイラーの『真正性の倫理』は、自己創造的な道徳性の重要さを強調するが、同時にまた純粋に自己志向的な道徳性には批判的な仕事である。テイラーは、対話や認識、〈意味の地平〉の関係性のなかに自己を位置づける（Taylor, 1992: 66）。バウマンの他者のためにあるは、純粋に他者志向的な道徳的自己を裏書きしているが、テイラーは、〈自分自身に真実である〉という道徳的原則に基づいた真正性という道徳的理想に一定の節度があると言う。彼の真正性の文化は、道徳性の関係的な次元を認めるが、バウマンの無限の責任とは異なり、道徳的自己を育むための余地を与える道徳的理想を言い表している（Habibis, et al., 2016）。

　真正性の理想は、現代の西洋文化において、中心的な役割を果たすようになったとテイラーは言う（Taylor, 1992: 81）。私たちの多くが、関係性や職業についての生活上の選択をするとき、自己充足や自己開発といった考え方を重視しているとテイラーは論じる（Taylor, 1992: 75）。控えめに言っても、真正性はより充実した実存を可能にする現代の理想として機能することができるとテイラーは主張する（Taylor, 1992: 74）。その弱点のために、その理想を直ちに捨ててしまうよりも、テイラーは彼の職務として、その理想の水準を引き上げようとする。より高度の形態において真正性は、他者への責任という関係性の範囲内で、自分自身に真実であろうとする生活の自己責任の形をとることを人々に求める。これを達成するうえで重要なのは、その本質的な緊張を認める真正性の緩やかな解釈である（Taylor, 1992: 71）。これは、創造的で、独創的な、同調主義的でない真正性の次元、つまり芸術家的な側面と、外部の重要なもの、自己を超えた準拠点、他者との関係とを均衡させる再構築された理想である。

　テイラーは、真正性というのは自由な概念であることは避けられないと認める。しかしながら、彼は、彼が〈意味の地平〉と呼ぶものを無視する足かせのない自己決定的な自由には警告を発する。私たちが意味あるやり方で自分自身を知るようになったり理解したりする、歴史や自然、慈善や市民性、さらに神といった〈意味の地平〉を経由してのみ自由はあるのだと彼は言う

（Taylor, 1992: 45-8, 68）。テイラーは、生活の様式としての真正性は、もしそれが自己決定的な自由の考え方として単純に捉えられるのであれば、意味の喪失の恐れがあると忠告する（Taylor, 1992: 68）。詩人や音楽家、芸術家がそうであるように、道徳的創造は、個人的で極めて主観的であるが、それはなお自己を超えたある種の秩序に関係している。個人的な感受性は、自己選択や感覚とは無関係な世界の形成に意味を見出す（Taylor, 1992: 89）。

　テイラーが真正性の理想のポストモダン的な裏書きを、異なる生活形態や様式を評価するための規範的な規準を提供しないと批判するのは、意味のより広範な系への繋がりという根拠に基づくものである。そのような考え方は、選択する自己の達成として単にその理想を形作ることで、真正性の文化的な理想を貶めているとテイラーは論じる。そのような見方は、真正性の自己の芸術的な次元を一方的に礼賛し、自己の外部にある意味の拠点を無視している。テイラーにとって、〈自己への配慮〉に排他的に関心を集中させるのは、意味の地平やより広範な意味を無視する、真正性の貧困化した形態である。

　テイラーの価値は、実際、バウマンの無限の責任という概念から逃れて、自己充足という自己や実践を取り戻すのに貢献することである。彼の真正性の倫理は、バウマンが、ニーチェの自分が主人である超人の問題点と考える、〈自己のためにある〉ことへの極端な強調を和らげる。テイラーは、レヴィナスの言う他者の根源的な他者性とニーチェの自己責任の主体との間の〈中間領域〉を提示している。真正性は、他者のなかに自己を見失うことも、自己に対して他者を無視することもない、自己に基づいた行為の戦略を考慮に入れる道徳的仕組みとして展開される。テイラーは、道徳性を足かせのない自己決定的な自由に矮小化することなしに、自己開発という文化的価値の現代的意味を説明する倫理モデルを提示している。

結　　論

　本論は、バウマンの倫理体系における自己の喪失をめぐる批判を展開する前に、バウマンのポストモダンの倫理の擁護から始めた。バウマンの道徳社

会学を弁護するにあたって、二つの重要な論点が示された。第一に、バウマンは、文化的悲観主義者と共同体主義者の衰退仮説を超えて、道徳性の社会学を発展させるのに貢献する。第二に、バウマンは道徳の現在に、それに固有の概念で立ち向かう。バウマンは、現代の道徳性の源泉、戦略および経験を理論化するための重要な社会学的考察を提示する。このことは、秩序立って、確実な、外的な規則に従う近代から、無秩序で、不確実で、自己に基礎を置いたポストモダニティへの転換という、彼のより大きな議論に基づいている。

　バウマンの道徳性についての社会学的概念は、経験的な問いに対する一連の実りのある議論の領域を提供する。第一に、自己は、後期近代の状況で、道徳を導く重要な源泉であるのか？　もしそうなら、このことは、どのように理解され経験されるのか？　このことは、自己の真正性、自己の向上、自己の発見という現在の文化的価値とどのように関連づけられるのか？　あるいはまた、バウマンに反して、異なるタイプの〈規則への従順さ〉が、今の時代においてもなお、重要な役割を果たすのか？　おそらく、道徳的に曖昧な条件下では、厳格な道徳的規則が魅力のあるものになるのではないか？

　第二に、バウマンが言うように、道徳的な意思決定に対して、感情や感覚が重要な戦略として働くのかどうか？　少なくとも逸話的には、〈勇気をもって進む〉や〈正しいと思ったことをやる〉という考えは、現代生活において、文化的に有力で流布している。第三に、不確実性や不安といったものが、社会的行為者にとって道徳的な意思決定の支配的な経験なのであろうか？　現代の時間に追われる生活において私たちは、前もって決められた道徳的な仕組みや〈行為の文法〉に従う行動をせずに、道徳性を気にかける余裕があるのであろうか（Wood and Skeggs, 2004）。このような一連の経験的な問いは、現代の道徳性の特徴や形態を研究するうえで、バウマンの倫理が実践的、社会学的に価値があることを浮き彫りにする。

　続いて本論は、レヴィナスの道徳哲学を継承した、バウマンの他者のためにあるという考え方に批判を加えた。アーメドの〈見知らぬ者崇拝〉（Ahmed, 2000: 143）という概念を用いて、バウマンは、他者を普遍的で抽象化された

ものとして構成していると指摘する。バウマンの倫理的他者は、その他者性において単数であり、人種やジェンダーといった特定の〈顔〉は隠蔽されている（Ahmed, 2000: 143）。バウマンは他者を、特定の見知らぬ者と出会う特定の様式を無視した、同質的なものとして考えている。アーメドの感情の関係的理論は、また、バウマンの理論において、どのように感情や具体化の動態が展開され得るかを示すためにも有用であった。バウマンは、感情をポストモダンの道徳性に対して中心的な要素として扱うが、アーメドは、特定の自己、身体および他者を形作るのに、感情がいかに作用するのかを明らかにしている。

　最後に、私は、バウマンの道徳的聖人の概念、つまり人は限りなく他者に与え続けるという考え方は、結局、道徳的自己がどのようにして自己としての自分自身を達成するのかについての適切な理論を発展させられないことを意味すると指摘した。バウマンは、道徳性の現代的源泉として自己に再び光を当てるが、他者の根源的な他者性のなかに、自己を曖昧化してしまう。テイラーの真正性の倫理を引いて、私は、自己への配慮と他者への配慮というバウマンの二者択一的な理解を乗り越える必要性を主張する。テイラーは、レヴィナスの自己を喪失する無条件の責任とニーチェの自己が支配し、他者を顧みない自己という二つの極端な考え方の中間に道徳的な立ち位置を構想している。

　人々に本当の自分を見つけるように促す変身テレビ番組の人気のお陰で、自助についての読み物の隆盛が見られるが、私たちは自己についての新たな語法、道徳性、および個人的な責任を包含する微妙に異なった概念を必要としている。私たちは、聖人性の道徳的義務を乗り越えて、自己や自己開発の価値を現代的道徳の仕組みとして、真剣に捉える概念的道具を必要としている。テイラーの真正性は、影響力のある日常の道徳的な枠組みとして、自己充足や真の自分自身といった考え方を考慮する、そのような概念の一つである。このような文化的動向を評価するにおいて、私たちは、ナルシシズムに陥る危険性に配慮するとともに、自己の向上や自己充足といった文化の道徳的な可能性を積極的に検討していかなければならない。

第9章

ジグムント・バウマンの倫理著作における声と
一般化された他者

ショーン・ベスト

はじめに

　ジグムント・バウマンによれば、大抵の社会学的な語りは、文化的な帰属や文化的排除のメカニズムの問題に関連して、道徳や倫理的な問題を無視する傾向にある。対照的にバウマンの仕事においては、倫理や道徳の問題が繰り返し関心の的になっており、彼のホロコーストの解釈から、近代のソリッドからリキッドへの転換、消費、他者とアンビヴァレンスについての最近の関心まで、彼の著作のあらゆるところで倫理や道徳への関心が見出される。ミカエル・ヴィード・ヤコブセンとキース・テスターとの対話で、バウマンは、イマニュエル・カントによって認識されたような「わが内なる道徳律」が「私にとって、人間の条件の他のすべての不思議さがその周りを回転する軸であった」と説明している（Bauman, et al., 2014: 68）。バウマンの倫理的な関心は、倫理を構成するものが何であれ、自分自身や自分の欲望、自己の利益を超えるものでなければならないので他者指向である。バウマンの倫理的立場は、最初に『ポストモダンの倫理』（1993）と『断片のなかの生』（1995）に最も明確にアウトラインが示された。そのなかで、彼は、脱倫理的、脱立法的なポストモダン、換言すればリキッド・モダンの条件であるようなもののなかに、現在的な道徳性の在り処を見出した。本論は、バウマンが〈わが内なる道徳律〉をどう認識し、それが他者との関係性をどのように形作るのかを探る。バウマンは、道徳性の〈原初の場面〉は〈対面的〉な範域であり、

他者と共にあることと他者のためにあることが、現代の倫理の基礎を形成すべきであるというエマニュエル・レヴィナスの見解をずっと参照している。本論は、バウマンの考えを支えるイマニュエル・カントの受容について検討を加える。そのことは、バウマンの著作のなかにおけるレヴィナスの誤解につながる、バウマンの基本である人類学的な文化概念に最も端的に現れている。バウマンにとって、人々に共同体を形成することを許容する人々の道徳的能力は、道徳的自己が他者の要求の自分自身の解釈者になる、自己と他者との間の文化的なつながりを経由して確立される。他者は特定の個人的な他者としては識別されず、むしろ独自の個人としてではなく、類型ないしはある種の特徴の集まりとして他者を理解する。本論は、他者を一般化された他者と考えることから推し測られる否定的な結果を考察する。すなわち、問題となるのは、道徳的な無関心や他者の非人間化を助長する、社会プロセスの道徳的中立化効果、および新しい公共領域の創造による、倫理的生活の更新の可能性というバウマンの説明である。

バウマン、ブーバーと他者

　一般に、ジグムント・バウマンの仕事は、排除された他者に声を与えることに関心があると考えられている。ミカエル・ヴィード・ヤコブセンとソフィア・マーシュマンは、バウマンの比喩は、それ自身道徳的であり、「それらは声なきものに声を与え、私たちに避けることのできない人間的で道徳的な〈他者〉への責任を呼び起こす」と言う。さらに、「ポストモダニティ／〈リキッド・モダニティ〉に関するバウマンの仕事は、〈新たな弱者〉、すなわち、貧困者や惰弱な者、社会的に排除されている者、基本的に、グローバル資本主義と消費社会の止めることのできない進展によって、社会の周縁に追い立てられた人々に声を与えることに専心してきた」と言う（Jacobsen and Marshman, 2008: 22）。同様にトニー・ブラックショウも、バウマンの比喩は、「彼が、社会的に排除された人々に声を与える手段になっている」と言う（Blackshaw, 2005: 76）。バウマン自身も他者の声を沈黙させることは、大量虐殺にとっての中心的な事柄であり、その前提条件であると明確に言う

（Bauman, 2009: 98）。「いつでもどこでも全能の力が、弱者や薄幸な人々の声を聴かないで黙殺すれば、それは善悪の倫理的区分の悪の方に留まることになる」（Bauman, 2009: 96）。バウマンはまた、他者に〈外から課せられる抽象的な標準〉に対して注意を促し、以下のように、声なき他者を管理することの衝撃的な結末を描いている。

　　「しかし、非対称な社会関係の場合に唯一見込めるのは、その関係が反対の受け取る側から（言い換えれば、管理される者の目を通して）見られるときまったく違った視界が見え、その時まったく違った意見が聞かれることである（あるいは、むしろ人々が声を持った側にいるならば、それを聞かされるであろう）。それは不当で、応じられない抑圧の視界であり、それは不法で、不公正なものである。」（Bauman, 2009: 196-7）

　『ポストモダンの倫理』（1993）の中心的な論点は、〈ポストモダンの見方〉、あるいは〈ポストモダンの道徳的危機〉ということによって、バウマンが理解するものの評価である。そして、その多くは、バウマンのリキッド（液状化）への関心の転換後の著作にも当てはまる。リキッド・モダニティは、バウマンによって現代の空位の時代として認識されている。つまり、ソリッドな近代の作動様式がもはや有効ではないが、新しい様式がまだ考案されていない、明確な方向性のない移行の時期である。バウマンにとって、現代の空位の時代から抜け出す方法は、道徳的な近接性に根ざした新しい公共領域の創造によってである。エマニュエル・レヴィナスが出発点であるからにして、バウマンにとって道徳的責任は、「他者と共にいることができる以前に、他者のためにあること」を伴う。他者と共に、および他者のためにあることが、「自己の最初のリアリティであり、社会の産物というよりも、むしろ出発点なのである」（Bauman, 1993: 13）。この他者との関わりの原則には、根拠はなく、原因ないしは決定要因といったものはないと考えられている。
　しかしながら、効果的にレヴィナスを参照するバウマンの仕事は、バウマンが設定する二つの重なり合う支持仮説のために説得力が無くなってしま

う。すなわち、一つは、基本となる道徳性に関するカントの見方、もう一つは、バウマン自身の基本的な文化人類学的な文化概念である。マーティン・ブーバーの『私と汝』(1958) は、他者との関係におけるレヴィナスの倫理的立場に重要な影響を与えた、カントの認識論への示唆に富む批判を提示している。それはバウマンでは無視されているが、ブーバーは、私とそれとの関係と私と汝との関係を区別する。これらの概念は、他者との関係における二つの可能なあり方を示している。ブーバーにとって、自己は常に他者とのある種の関係のなかにある。中心的な問題は、自己がどのように他者と関係を持つかである。バウマンが与する私とそれとの関係という存在のあり方では、自己は他者を自分の活動や思考の対象と見なし、他者の真の存在を理解できない。それに対して、私と汝、私とあなたとの関係という存在のあり方では、お互いに自己と他者との間、自己と他者との〈邂逅〉を含み、そこでは自己は、他者とちょうど同じだけの関係に影響される。「私と汝の関係という根本的な語彙は、全体的な存在とともにのみ語ることができる。全体的存在のなかへの集中と融合は、私の作用によって起こることはなく、また、私なしには決して起こることがない。私はあなたに言う。私が私になるとき、私は決められたあなたとの私の関係を通して私になる。どんな現実の生も邂逅である」(Buber, 1958: 11)。

　ブーバーは、〈間〉という語を、〈邂逅〉が自分と他者との間で生じる存在論的範疇を記述するために用いる。すなわち、「私とあなたが出会う主観と客観の狭い峰である」(Buber, 1955: 204)。それは、「彼らに共通な領域であるが、各自の特別な領域を超えて広がる領域である」(Buber, 1955: 203)。自己と他者との間で〈本当の対話〉が起こるのがここであり、これがブーバーの包摂概念の中心である。〈本当の対話〉が起こると、「対話に加わっている各自が、現在のおよび特定の存在における他者および他者たちを本当に心にとめ、自分自身と彼らとの間に生き生きとした相互関係を樹立するという意図で彼らに向き合う」(Buber, 1955: 19)。自己が他者の立場に向き、他者が自己の立場に向き合えば、本当の対話が生まれる。

「自分自身の確実性の拡張、生活の実際状況の充足、参加することにおけるリアリティの存在。その要素は、第一に、いかなる種類においても二人の間の関係性。第二に、少なくとも彼らのうちの一人が実際に加わっている、彼らに共通に経験される出来事。第三に、この一人が、彼の活動の感じられるリアリティを喪失せずに、同時に、他者の立場から共通の出来事を生き抜くという事実である。」(Buber, 1955: 97)

　イマニュエル・カントが各人のなかに見出した道徳的法は、定言命法として記述される。基本となる定言命法は、カントが〈義務〉として言及するものである。カントにとって、人が義務に基づいて自ら行動していようが、義務に従って行動していようが、その行為は同じものである。違いは、行為を支える動機に関連している。しかしながら、定言命法は、その適用が道徳について考えることを含まないので、それ自身は道徳ではない。個人は、カントによって主体なしに行動することが想定されている。むしろ、自己は、たとえ、その行為が自分自身の利害や欲望に反していようとも、それが自分たちの義務であるから行動する。同じように、バウマンは、道徳性は、適切な行動という社会的に構築された規則に先んじる〈原初の〉地位にあると言い、人々は、実存的に道徳的な生き物であると仮定している。このことは、人々は、その性質として〈善〉であるということを意味しない。それは、悪が私たちの立場を不快にし、私たちの他者への責任を曖昧なものにするというような、私たちの道徳的責任を歪めるものとして立ち現れることを意味している。カントの主体は、他の生き物を〈汝／あなた〉というよりも、〈それ〉として見なしている。カントは主に、先験的な領域内で、彼が道徳原理の普遍的な妥当性と見なしているものの文脈で、人間の自由を議論することに関心があり、実際の人間と人間の間での相互作用にはほとんど関心がない。カントにとって、〈私〉は、直接の個人としての私ではなく、〈目的の王国〉の理性的な一員としての私を意味する。〈目的の王国〉では、その普遍的な性質ゆえに、前もって確定された調和があり、実利的な理性によって統制され、普遍性を保証するすべての成員に共通した共同体という抽象的な考えのなか

に、自分自身の意見が包摂される。バウマンの仕事では、〈目的の王国〉は、文化人類学的な文化概念になっている。カントの倫理学においては、個人の自律性と普遍主義の間には矛盾も緊張もない。なぜなら、〈私〉の複数形としての〈私たち〉であり、合理的な存在の意志は、それだけで普遍的なものだからである。〈目的の王国〉は、共同体の理性的な成員の普遍的な見方を提供する。普遍化する手順を受け入れることは、規則の遵守を要求し、もし自分が他者の立場であったならば、どのように感じるかを自問することを求める。しかし、このことは、具体的な他者の本当の意見や感情を考慮することと同じではない。カントの哲学それだけで、他者性の概念と折り合いをつけるのは難しいことである。他者に対する私の態度が、それについての態度であるカントの主体の態度とは対照的に、ブーバーにとっては、私たちがあなたとの関係に入るとき、私たちは、実際に存在している全人との対話に関わっている。そして、それだけで〈目的の王国〉によって与えられたカントの普遍的な見方を超越している。私と汝、私とあなたとの関係は、あなたに対する事前の知識や予断の概念的理解がないゆえに、直接的である。

文　化

　『実践としての文化』（1973/1999）の第二版の「はじめに」で、バウマンは、文化という影響力を持った概念は、文化を、規則性を与えるものとして捉える正統的な文化人類学から生まれたと説明する。それは、「制裁と支持の圧力の集積された、固有のシステムであり、内面化された価値や規範であり、個人レベルでの行為の反復性（それゆえにまた予測可能性）を保証する習慣である」（Bauman, 1973/1999: xvii）。関心の中心がリキッドへ移行した後の著作では、バウマンは、正統的な文化人類学の意味での、〈社会の構造〉や〈文化〉のような連続的なものを強く否定しているが、彼はまた、人間の相互作用というのは、ランダムではない性質を持っていると考えている。バウマンは、社会分析や倫理の著作において、〈このあたりで物事を行うやり方〉という正統的な文化人類学の意味でのこの文化の見方を捨ててはいない。バウマンにとって社会学者の役割は、この人間の相互作用のランダムではない性

質を理解していくことである。私たちに、〈私たち〉、すなわち文化を共有した人々という理解をさせるのは、まさにこの人間の相互作用のランダムでない性質なのである。文化の理解なしに、意識によって他者に遭遇することができないという実際的な問題を別にしても、バウマンは文化の役割を、個人的なアイデンティティとは異なり、他者の形成のプロセスを支える、個人の社会的アイデンティティを形作るプロセスの重要な源泉として理解している。もし文化的アイデンティティの性質を把握したいのであれば、「めったに自分たち自身では作ることのない文化的事柄を摂取および奪取し続ける限りで、アイデンティティがその独特の形態を保持する。アイデンティティは、その特徴の独自性にはないが、多くはすべてに共通な文化的事柄を選択し、再生し、再配置する独特のやり方のなかにある」とバウマンは言う（Bauman, 1973/1999: xiv）。バウマンは社会学者であって、社会生活における文化の概念を拒否したり、無視したりはしない。文化は、単なる共通の知識や行為の習慣的方法以上のものであり、このあたりで物事を行うやり方の実践である。〈人間性〉を理解することは、対話や交渉のスキルがそうであるように、バウマンの倫理的仕事に付随する文化的プロジェクトである。個々の人々は、いかに状況に対応するかという知識に依存し、文化は、義務やある状況でどのように行動するのかの指針、周囲の人々から期待できる応答、もし、他のやり方ではなく、ある種のやり方で行動を選択したならば、どんな対応が期待できるのかといった事柄を提供する。私たちの認知的な準拠枠は、それは周囲の世界を解釈する能力を下支えする資源であるが、私たちがそのなかに社会化された文化によって形成される。

　カントの〈目的の王国〉の社会学的概念としての概念的役割において、バウマンの文化の概念は、意識——知識、認識、言語のための道具を提供する。文化を超えて思考することが、人間の認知力や能力を超えることになる。文化は、また、私たちに他者と同じであったり、違ったりする、自分たちの文化を共有する人々を自分たちに似ている人々と見なす、〈われわれ〉経験の基盤となる、存在論的連帯を提供する。他者の出現は、〈私たちの〉世界としての世界の認識にダメージを与えるので、決して好ましい不意の出来事で

247

はない。私たちは、他者もまたこの世界に存在するが、彼らは〈われわれ〉関係の一部ではないということを知るようになる。つまり、「道徳的自己は、すべてを受け入れる〈われわれ〉のなかに解消される可能性があり、道徳的な〈私〉というのは、倫理的な彼や彼女の単数形にすぎない。最初の人に定められた道徳が何であれ、第二、第三の人の場合にも道徳であり続け、道徳的な現象であると考えられた最初の前提が、〈私〉の複数形として〈われわれ〉を見なすことになる」(Bauman, 1993: 47)。

　バウマンにとって、道徳生活は、楽しみの感覚や個人的な満足感を超えた客観的な側面がなければならない。バウマンが他者の声への関わり、ないしは他者に耳を傾けることを拒絶していることは、性（セクシュアリティ）に関するバウマンの見解に最もはっきりと見て取れる。性の問題は、人間生活の愛情的な側面の中心にある。性の問題に関わって、バウマンによって認識されたある種の行動が、なぜ必然的に不道徳になるのか分からない。たとえば、エロティズムや性的関係の快楽は、たとえその行為が合意した大人によって行われていたとしても、バウマンは不道徳であると言う。「再生産、血縁関係、世代の統合に昔から寄与していたもの」が快楽になると、アイデンティティが挿話に断片化し、密着的な生の戦術が妨げられ、責任の浮遊に至る。このやり方で性を楽しむことは、「最も親密な人間間の相互作用の道徳的重要性を否定することになる。その結果、それは人間の相互作用性の中心的要素を道徳的評価から無縁にしてしまう。それは官僚制やビジネスの道徳的中立化のメカニズムが届かなかった（あるいは必要でなく、望まれなかった）人間存在の部分を道徳的に無関心化してしまう」(Bauman, 1995: 269)。

　バウマンの性的問題に関する支持できないこの見解は、彼がそのような行為を〈根本的〉な排除を正当化するものとして見ていることを示唆し、彼が〈善〉の欲望と抑制されてない欲望、ないしは〈悪〉の欲望とを区別していることを表している。そして、そのような〈悪〉の欲望は否定され、公共的な領域から〈私的〉な範域に排除されるべきであるということを表している。ここでバウマンが行っていることは、リキッドな近代の形態における〈ク

ローゼット〉の作り直しであり、それだけで生活政治の成功物語の一つ、セクシュアリティの領域における個人の政治化ということの基盤を掘り崩す試みである。もしもセクシュアリティの根底を排除することが許されるのであれば、公共的領域における効果的な参加は不可能である。ミシェル・フーコーのセクシュアリティに関する仕事以降、もはや性的問題を世代の自然な循環という観点からのみ見ることはできない。生活政治は、個人のアイデンティティに関係して、生活問題の質に焦点を置く当人の政治である。

バウマン、倫理と他者

　『断片のなかの生』（1995）で、バウマンは、脱倫理的、脱立法的なポストモダンの条件下での、道徳性の在り処についての議論を展開している。ソリッドな近代は、神の命令の終焉であり、立法化する道徳性にとっての根拠となる理性の出現である。ソリッドな近代は、「人間にとっての完全で、調和した世界を構築することを促すこと」に基礎を置いた「社会的な自己向上」に対する衝動や欲望をそのうちに内包していた（Bauman, 1995: 173）。ソリッドな近代の道徳性は、人々が何をするのかを記述するだけでなく、道徳的な行動を指示する、道徳的法典（掟）の導入を基盤にしていた。その掟は、悪を防ぎ、曖昧さを撤廃するように設計されていた。しかしながら、そのような道徳的な掟は、個人によってなされた悪事に対して個人の責任を免除するものである。ソリッドな近代人は、専門家の専門性にますます依存するようになるので、自分自身の道徳的判断を信頼する必要がない。道徳的法典は、ソリッドな近代人が恐怖から逃れられるように設計されているが、専門家による脅しに直面して、無力の恐れや感覚を高めるという前もっては分からない結末がある。バウマンがたびたび繰り返すように、ソリッドな近代においては、道徳的責任は、個人から引き離されて、機関に属するようになり、ハンナ・アーレントが言う〈無人のルール〉に従うようになって、〈道徳的中立化〉への傾向を生み出すことになる。

　しかしながら、ポストモダンの条件下での倫理の危機は、必ずしも道徳性の終焉を意味するわけではない。つまり、「いまや、人々の生活経験から生

じるものとして、また、まさに繕うことのできない、不治の偶然性に道徳的
自己を直面させるものとして、隠しようもない事実で、率直に道徳的問題に
面と向かうことが可能、いや不可避になる」(Bauman, 1995: 43)。ポストモ
ダンの環境下での人々の出会いは、断片的でエピソード的なもの以上ではな
いので、私たちは、私たちが関わる出会いにとって重要な自分たち自身のほ
んの少しの部分しか共有していない。私たちは、個人的に多くの他者と自己
の一部分でしか付き合っておらず、そのかぎりで他者は私たちにとって未知
のままである。大抵の出会いは永くは続かず、その出来事は、個人的関心に
とって、ほとんど、あるいはまったく重要なものでなく過ぎ去る。

　〈純粋な個人主義〉のポストモダン／リキッドな近代の時代において、倫
理は、典型的に近代的なものとして軽蔑され、倫理の審美化によって、極め
て強力にそのような制約から解放された。ポストモダンは、どんな道徳的権
威も信頼しない。バウマンにとって、人々は道徳的に曖昧であって、不確実
性とそもそも善でも悪でもないものに囲まれている。さらに、道徳的行動は
〈非合理的〉であって、個人的な自律性の領域に基礎を置いている。そして、
その限りで、行動が生まれる環境を案出する国家やその他の権威によって保
証されることができない。むしろ、人々はそのような担保なしに道徳的に生
きることを学ばねばならない。道徳的行動は、バウマンによって〈難問的〉
と表現され、それは、明確に善や悪である行為はなく、いかなる行為も、「も
しそれが完全に遂行されるならば、不道徳的な結果になる」ということを意
味している (Bauman, 1993: 11)。ジョン・マクミュレイの共同体主義に注目
する議論において、バウマンは、道徳的自己は自分自身のある種の面を譲歩
しなければならないので、道徳的自己は自己中心的ではない仕方で行動しな
ければならないと言う。

　バウマンは、他者と共にあると他者のためにあることは、他者の個人的な
自律性を破壊し、他者の支配と抑圧に導くことを理解している。ただし、こ
の問題やリキッドな近代の人々が、いかに他者の個人的な自律性を破壊する
ことを避け得るのかということには説明がない。バウマンの見解は、道徳性
は〈普遍化できないもの〉であるが、彼の出発点がカントであるゆえに、バ

ウマンは、自分の立場を主張するために普遍的な命題を作り、同時に、カントの見方から、局地的で、一時的なものとする道徳性の虚無的な考え方を拒絶する。そのような普遍的な命題には、彼らの自己利益になるという理由で、私たちは他者に危害を加えるべきはでない、加えて、「すべての理性的な人間は、他者に良いことをするのは、悪いことをするよりも良いことであるということを受け入れなければならない」というものが含まれる（Bauman, 1993: 27）。バウマンにとって、人々の道徳的能力が、彼らに共同体を形成させる、すなわち、他者の感情を理解し関心を持つのである（Bauman, 1993: 33）。私たちには、私たちに他者の感情を理解する術を提供する認知的準拠枠があるので、また、私たちはそのような感情を共有しており、その意味が私たちにとって明らかなので、そうする能力がある。道徳性が、ソリッドな近代に見られる人工的で、厳格な倫理的掟から解放されると、それは個人化される。抽象的な原理に訴えることが、共同体の道徳的特権を崩すことになる。そのような抽象的な倫理の規則が現れると、私たちの道徳的衝動は抑えられる。道徳的に共同体を守ろうとする制度が、他者への個人的な道徳的責任から個人を解放する。ソリッドな近代においては、公共空間が存在するが、それには道徳的近さは含まれず、そのような公共空間は他者との親密さからの疎外によって特徴づけられる。

　また、彼のレヴィナスの出発点から、バウマンは、道徳性の〈原初の場面〉は〈顔と顔の対面した〉領域であると論じる。つまり、私たちは、裸の、無防備な顔としての他者と出会う。抽象的な顔ではなく、他者性と個別性を溶かし込んだ、もう一人の顔である。近接性が自己と他者の間を結びつけるものとして重要になる。私たちは、他者のためにあるという状態に達しつつある孤立した個人になる。お互いがいないよりもいた方がより良い〈われわれ〉関係である。肩を並べて物理的に近いとき、私たちはより良いのである。〈私たち〉は、「〈私〉の複数形」である（Bauman, 1993: 47）。道徳的人間として、〈私〉は他者に対する責任を負わなければならず、〈私〉が道徳的自己として形成されるのは、他者のまなざしによって引き起こされた、この責任を負うことによってなのである

　レヴィナスの倫理学への貢献と同様に、バウマンのポストモダンの倫理
は、愛と愛撫の倫理学である。バウマンは、愛撫を道徳的責任の比喩として
捉えている。それは、他者の身体に愛情をもって一撃を食わすような行為を
表している。

> 「道徳的衝動の引き金になり、自分をさらけ出し、自分の責任の対象に
> 服することで、私を道徳的自己に変身させる他者の目撃（他者が口を開
> く前に、そしてまた、いかなる要求や請求を私が聞く前に、このことは
> すでに生起している）は、たとえそれが触知や愛撫であっても、道徳的
> 自己を覚醒するレヴィナスのモデルに対するより良い比喩である。」
> （Bauman, 2011a）

　他者と共にあるから他者のためへの移行には、バウマンが「顔に覚醒され
て」、客観化に抗うという〈愛〉が伴っている。つまり、私たちに赤裸々な
顔を見せ、他者の〈脆弱さや弱さ〉を理解し〈聞こえない助けの声〉を聴か
せるように、共感や感情を覆っている仮面を取り除くことである。他者は私
の責任になり、バウマンによって私たちの〈原初の道徳的場面〉の構成要素
として考えられている、他者への責任、他者への支配、他者に対する自由を
伴った感情の的になる（Bauman, 1995: 64）。道徳的に行動するためには、自
己は、不治の曖昧さと思われていたものを克服する必要があるとバウマンは
言う。彼は、他者の幸福へのこの関係や関わりが、〈実際上の親交関係〉に
おいて何を物語っているのかを明確にしている（Bauman, 1995: 69）。

> 「他者への私の責任は、……その責任を果たすために何がなされなけれ
> ばならないかを決める責任も含んでいる。それは、私には他者の必要を
> 決め、他者にとって何が善で、何が悪かを決める責任があることを意味
> している。もしも、私が彼女を愛し、彼女の幸せを願うなら、彼女を本
> 当に幸せにするものが何かを決めるのは私の責任である。」（Bauman,
> 1995: 64-5）

　ポスト／リキッドな近代の親密さの経験は、道徳的衝動や道徳的考慮を無関心化する条件である、〈浮遊〉に根ざした〈脱倫理化された〉親密さである。道徳性の〈原初の場面〉は、親密な者の対面的状況、二人の道徳的出会いであり、それは、第三者の出現によって変容する。私たちの道徳的衝動がとぎれ、指示を待つのは、第三者の存在である。第三者の存在が、ポストモダン／リキッドな近代の自己を、感動を求める者に転換し、その感動を求める者にとって、他者は稀薄で空気のような印象の存在であり、他者を愛撫することは、撫でたり舐めたりするうわべとして、言い換えれば、「当てにされた楽しみの源として、自分の世界に入り込む」味見の対象として他者を探索することである（Bauman, 1995: 122-3）。

　道徳的中立（無関心）化は、〈愛〉の関わりから快楽／使用価値の分離を伴う、他者に対する〈責任の浮遊〉である。道徳的中立化は、「道徳的重要性という人間関係を除去することにつながり、人間関係から道徳的評価を取り除き、人間関係を〈道徳とは無縁〉なものと見なす」（Bauman, 1995: 133）。道徳的無関心は、私たちともう一人との関係が、全体よりも弱いときに作動する。つまり、その人間は、私たちにとって〈利用可能〉なものになる。関係が道徳的になるのは、全体的な自己と関わるので、関係が最大限な場合のみであるとバウマンは論じる。ポストモダンの条件下では、またリキッドな近代でも同様と考えられるが、バウマンは、四つの異なる生活戦略、ないしは生活モデルがあると言う。各々、自己充足的で、閉鎖的であり、道徳的義務や責任の創造を制限し、潜在的に、最も親密な付き合いにおいてさえ、他者との関係を断片的なものにする。他者の幸福に対する道徳や責任という観点よりも、快楽を約束し感動を与える能力という観点から、審美的な根拠で評価される他者に付随する、他者に対する曖昧さがある。同時に他者は、「邪悪で、脅迫し、脅威となる、……混交愛好症と混交恐怖症がお互いに争い合う」と見なされる要素を持っている（Bauman, 1995: 138）。

　道徳的中立化は、ある種の人々を、道徳的主体という主張から排除する。そして、それだけで、その人々は道徳的に無視され、困難に曝されやすくなる。そのとき、バウマンにとっては、道徳的無視と凶暴な行為を犯す力との

間に因果関係が存在する。「近代は、人々をより凶暴にしたわけではなかった。つまり、近代は、凶暴な事柄を、凶暴でない人々が行える方法を発明しただけであった」(Bauman, 1995: 197-8)。私たちが彼らに対する責任を取る場合、他者の発言がないだけでなく、彼らの「同意が求められていなかった」(Bauman, 1995: 201)。

　道徳的自己は、自分自身で他者の要求を解釈する。他者の命令は〈語られない〉。私に命じるのは他者だが、その命令に声を与え、それが自分自身に聞こえるようにしなければならないのは私である (Bauman, 1993: 90)。続けてバウマンは、「他者は、私の創作として作り直される。……私自身は、他者の名における代理人の仕事に署名するが、私は他者の全権大使になる。〈私がためにある他者〉はその無言の、挑発的な存在の私自身の解釈である」と言う (Bauman, 1993: 91)。バウマンの道徳的自己が、全権大使の役割を身につけると、その道徳的自己はとても強力で、おそらく彼や彼女が他者の利益や願望と考えるものの絶対的な代理人にさえなる。バウマンにとって、その〈私〉は、他者に関連して何が真実なのかを決める権利を持つ、他者の立法者にも解釈者にもなるように見え、また、他者にとって何が正当かを決める権利も持っている。

　第三者が登場すると、これが、〈二人の道徳的出会い〉の状態から、生来の道徳的衝動が〈くじかれ〉、休止し、指示を待つ〈道徳的な社会〉に変化する。第三者の出現は集団を形成し、他者との道徳的近さは、〈審美的な近さ〉に置き換わる。つまり、〈ある他者〉が〈多数〉、すなわち顔のない群衆の一人になる環境である。社会空間は、バウマンにとって、三つの相互に関連したプロセス、認知的空間化、審美的空間化、道徳的空間化の複雑な相互作用となる。認知的空間化は、私たちに誰が一緒に住んでいるのかということを知らせる。この情報は、私たちに当たり前となっている背景の知識や〈自然な態度〉の一部になる。他者は私たちに知られていない。しかも私たちは、ある特定の人間の他者を知ることはできず、個人を、一人の人間としてではなく、人々の類型として理解する。バウマンは、他者への敵意の起源を、土着でないよそ者であることが分かる文化を持ち合わせている人々を、汚染源

として、恐れる人々の〈内なる悪魔〉の産出に見出している。

　社会組織は、最初に近接性の空間に距離を作り出し、ある種の他者を私たちの道徳的責任から除外し、人間を集合にまとめ上げることで、道徳的衝動を中立化する。これらの変化の影響は、社会的行為を道徳的に中立化させることであり、自分自身を行為者として、〈代理人の状態〉に見出すことである（Bauman, 1993: 123）。他者に対する私たちの道徳的能力や責任は〈浮遊〉し、人格というよりも特徴の集合として認識されるようになる、他者の〈顔を消去〉することで、市民的無関心に陥る。他者と共におよびためにあることに代わって、他者への直接的な関心を遠ざけ、共同体、〈連帯する同志〉や〈仲間への忠誠〉のような物理的に共に在る人々の直接的な近接性の範囲の〈仲介者〉へと向かう（Bauman, 1993: 126）。文化は、私たちの集合的なアイデンティティの主張であり、社会性と共にその役割は、自己存続と自己生産のメカニズムであることである。認知的空間化は、その文化内の人々に、他者への見方や対応の仕方を教え、個々人に〈われわれ関係〉を共有していることを思い起こさせることによって、そのような不安を削減するのに役立つ。

　他者は、「社会空間化の副産物」であり、「他者の他者性と社会空間のセキュリティ（それゆえ、また、その自分自身のアイデンティティのセキュリティ）は密接に関連し、お互いに支持し合う」とバウマンは論じる（Bauman, 1993: 237）。社会空間化は、〈文化的同質性〉の形態をとり、〈構成員の献身〉と〈大衆の感情〉の強さによって維持される。そして、その限りで、アイデンティティ構築における中心的な役割を担っている。バウマンが共同体内の個人を表すのに〈構成員〉という言葉を使うとき、このことは構成員とは見なされない個人が、なぜ〈見知らぬ者〉として分類されるのかを説明している。構成員が共有している文化は、生まれつきの衝動を基盤にはしていないが、人間の差異やカテゴリーを強調する〈排他主義者のイデオロギー〉を基盤にしている。この〈排他主義者のイデオロギー〉は、福祉国家の崩壊を激しいものにした。なぜなら、セイフティ・ネットを提供する重要な役割を持つ国家がなければ、貧しい者や援助が必要な人々へ助けを差し伸べる道徳的

責任は、私的な事柄になってしまうからである。その限りで、「集合的な供給から逃れることができる人々は、その行動が意味するのは遅かれ早かれ集合的な責任から逃れることである」とバウマンは主張する（Bauman, 1993: 244）。

　ポストモダンおよびリキッドな近代においても、文化は、自己防衛のための〈集合的な恐怖に根ざした熱意〉を基礎にした分離や追放の働きをなお維持している（Bauman, 1995: 177-8）。バウマンが〈吐き出し戦略〉というこの働きは、伝統、共同体、〈生活の型〉、あるいは〈血と土のレトリック〉のような考え方によって、どの社会にも広く流布している。文化は、土台となる共同的な結合、合意、社会空間化に対する共通の理解を提供し、「それ自身のアイデンティティと見知らぬ者のよそ者性を同時に」主張する、その文化によって決められた条件や選択を他者が身につけるようになるので、文化は包摂的であり、排除的でもある（Bauman, 1995: 190）。文化は、共同体内の意味のある相互作用を可能にする、共通の所属や〈アイデンティティの物語〉を提供するとバウマンは主張する（Bauman, 2011b）。そのような絆は自然に得られるものではなく、絆は存続すべきであるという〈熱意と関与〉を基礎にして得られるものである（Bauman, 2011b: 80-1）。バウマンは、文化のこのような文化人類学的考え方を人間の権利との関わりで捉え直している。人間の権利は、個人の利益のために確立されていたし、共同の努力によって守られていた。しかしながら、それは、共同体と他者の間の溝や境界を伴っていた（Bauman, 2011b: 90）。

　バウマンの倫理的見方には、想像的で、仮説的で、分かりにくいところがある。バウマンは、文化に依存した、抽象的で具体的でない、倫理や道徳性の問題へのアプローチを採用し、それは、どの場所でもどの時代でも他者と分類されたすべての人々に当てはまる、一般化された他者という抽象的な概念を含んでいる。セイラ・ベンハビブによれば、それが実際の人間の個々人を彼らの個々の状況から切り離してしまうので、一般化された他者には問題があると言う。

　「一般化された他者という立場は、個々のすべての個人を、私たち自身
　が持ちたいと思うのと同じ権利や義務を合理的に付与されていると見な
　すことを要求する。その立場を仮定することで、私たちは、他者の個別
　性や具体的なアイデンティティを捨象している。他者は私たち自身と同
　様、具体的な要求や欲望、感情を持つ存在であるが、彼や彼女の道徳的
　尊厳を構成しているものは、私たちがお互いを区別するものではなく、
　むしろ理性的な行為者として話し、行動するというような私たちの共通
　性なのである。……それに対して、具体的な他者の立場は、各々すべて
　の理性的な存在を具体的な歴史やアイデンティティ、感情・情緒的な体
　質を持っている個人として見なすことを要求する。この立場を仮定する
　ことで、私たちは、自分たちとの共通性を構成しているものから離れ、
　個々人に焦点を当てることになる。私たちは、他者の要求、彼や彼女の
　動機、彼や彼女が探し求めているものや望んでいることを理解しようと
　する。」（Benhabib, 1992: 158-9）

　バウマンの倫理的立ち位置は、〈一般化された他者〉の立場に限定されて
いるので、普遍的であり、彼の倫理的立ち位置は、特別の関係の細かい部分
や〈特定の他者〉を前提にして考えてはいない。バウマンは、ハンナ・アー
レントの言う〈誰〉を〈何〉に転換してしまうという罠にはまっている。アー
レントにとって他者は、孤立していて、政治的に周縁にいる人物と見られて
いる。そのような人物像は、「堕落、崩壊、政治的破産の時代の歴史的場面
によく登場する」（Arendt, 1958: 180）。他者性は、多様性の重要な側面であ
るが、人間の差異、あらゆるものにある違いの独特の性質は、他者性と同じ
ではない。発話と行為によって、人々は単なる相違というよりも自分自身を
差異化する。人々が物理的対象、あるいは特徴の集合としてではなく、独特
な個人として自分自身を他者に提示するのは話すことを通してなのである。
つまり、アーレントが説明するように、「言葉と行動でもって、私たちは人
間の世界に入っていく」のである（Arendt, 1958: 176）。さらに、他者の独特
な個人的アイデンティティは、沈黙において隠すことができるだけである。

誰（人）を何（物）に転換してしまうのは沈黙なのである。「私たちが誰か
を誰と言いたいとき、まさに私たちの語彙が、彼は何という誤りに導いてし
まう。私たちは、彼が必然的に彼と同じような他者と共有する性質に言及す
ることで混乱する。私たちは、型や〈特徴〉に言及し始める。……その結果、
彼の特別な独自性がどこかに消え去ってしまう」（Arendt, 1958: 181）。

　配慮と責任を指向するうえでバウマンは、〈特定の他者〉の立場を取ろう
とはしない。その限りでバウマンは、〈特定の他者〉の要求を尊重しない。
バウマンにとって、他者は脱埋め込みされた魂のない存在である。バウマン
が他者を定義し、他者の要求や他者の利益のために何をすべきかを決める。
一般的な他者の定義や要求に関連して道徳的能力を獲得することは、他者が
共有しない〈われわれ〉という文化から引き出されるのである。

　倫理的な公平さと責任を果たすことは、私たちが社会化されている文化に
よって定義された、他者の主張を理解するのを学ぶことに根ざしている。他
者は、異なってはいるが、自分たちのような人間として扱われるべきだとい
う文化的に定義されたアイデンティティを持つが、私たちが、他者は自分た
ち自身が扱われるように扱われるべきであるという道徳的命令を受け入れる
限り、この見方が公共領域における公平と公正を構成するので、その限りで
発言は必要ないものである。権利と義務は文化的に定義され、対立を仲裁し、
報酬を配分する最も適切な方法である他者との交渉が行われない。このよう
な見方は、他者と私たちに共通している人間性や彼らの人間的個別性への私
たちの理解を確認するものになる。さらに、彼や彼女のアイデンティティを
抽象化し、具体的な他者の異なる内容の立場を無視するプロセスは、普遍的
な倫理論における認識論的非一貫性に導く。バウマンは、他者を倫理的に扱
う際に相互性をしりぞける。しかし、他者の見方を採用したり、想像的に自
分自身を他者の立場に置いて見たり、他者を別の要求や欲求を持った異なる
ものとして捉える能力や技を提供するのは相互性なのである。バウマンの立
場には、他者性をお互いに理解しようとする試みがない。

　ベンハビブを出発点とすれば、私たちはまた、バウマンが、本質的に共同
体主義的な文化に根ざした〈公正と権利の倫理〉と、具体的な実際の他人に

対して、正しいあるいは間違っていると感じることの負担を含む〈配慮と責任の倫理〉とを区別していることが分かる。私たちはここに、バウマンの仮定が、私たちに良いことは他者にとっても良いことであるというものであることが分かる（Bauman, 1993, 1995）。私たちは、自分たちの求める配慮を理解する、それで他者の求める配慮も理解する。配慮と責任もまた、抽象的、普遍的であり、他者に押し付けられたものになる。私たちの社会や文化において、自分たちにとって良いことが、他者を含む、あらゆる場所で、すべての人にとって良いことになると考えられている。バウマンの言う発話のない他者への責任は、盲目の支配以上の何ものでもない。文化は私たちに、他者に対して特別に決まった方法で考え、行動することを強いる。他者からは、個々の人間性の異なった独特の要素が取り除かれ、他者は、私たちの責任に対する対象として現前する。そのような要求が〈われわれ〉関係内で確立された見方に一致しない限り、他者は、どのように判断され、いかに扱われるかに口出しをすることができない。

新しい公共領域──現代の空位の時代を抜け出す方法

　ジグムント・バウマンは、2000年以降の彼のリキッドへの関心の転換後の著作において、リキッド化の結果について、共同体に何らかの影響や方向性を与える、共同体主義の政治の新しい形態が生じ得る、〈帰属の集合性〉という観点から公共空間を認識するようになった。しかし、この新しい公共領域を確立するという課題は一層難しい。なぜなら〈文化〉は、〈教化〉すべき人々のいた原初の啓蒙を誘発する形から、〈提供される物〉、規範ではなく〈消費にとって重要な生産物の倉庫〉からなるリキッドな近代内の形へと、市場の力によって歪められてしまっているからである。そして、〈文化〉は、進んで追い求めるものとして語られ、そのなかで、選択は避けられず、個々の消費者にとって、それは〈生活の必要〉であり、義務でもあるものと見なされている。選択は、「規範的な統制ではなく誘惑によって、つまり広報は、取り締まりではなく、強制ではない新しい要求／欲求／欲望の創造によって特徴づけられる」（Bauman, 2009: 157, 2010: 333）。このリキッド・モダンの文

化では、個々人は、〈窮屈な標準〉に制約されずに誘惑される顧客になる。それは、何にも特権を与えずにあらゆる嗜好を助長する文化であり、気まぐれや〈柔軟性〉を支援する文化である。ソリッドな近代と異なり、よそ者のよそ者性を取り除くべく、支配的な文化によそ者を同化させようという試みは放棄している。私たちはもはや、〈帰属の集合性〉や〈コミュニティの統合〉といったことに責任を持たない。リキッドな近代の文化は、差異によって特徴づけられるが、必ずしもそれは差異を称賛しているわけではないのである。

　バウマンは、生活政治から生じる新しい公共領域に対する発展的な役割を好意的に論じる。バウマンは、公共領域の理解の出発点を、公共領域は私たちを共に集合させるものというハンナ・アーレントに求めている。つまり、「公的な領域は、共通の世界が現れ、そのための共通の尺度や分母がいまだ考案されることができない、数えきれない見解が同時に存在している状況に依っている」（Arendt, 1958: 57）。アーレントにとって、〈公共〉という言葉は、二つの密接に関連した現象を表している。一つは、「公共に現れるものはすべて、誰にでも見たり聞いたりすることができ、最も広範に周知が可能なのである」。その周知ということにおいては、公共領域外のところでは、どんな活動も優ることはできないであろう。二つは、公共的な生活は、親密な生活とは異なっていることである。公共領域は、社会的、政治的生活の対立的な視点についての理性的な議論が可能な空間である。しかしながら、ポストおよびリキッドな近代における連帯の性質についてのバウマンの仮説を前提とすると、いかに公共領域内での関わり合いが可能なのであろうかという疑問がわく。また、力の不平等が公共領域に浸透し続けているので、どのように公共領域を存続させ、領域の正当性をいかに維持し得るのかという問題が生じる。なぜ、そのような公共領域の政治が、権力者によって操作されないと言えるのであろうか。

　ここにおいて、バウマンには矛盾が見られる。生活政治は新しい公共領域の政治なのであるが、生活政治はまた反抗的主体の政治なのである。加えて、ポストおよびリキッド・モダンが人々をまずもって消費者として定義し、

人々および彼らの生活戦略を、個人的／私的な領域内での獲得された使用価値への快楽に方向づけることを考えれば、いかにそのような公共領域が出現可能かという実際的な問題がある。

　公共領域には何が期待されているのかというさらなる疑問がある。この領域は、既存の立法者が新たな人々に置き換わる政治的コミュニティの再生なのか。あるいは、公共領域の役割は、立法者の意思決定により感応しやすいように共同体に発言権を与えることで、既存の立法者により良い決定をさせるようにすることなのか。さらには、公共領域の役割は、リキッド化のプロセスを止め、社会的連帯を強化し、能動的ユートピアとしての社会主義の出現を認めるものなのか。

　バウマンの社会分析に影響する概念的問題や欠陥が、彼が現代の空位の時代の向こう側での生活を展望するとき、その再生の力を削いでしまう。彼の公共領域の概念が説得的でない一つの理由は、バウマンが、ポストおよびリキッド・モダンのアイデンティティがどのように生じるのかについて、説得的な説明をしていないからである。どのようにして、またなぜ、猛烈な消費主義を出現させたのか、そして人々に、自分自身や他人を利用価値の観点から見るようになる生活戦略を採用させることが起きたのか。バウマンの仕事には、グローバルな資本主義における変化が、どのように生産者の社会から消費者の社会への転換をもたらしたのかについての説明がない。

　リキッド・モダンの世界において、政治的境界は曖昧になり、国家は資本の流れに逆らうには限られた力しか持っていないとバウマンは説明する。つまり、「前進がとても加速された車」なのである（Bauman, 2010: 40）。問題がグローバルな規模で私たちに影響することを考えれば、そのような問題は、「地球の全人口を包摂する人類のレベルまで人間的統合を高めなければ解決できない」（Bauman, 2010: 69）。自己批判と改心によって「平等、協働、自由を育てる」価値や実践の文化に支援された「人間の共住と自己統治の民主的形態を備えた……良い社会」の創造に、〈民主的なパラダイム〉がなお重要である（Bauman, 2010: 56）。この目的のために、国家は「現実ではなくても（夢はみることができるであろう）、人間の平等を実現するために、……

絶対必要なものである」（Bauman, 2010: 60）。そして、このグローバルな公共領域の目的は、何を達成することなのであろうか。新しいグローバルな公共領域は、現代の空位の時代の代わりとなるのであろうか。バウマンは自分の立場を明確にしている。つまり、私たちは「市場への介入を必要としている」。すなわち、「消費に限界を設け、社会的サービスの、さらなる増大は言うまでもなく、継続に要請される水準にまで、地元の税金を引き上げることである」（Bauman, 2010: 69）。このようなアプローチは、例えば、他者のセクシュアリティ問題に関するような、生活問題の本当に実際的な内容に言及していない。それは、生活政治の基盤であり、税収の配分や福祉国家の拡大では解決にならない倫理的問題なのである。

　個人の内部では、二つの矛盾する力が働いている。一方で、バウマンは、他者と共に／ためにあり、お返しを何も求めないような道徳様式をもたらす、生来の道徳的衝動を認める。つまり、「人間の共住の道徳性が作られる原料を提供する道徳的衝動、道徳的責任、道徳的親密さ」である（Bauman, 1993: 35）。他方で、人々は、個々人に認知的準拠枠を提供する共通の文化のなかに社会化されている。この文化は、ソリッドおよびリキッドな近代で共に、それぞれ異なる理由ではあるが、個人に道徳的中立化の影響を与える。道徳中立的な状態は、ナチズムやスターリニズムを含む、バウマンのソリッドな近代、ポストモダニティ、およびリキッドな近代の分析に共通した説明のメカニズムである。それは、何が「行為を道徳的考慮と関係ないもの」にするのかを説明するために、バウマンが持ち出す概念である（Bauman, 1973/1999: 46）。代理人的な状態は、個人の自律性や責任という状態の正反対である。ホロコーストにおいては、対面的な関係の社交性は、技術的な代理物の領域に分散させられていた。行為に対する権威が、行為者の行動から取り除かれるとき、行為は〈道徳的に中立化〉したと言われる（Bauman, 1993: 125）。個人は、行為の道徳的な内容に面と向かう必要がない。バウマンの言葉で言えば、〈浮遊した責任〉の状態であり、アーレントの言い方では、〈無人のルール〉である（Bauman, 1993: 126）。道徳的中立の状態は、不純物への憎悪に根ざしている。バウマンは、人間存在のリアリティは、〈条件づけら

れた存在〉であり、〈世の中のリアリティ〉は〈条件づけをする力〉として
経験されるというアーレントの立場を受け入れる。合理化やリキッド化のプ
ロセスは、個人の外部を決定ないし条件づける力として、個人の中枢神経に
直接影響する。そして、個人の道徳的な働きを、行為の道徳的内容が行為者
の意識外に置かれるほどに宙づりにする。部屋の電気を消して私たちに対象
物を見えなくするのと同じように、合理化やリキッド化は、単純に招かれざ
る客として意識に入り込み、ある種の行動を引き起こし、接触や経験に影響
される担い手なしに通り過ぎる。

　レオニダス・ドンスキスとの仕事で、バウマンは、道徳的無関心や他者の
非人間化を促進する社会プロセスの道徳的中立化に再び関心を向けている。
「道徳的中立化のリキッドな近代の形は、消費者・商品関係のパターンにち
なんで切断され、その効用は、人間間の関係へのそのパターンの移植に依存
している」(Bauman and Donskis, 2013: 15)。大量消費が、ポストおよびリキッ
ド・モダンの幸福を圧倒的に支配するようになった。バウマンは、消費主義
が人々を衝動的に商品に結びつけるもう一つ別の性質を作り出したという、
『解放に関するエッセイ』(1969) のヘルベルト・マルクーゼに賛同している
ように見える。バウマンは触れていないが、いかにして道徳的衝動が商品化
されなかったのかという疑問がある。そして、なぜ私たちの魂と人間性もま
た商品化されなかったのであろうか。バウマンは、個人の矛盾したイメージ
を提示して終わる。それは一方で、道徳的衝動を付与され、他方で、個々人
が彼ら自身の行為を残酷ないし非道徳的と見なすことを防ぐ外的な社会プロ
セスの道徳的中立化の効果のために、この衝動に基づいて行動することをし
ないようにさせられている。そして、そのような道徳中立化の効果は、ソリッ
ドおよびリキッドな近代のあらゆる形態に存在していると仮定されている。
ソリッドな近代においては、道徳的中立化は、合理化と〈現実主義〉のプロ
セスによって生じる。一方、ポストおよびリキッドな近代においては、道徳
的中立化は、消費と〈快楽主義〉によって生じる。しかしながら、新しい公
共領域の創造は、バウマンにとって問題が多い。なぜなら、彼の仕事で、自
己と他者との関係は、その関係を存在対存在とともに知識対知識にもする、

文化に媒介された存在対存在の関係であるからである。私たちは、文化を通して他者を認識している。そして、他者が他者であることの土台は文化なのである。バウマンの他者は、固有なものであり、抽象的なものでもある。つまり、一般化された他者として認識される固有の人間なのである。

　このことは、バウマンの出発点がカントの定言命法であり、道徳的行為を〈義務〉として捉えることで、私たちには予期できたことである。他者と共にと他者のためにあることは、文化によって提供される文脈の範囲内で、私たちが持っている知識を基礎に考えることができるのみである。しかしながら、この立場には、キース・テスターが以下に説明するように、問題がある（Tester, 1997）。「バウマンは、あまりにも歴史を意識しすぎていて、憎悪を無視できないということが分かっていない。しかし、普遍的で、ほとんど霊的な人間の性質や能力を強調する、彼の文化の物語への関与は、彼が憎悪の機会を、それが受けるに値するよりも重く見ていないことを意味している」（Tester, 1997: 140）。他者を完全に受け入れるためには、私たちは、知識や認識、言語の限界を超えるべく、私たちの文化を超えて思考する能力を発展させなければならないであろう。このプロセスは、第一に、他者との非敵対的な人間関係の可能性が現実になるために、私たちの以前のイメージとは異なる世界を考えさせる最初の段階として、主観内での存在論的枠組からの離脱の形態を伴っている。しかしながら、これは、信頼という文化の問題を提起する。私たちの一員でない人を、私たちはどうやって信頼できるのであろうか。他者は私たちが持っていない知識を持っているように思われる。そして、それは彼らが課す知覚される恐怖の源泉である。あらゆるモダニティの形態の文化は、人々を差異に疲れさせ、そして、モダニティの条件下で、この文化的に拘束された差異についての関心は、他者化のプロセスの土台である私たちの認知的準拠枠の範囲内に抑制される。

結　論

　ジグムント・バウマンの脱存在論的な倫理分析の議論には、公平で普遍的な性質がある。個々人は、道徳的選択を孤立した文脈で独自に行うわけでは

なく、むしろ、道徳的主観や道徳的選択の個人的なやり方は、文化的文脈のなかで作られる。キース・テスターを再び引用すれば、「バウマンの仕事は、完全に文化というものの範囲内にある」（Tester, 1997: 135）。その文化は、道徳的世界を規則正しい、秩序立った、連帯に結びついたものにする。一般化された他者は、〈精錬されたホムンクルス（人造人間）〉、つまり〈予備の部品や様相の寄せ集め〉になる。もしも、他者がバウマンの倫理著作において声を持っているとすれば、その声は、バウマン自身が発したものである。一定の文化への帰属者は、バウマンによって、他者の要求、願望や欲望の立法者であり解釈者として提示される。加えて、セクシュアリティに関する彼の見解に最もはっきりと見られる、バウマンの倫理へのアプローチの基盤となるマニ教（二元論）がある。つまり、世の中には、善の力と悪の力の根本的な区別があるという信念である。〈最終目的の倫理〉対〈責任の倫理〉の指向性の違いが彼の出発点であったことからすれば、最初は、1918年の講義『職業としての政治』にマックス・ウェーバーによって素描されたのであるが、バウマンは、〈最終目的の倫理〉は、目的は手段を正当化するという考えを基礎にしているということを示唆している。すなわち、重要な政治目標を達成するためには、市民を標的にした爆撃といった道徳的に問題のあるような行動に従事することも必要と言えるかもしれないということである。もう一つの考え方は、他者と共に、また他者のためにあることであり、他者に対する責任を負うことである。両者の立場は、その意図がより良い状態をもたらすことにあるので、道徳的により優れた立ち位置があるという想定を伴っている。しかしながら、この両者の立場は最終的には、人間存在が世界の中で対象物として見られることに帰着する。

　ジグムント・バウマンの倫理的な立ち位置は、それ自身はまったく正しく間違っていない、そして行為の道徳的内容がその結果に依存しない社会的公正、社会および政治的権利を強調している。それ自身において、〈良い〉ことは唯一良い意図であるが、〈良い〉動機や良い意図を基礎にした行動は、もしも、他者が発話を許されないならば、〈愛〉や〈愛撫〉の望まれない押し付けのように危害の原因にもなり得る。もしも個々人が、倫理的に行動す

ることからどんな良いことが生じるのかを含め、また、その予知できそうにない行為の結果を推測するといった、何が倫理的行動から達成されるのかを検討しないならば、他者への危害が結果として起こるかもしれない。このことは、他者の要求が私たち自身の視点からのみ判断される場合なおさらである。バウマンが適切に指摘するように、自己を根拠にする道徳性は、「どう見ても嘆かわしく、倫理的には根拠がない」（Bauman, 1995: 18）が、しかしこのことは、彼自身の仕事において、そのような自己を根拠にする道徳性を発展させることを妨げなかった。バウマンが、彼の倫理著作において、沈黙させることを選んだ他者の声は、その人に独自性を与え、他者に彼らの自律性や結果の選択を表現することを認めるものそのものである。バウマンにとって、声を上げられない他者を無視することは不当なことであるが、このことは、もしも他者との対話の可能性がなく、彼らを新しい公共領域に受け入れることもなく、他者を何が為されるべきかの共通の理解の形成に参加させないならば、それ自身が倫理的立ち位置というわけではない。バウマンは、他者のために物事をするという倫理的な見方を支える、温情主義的で慈悲深い感情と感覚の状態を脱構築する必要がある。なぜならば、私たちは、それが彼ら自身の一番の利益だと思うからである。バウマンの倫理的立ち位置は、バウマンの他者に対する個人的に持っている無制限の力の倫理的な結果を誰が護るのかという問題を提起する。愛すること、愛撫すること、他者と共に／ためにあることが、他者の利益であり、他者の要求に合致しているのかどうかということを誰が決めるのであろうか。

　ジグムント・バウマンの倫理には、エマニュエル・レヴィナスの仕事におけるような倫理的な責任の出発点として、他者の他者性への関与が見られない。レヴィナスにとって、あらゆる個人は独自性があり、彼が他者性（alterity）という言葉を使う他者性（otherness）の性質を保有している。そして、その言葉によって彼は、他者性（otherness）はあらゆる他のカテゴリーや概念を超越していることを示唆する。レヴィナスにとっては、他者との個人的な人間同士の出会いのなかに、見出されることが数多くある。レヴィナスにとって、他者に自分自身の要求の解釈を押し付けることなしに、他者との関

係は他者から学ぶことを含む関係である。自己が、その倫理的な性質や自己と他者との結びつきを伝える他者との出会いにおいて一皮むけるのは、この知られざる内容のせいなのである。レヴィナスの倫理へのアプローチには、バウマンのアプローチには見落とされている経験的な要素がある。バウマンの倫理的な説明は不十分である。なぜならば、他者と共に／ためにあることを強調しているにもかかわらず、それは、独自な個人としての他者という考え方を拒否し、それゆえ、レヴィナスの言う倫理の適切な基礎を提供するのに失敗しているからである。バウマンのアプローチには、自己の他者への義務があるが、倫理的関係の中身を付与する他者の相互的な役割を無視しているという点では問題がある。それだけで、バウマンの声なき受け身の他者は、倫理的な関係内での十分な倫理的地位を否定されている。バウマンの支持する社会主義には、自己と他者の関係に物質的な考慮を強調するという含意がある。レヴィナスの考え方では、他者は、バウマンがしようとしているような、要求の自己自身の認識からもたらされた知識によって理解することはできない。私たちはまた、平等な社会、そこでは、一人の人が関わる消費のレベルについて厳しい管理があり、福祉国家を通して、恵まれない人々への不必要な消費に費やされた所得配分への国家の介入がある、そういった社会主義ユートピアでのみ私たちは繁栄できるのだというバウマンの前提も問題にされて良いであろう。ここに示唆したように、他者は社会主義的ユートピアに住みたいとは思わないかもしれない。そしてまた、ジェンダーの選好や性のアイデンティティのような、アイデンティティに関係した自己実現に関連して、他者を含めて人々が直面する問題の多くが、他者の所得の強制的な再配分によっては解決できないものであろう。

参考文献

【第2章】

Bauman, Janina (1986) *Winter in the Morning: A Young Girl's Life in the Warsaw Ghetto and Beyond, 1939-1945,* London, Virago Press.

Bauman, Zygmunt (1956) *Socjalizm Brytyjski,* Warsaw, PWN.

Bauman, Zygmunt (1972) 'Culture,values and science of society', *University of Leeds Review,* 15(2) (October).

Bauman, Zygmunt (1987) 'Intellectuals in East-Central Europe: continuity and change', *Eastern European Politics and Societies,* 1(2) (Spring).

【第4章】

Aristotle (1974) *Nichomachean Ethic.* NY: Arno Press.

Bauman, Zygmunt (1989) *Modernity and Holocaust.* Oxford: Polity Press.（＝2006、森田典正訳『近代とホロコースト』大月書店）

Bloch, Ernst (1986) *Natural Law and Human Dignity*, trans. Dennis J. Schmidt. Cambridge, MA: MIT Press.

Buber, Martin (1958) *I and Thou.* New York: Charles Scribner.（＝2014、田口義弘訳『我と汝・対話』みすず書房）

Delves, Anthony (1981) 'Popular Recreations and Social Conflict in Derby, 1800-1850', in Stephen and Eileen Yeo (eds) *Popular Culture and Class Conflict 1590-1914: Explorations in the History of Labour and Leisure.* Brighton: Harvester.

Derrida, Jacques (1978) *Writing and Difference*, trans. Alan Bras. London: Routledge.

Devine, Philip E. (1978) *The Ethics of Homicide.* Ithaca: Cornell University Press.

Duerr, Hans Peter (1985) *Dreamtime: Concerning the Boundary between Wilderness and Civilization*, trans. by Felicitas Goodman. Oxford: Basil Blackwell.

Durkheim, Emile (1972) *Selected Writings*, trans. and ed. Anthony Giddens. Cambridge: Cambridge University Press.

Ellul, Jacques (1980) 'The Power of Technique and the Ethics of Non-Power', in Kathleen Woodward (ed.) *The Myths of Information; Technology and Post-industrial Culture.* London: Routledge.

Erasmus, Charles J. (1974) *In Search of the Common Good.* New York: Free Press.

Freud, Sigmund (1973a) *Civilization and its Discontents,* trans. Joan Riviere. London: Hogarth Press.（＝2007、中山元訳『幻想の未来／文化への不満』光文社）

Freud, Sigmund (1973b) *The Future of an Illusion*, trans. W. D. Robson-Scott. London: Hogarth Press.（＝2007、中山元訳『前掲書』）

Friedman, Maurice (1982) *Martin Burber's Life and Work, The Early Years 1878-1923.* London: Search Press.

Goffman, Erving (1971) *Relations in Public: Microstudies of the Public Order.* London: Allen Lane.

Handelman, Susan A. (1982) *The Slayers of Moses: the Emergence of Rabbinic Interpretation in Modern Literary Theory*. Albany: SUNY Press.

Jonas, Hans (1984) *The Imperative of Responsibility: in Search of an Ethics for the Technological Age*. Chicago: University of Chicago Press.（＝2000、加藤尚武監訳『責任という原理──科学技術文明のための倫理学の試み』東信堂）

Lachs, John (1981) *Responsibility and the Individual in Modern Society*. Brighton: Harvester.

Levinas, Emmanuel (1981) *Otherwise than Being or Beyond Essence,* trans. Alphonso Linges. The Hague: Martinus Nijhoff.（＝1999、合田正人訳『存在の彼方へ』講談社）

Levinas, Emmanuel (1982) *Ethics and Infinity: Conversations with Philippe Nemo,* Trans. Richard A. Cohen. Pittsburgh: Duquesne University Press.（＝2010、西山雄二訳『倫理と無限──フィリップ・ネモとの対話』筑摩書房）

Levinas, Emmanuel (1987) *Time and the Other.* Pittsburgh: Duquesne University Press.（＝1986、原田佳彦訳『時間と他者』法政大学出版局）

Lofland, Lyn H. (1973) *A World of Strangers: Order and Action in Urban Space.* New York: Basic Books.

Luhmann, Niklas (1986) *Love and Passion, The Codification of Intimacy,* trans. Jeremy Gaines and Dorris L. Jones. Cambridge, MA: Harvard University Press.

Milgram, Stanley (1974) *Obedience to Authority, an Experimental View.* London: Tavistock.（＝2012、山形浩生訳『服従の心理』河出文庫）

Plessner, Helmuth (1974) 'Uber Menschenverachtung', in *Diesseits der Utopie.* Frankfurt: Suhrkamp.

Price, A. W. (1989) *Love and Friendship in Plato and Aristotle.* Oxford: Clarendon Press.

Robinson, Richard (1962) 'Preface' to *Aristotle's Politics Books Ⅲ & Ⅳ*. Oxford: Oxford University Press.

Sartre, Jean-Paul (1969) *Being and Nothingness: an Essay on Phenomenological Ontology,* trans. Hazel E. Barnes. London: Methuen.（＝2007、松浪信三郎訳『存在と無──

現象学的存在論の試み』筑摩書房）

Scheler, Max (1954) *The Nature of Sympathy*. Peter Heath. London: Routledge.（＝1977、飯島宗享・青木茂訳『同情の本質と諸形式』白水社）

Sennet, Richard (1974) *The Fall of Public Man.* Cambridge: Cambridge University Press.（＝1991、北山克彦・高階悟訳『公共性の喪失』晶文社）

Simmel, George (1969) 'The Metropolis and Mental Life', in R. Sennett (ed.) *Classic Essays on the Culture of the Cities.* New York: Appleton-Century-Crofts.（＝2011、松本康訳「大都市と精神生活」、松本康編『近代アーバニズム』日本評論社）

Simmel, George (1978) *The Philosophy of Money,* trans. Tom Bottomore and David Frisby. London: Routledge.（＝1999、居安正訳『貨幣の哲学』白水社）

Vlastos, Gregory (1981) *Platonic Studies.* Princeton: Princeton University Press.

Weizenbaum, Joseph (1976) *Computer Power and Human Reason. From Judgement to Calculation.* San Francisco, CA: W.H. Freeman.（＝1979、秋葉忠利訳『コンピュータ・パワー──人工知能と人間の理性』サイマル出版会）

White, Hayden (1972) 'The Forms of Wilderness: Archaeology of an idea', in Edward Dudley and Maximillian E. Nowak (eds.) *The Wild Man Within: an Image in Western Thought from the Renaissance to Romanticism.* Pittsburgh: University of Pittsburg Press.

【第5章】

Bailey, Joe (1988) *Pessimism.* London: Routledge.

Bauman, Z (1992) *Mortality, Immortality, and Other Life Strategies.* Cambridge: Polity Press.

Castoriadis, Cornerlius (1991) in David Ames Curtis (ed.), *Philosophy, Politics, Autonomy: Essays in Political Philosophy.* Oxford: Oxford University Press.

Castoriadis, Cornerlius (1992) 'The Retreat from Autonomy: Post-modernism as Generalized Conformity', *Thesis Eleven* 31.

Castoriadis, Cornerlius (1993) 'Institution of Society and Religion', trans. David Ames Curtis, *Thesis Eleven* 35: 1-17.

Cioran, E. M. (1987) *The Temptation to Exist,* trans. Richard Howard. London: Quarter Books.

Cioran, E. M. (1990) *A Short History of Decay,* trans. Richard Howard. London: Quarter Books.

Honneth, Axel (1992) 'Moral Consciousness and Class Domination: Some Problems in the Analysis of Hidden Morality', trans. Mitchell G. Ash, *Praxis International,* April.

Horkheimer, Max (1974) *Critique of Instrumental Reason,* trans. Matthew O'Connell et al. New York: Seabury Press.

Klemm, David E. (1993) 'Two Ways to Avoid Tragedy', In David Jasper (ed.), *Post-modernism, Literature and the Future of Theology,* New York: St Martin's Press.

Lane, Robert E. (1993) 'Why Riches Don't Always Buy Happiness', *Guardian,* 9 August.

Lyotard, Jean-Francois (1988) *Le Postmoderne expliqué aux enfants: Correspondance 1982-1985.* Paris: Galileé.

Moore Jr, Barrington (1979) *Injustice: The Social Basis of Obedience and Revolt.* London: George Allen & Unwin.

Nietzsche, Friedrich (1911) *Human All-too-Human: A Book for Free Spirits,* part 2, trans. Paul V. Cohn. Edinburg: T. W. Foulis.

Nietzsche, Friedrich (1956) *The Genealogy of Morals,* trans. Francis Golffing. New York: Doubleday.（＝2009、中山元訳『道徳の系譜学』光文社）

Nietzsche, Friedrich (1968a) *Twilight of the Idols,* trans. R.J. Hollingdale. Harmondsworth: Penguin.

Nietzsche, Friedrich (1968b) *The Anti-Christ,* trans. R.J. Hollingdale. Harmondsworth: Penguin.

Sachs, Wolfgang (ed.) (1992) *The Development Dictionary: A Guide to Knowledge as Power.* London: Routledge.

Schopenhauer, Arthur (1966) *The World as Will and Representation,* trans. E.F.J. Payne. New York: Dover.（＝2004、西尾幹二訳『意志と表象としての世界』中央公論新社）

Schopenhauer, Arthur (1974) *Parerga and Paralipomena,* Vol. 1, trans. E.F.J. Payne. Oxford: Carendon Press.

Schumpeter, Joseph A. (1976) *Capitalism, Socialism and Democracy,* London: George Allen & Unwin.（＝1995、中山伊知郎・東畑精一訳『資本主義・社会主義・民主主義』東洋経済新報社）

Schwarz, Walter (1992) 'Beware the Rich Bearing Gifts', *Guardian,* 11 July.

【第7章】

Adorno, Theodor W. & Max Horkheimer (1975) *Dialektik der Aufklärung.* Frankfurt am Main: Fischer Taschenbuch Verlag.（＝2007、徳永恂訳『啓蒙の弁証法——哲学的断想』岩波書店）

Bauman, Zygmunt (1989) *Modernity and Holocaust.* Cambridge: Polity Press.（＝2006、森田典正訳『近代とホロコースト』大月書店）

Bauman, Zygmunt (1993) *Postmodern Ethics.* Oxford: Blackwell.

Bauman, Zygmunt (1994) 'Morality without Ethics', *Theory, Culture and Society,* 11(1): 1-34.

Bauman, Zygmunt (1995) *Life in Fragments.* Oxford: Blackwell.

Bauman, Zygmunt (1997) *Postmodernity and its Discontents.* Cambridge: Polity Press.

Bauman, Zygmunt (1998) 'What Prospects of Morality in Times of Uncertainty?', *Theory, Culture and Society,* 15(1): 11-22.

Bauman, Zygmunt (1999) *In Search of Politics.* Cambridge: Polity Press.（＝2002、中道寿一訳『政治の発見』日本経済評論社）

Bauman, Zygmunt (2001) 'Fem nordmand mod 2000 kinesere' (Five Norvegians against 2000 Chinese), interview in *Information*, September 3rd.

Durkheim, Emile (2002) 'Détermination du fait moral', in *Sociologie et Philosophie.* Paris: P.U.F.

Foucault, Michel (1961) *Histoire de la folie.* Paris: Gallimard.（＝1975、田村俶訳『狂気の歴史』新潮社）

Foucault, Michel (1975) *Suveiller et punir.* Paris: Gallimard.（＝1977、田村俶訳『監獄の誕生』新潮社）

Foucault, Michel (1984) *Histoire de la sexualité.* Paris Gallimand.（＝1986/87、渡辺守章・田村俶訳『性の歴史Ⅰ、Ⅱ、Ⅲ』新潮社）

Habermas, Jürgen (1981) *Theorie des Kommunikativen Handlens.* Frankfurt am Main: Suhrkamp.（＝1985/87、河上倫逸・藤沢健一郎他訳『コミュニケイション的行為の理論（上）、（中）、（下）』未来社）

Habermas, Jürgen (1992) *Faktizität und Geltung.* Frankfurt am Main: Suhrkamp.
（＝2002/03、河上倫逸・耳野健二訳『事実性と妥当性——法と民主的法治国家の討議理論にかんする研究（上）、（下）』未来社）

Jacobsen, Michael Hviid (2004) *Zygmunt Bauman: Den postmoderne dialektik.* Copenhagen: Hans Reitzel Publishers.

Junge, Matthias (2001) 'Bauman's Poisoned Gift of Morality'. *British Journal of Sociology,* 52 (1): 105-119.

Levinas, Emmanuel (1961) *Totalité et infini.* Amsterdam: Martinus Nijhoff.（＝2005、熊野純彦訳『全体性と無限（上）、（下）』岩波書店）

Macintyre, Alasdair (1981) *After Virtue: A Study in Moral Theory*. London: Duckworth.

Mauss, Marcel (1971) 'Essai sur le don: Forme et raison de l'échange dans les sociétiés archaïques', in *Essais de sociologie.* Paris: Points Seuil.

【第8章】

Ahmed, S. (2000) *Strange Encounters: Embodied Others in Post-Coloniality.* London: Routledge.

Ahmed, S. (2004a) *Cultural Politics of Emotion.* London: Routledge.

Ahmed, S. (2004b) 'Collective feeling, or, the impressions left by others', *Theory, Culture and Society*, 21(2): 25-42.

Bauman, Z. (1989) *Modernity and the Holocaust.* Cambridge: Polity Press.（＝2006、森田典正訳『近代とホロコースト』大月書店）

Bauman, Z. (1990) 'Effacing the face: on the social management of moral proximity', *Theory, Culture and Society*, 7(1): 5-38.

Bauman, Z. (1991) 'The Social manipulation of morality: moralizing actors, adiaphorizing action', *Theory, Culture and Society*, 8(1): 137-151.

Bauman, Z. (1992) *Mortality, Immortality and Other Life Strategies.* Cambridge: Polity Press.

Bauman, Z. (1993) *Postmodern Ethics.* Cambridge: Polity Press.

Bauman, Z. (1995) *Life in Fragments: Essays in Postmodern Morality.* Cambridge: Polity Press.

Bauman, Z. (1998) 'What prospects of morality in times of uncertainty?', *Theory, Culture and Society*, 15(1): 11-22.

Bauman, Z. (2008) *The Art of Life.* Cambridge: Polity Press.（＝2009、高橋良輔・開内文乃訳『幸福論――"生きづらい"時代の社会学』作品社）

Bauman, Z. and Tester, K. (2001) *Conversations with Zygmunt Bauman.* Cambridge: Polity Press.

Beck, U. (1992) *Risk Society: Towards a New Modernity.* London: Sage.（＝1998、東廉・伊藤美登里訳『危険社会――新しい近代への道』法政大学出版局）

Bell, D. (1976) *The Cultural Contradictions of Capitalism.* New York: Basic Books.（＝1976、林雄二郎訳『資本主義の文化的矛盾』講談社）

Bellah, R., Madsen R, Sullivan, W. M., Swidler, A. and Tipton, S. (1996) *Habits of the Heart: Individualism and Commitment in American Life.* Berkeley, CA: University of California Press.（＝1991、島薗進・中村圭志訳『心の習慣――アメリカ個人主義のゆくえ』みすず書房）

Bygnes, S. (2013) 'Ambivalent multiculturalism', *Sociology*, 47(1): 126-141.

Caputo, J.D. (1993) *Against Ethics: Contribution to a Poetics of Obligation with Constant Reference to Deconstruction.* Indianapolis, IN: Indiana University Press.

Etzioni, A. (1994) *The Spirit of Community: The Reinvention of American Society.* London:

Simon and Schuster.

Gardiner, M. (1996) 'Alterity and ethics: a dialogical perspective', *Theory, Culture and Society*, 13(2): 121-143.

Giddens, A. (1991) *Modernity and Self-Identity: Self and Society in the Late Modern Age.* Cambridge: Polity Press.（=2005、秋吉美都・安藤太郎・筒井淳也訳『モダニティと自己アイデンティティ——後期近代における自己と社会』ハーベスト社）

Haar, M. and Gillis, M. (1997) 'The obsession of the other: ethics as traumatization', *Philosophy and Social Criticism*, 23(6): 95-107.

Habibis, D. Hookway, N. and Vreugdenhil, A. (2016) 'Kindeness in Australia: a empirical critique of moral decline sociology. *British Journal of Sociology*, 67(3): 395-413.

Hookway, N. (2013) 'Emotions, body and self: critiquing moral decline sociology', *Sociology*, 47(4): 841-857.

Hookway, N. (2015) 'Moral decline sociology: critiquing the legacy of Durkheim', *Journal of Sociology*, 51(2): 271-284.

Junge, M. (2001) 'Zygmunt Bauman's poisoned gift of morality', *British Journal of Sociology*, 52(1): 105-119.

Kemp, P. (1997) 'Introduction', *Philosophy and Social Criticism*, 23(6): 1-3.

Lasch, C. (1979) *The Culture of Narcissism: American Life in an Age of Diminishing Expectation.* New York: WW Norton and Co.

Levinas, E. and Kearney, R. (1986) 'Dialogue with Emmanuel Levinas', In Cohen, R.A. (ed.) *Face to Face with Levinas.* New York: State University of New York Press, pp. 13-34.

Macintyre, A. (1985) *After Virture: A study in Moral theory*. London: Duckworth.

Reiff, P. ([1987]1966) *The Triumph of the Therapeutic: Uses of Faith After Freud.* New York: Harper and Row.

Taylor, C. (1992) *The Ethics of Authenticity.* Cambridge, MA: Harvard University Press.（＝2004、田中智彦訳『「ほんもの」という倫理——近代とその不安』産業図書）

Tester, K. (1997) *Moral Culture.* London: Sage.

Wolf, S. (1982) 'Moral saints', *The Journal of Philosophy* 79(8): 419-439.

Wood, H. and Skeggs, B. (2004) 'Notes on ethical scenarios of self on British realiy TV', *Feminist Media Studies*, 4(1): 205-208.

【第9章】

Arendt, Hannah (1958) *The Human Condition.* Chicago, IL: University of Chicago Press.（＝1994、志水速雄訳『人間の条件』筑摩書房）

Bauman, Zygmunt (1973/1999) *Culture as Praxis* (2nd Edition). London: Sage.

Bauman, Zygmunt (1993) *Postmodern Ethics.* Oxford: Blackwell.

Bauman, Zygmunt (1995) *Life in Fragments: Essays in Postmodern Morality.* Oxford: Blackwell.

Bauman, Zygmunt (2009) *What Chance of Ethics in the Globalized World of Consumers?* Cambridge. MA: Harvard University Press.

Bauman, Zygmunt (2010) 'Culture: Liquid Modern Adventure of an Idea', in J. R. Hall, L. Grindstaff and M. Lo (eds.) *Handbook of Cultural Sociology.* Abingdon: Routledge, pp. 326-334.

Bauman, Zygmunt (2011a) 'Interview with Simon Dawes', *Theory, Culture and Society.* Available online at: http://theoryculturesociety.org/interview-with-zygmunt-bauman/.

Bauman, Zygmunt (2011b) *Culture in a Liquid Modern World.* Cambridge: Polity Press. (＝2014、伊藤茂訳『リキッド化する世界の文化論』青土社)

Bauman, zygmunt and Leonidas Donskis (2013) *Moral Blindness: The Loss of Sensitivity in Liquid Modernity.* Cambridge: Polity Press.

Bauman, Zygmunt, Michael Hviid Jacobsen and Keith Tester (2014) *What Use Is Sociology? Conversations with Michael Hviid Jacobsen and Keith Tester.* Cambridge: Polity Press.(＝2016、伊藤茂訳『社会学の使い方』青土社)

Benhabib, Seyla (1992) 'The Generalized and the Concrete Other', in *Situating the Self: Gender, Community and Postmodernism in Contemporary Ethics.* New York: Psychology Press, pp. 148-177.

Blackshow, Tony (2005) *Zygmunt Bauman.* London: Routledge.

Buber, Martin (1955) *Between Man and Man.* Boston, MA: Beacon Press.

Buber, Martin (1958) *I and Thou.* New York: Charles Scribner.(＝2014、田口義弘訳『我と汝・対話』みすず書房)

Jacobsen, Michael Hiviid and Sophia Marshman (2008) 'Bauman on Metaphors: A Harbinger of Humanistic Hybrid Sociology', in Michael Hviid Jacobsen and Poul Poder (eds.) *The Sociology of Zygmunt Bauman: Challenges and Critique.* Farnham: Ashgate, pp. 19-41.

Marcuse, Herbert (1969) *A Essay on Liberation.* Boston, MA: Beacon Press.(＝1974、小野二郎訳『解放論の試み』筑摩書房)

Tester, Keith (1997) *Moral Culture.* London: Sage.

収録論文・インタビューの原典一覧と著作権

第1章

Bauman, Zygmunt (2008) 'Bauman on Bauman: Pro Domo Sua' in Michael Hviid Jacobsen and Poul Poder (eds.), *The Sociology of Zygmunt Bauman: Challenges and Critique*, Ashgate.

第2章

Kilminster, Richard and Varcoe, Ian (1992) 'Appendix: An interview with Zygmunt Bauman' in Bauman, Zygmunt, *Intimations of Postmodernity*, Routledge.

第3章

Efrain, Kristal and Arne, De Boever, 'Disconnecting Acts: An Interview with Zygmunt Bauman,' *The Los Angeles Review of Books, November 11th and 12th*, 2014. (http://lareviewofbooks.org/essay/disconnecting-acts-interview-zygmunt-bauman)

第4章

Bauman, Zygmunt (1990) 'Effacing the Face: On the Social Management of Moral Proximity,' *Theory, Culture & Society*, Vol. 7, 5-38, SAGE.

第5章

Bauman, Zygmunt (1994) 'Morality without Ethics,' *Theory, Culture & Society*, Vol. 11, 1-34, SAGE.

第6章

Bauman, Zygmunt (1998) 'What Prospects of Morality in Times of Uncertainty?,' *Theory, Culture & Society*, Vol. 15(1), 11-22, SAGE.

第7章

Crone, Manni (2008) 'Bauman on Ethics: Intimate Ethics for a Global World?' in Michael Hviid Jacobsen and Poul Poder (eds.), *The Sociology of Zygmunt Bauman: Challenges and Critique*, Ashgate.

第 8 章

Hookway, Nicholas (2017) 'Zygmunt Bauman's moral saint: Reclaiming self in the sociology of morality,' *Acta Sociologica*, Vol. 60(4), 358-367, SAGE.

第 9 章

Best, Shaun (2017) 'Voice and generalized other in the ethical writings of Zygmunt Bauman' in Michael Hviid Jacobsen (ed.), *Beyond Bauman: Critical engagements and creative excursions*, Routledge.

訳者解題

　ジグムント・バウマンは、ポーランド出身の社会学者で、主にイギリス・リーズ大学で教鞭を取り、リーズ大学の名誉教授である。2017年、91歳で亡くなるまでに60冊以上の著作を著した。中心となるテーマは、リキッド・モダニティに象徴される現代社会論であるが、その根底に独自の倫理・道徳論がある。現代社会は倫理・道徳（論）が衰退していると言われるが、現代こそ人間が本来の道徳を取り戻す好機だとバウマンは言う。本書では、このようなバウマンの倫理・道徳論のより良い理解をめざして、バウマンの個人史と思想に関わる彼自身のエッセイおよびインタビュー記録（第Ⅰ部）、バウマンの倫理・道徳論の論文（第Ⅱ部）、バウマン道徳論に対して批判的に検討を加えている論文（第Ⅲ部）の計9編を訳出し一冊に収めた。それらを通して、バウマンの道徳社会学の現代的意義を考えることが本書の狙いである。

1　個人史と思想

　第Ⅰ部「個人史と思想」では、バウマン自身によるエッセイ「バウマンについてのバウマン——自分自身について」、バウマンのリーズ大学退官記念論文集に付されたバウマンへのインタビュー記録「社会学、ポストモダニティ、追放〔ジグムント・バウマンとのインタビュー〕」、近年、ウェブサイト誌に掲載された「関係性を断つ行為〔ジグムント・バウマンとのインタビュー〕」の3編を訳出した。

　初めに、バウマンの略歴を簡単に紹介しておこう。バウマンは、1925年11月19日、ポーランド中西部ポズナニで、会計士の父、モリッツ・バウマンとその妻ソフィアのユダヤ人両親のもとに生まれた。バウマン一家は、ユダヤ人であることで、様々な困難に遭遇することになる。第二次世界大戦が勃発

した1939年に、一家はナチスを避けてソ連に移住する。4年後、バウマンは18歳で、ソビエト傘下のポーランド人民軍に入隊する。戦後は、ポーランド労働者党に入って社会主義を信奉することになるが、ポーランド陸軍では大尉にまで昇進した。しかし、反ユダヤ主義の高まりのなか、1953年に父親がイスラエル移住を照会したことが原因で、バウマンは軍から強制的に除隊される。ここからバウマンは、自らのキャリアを変更し、ワルシャワの共産党付属の社会科学アカデミーで社会学を学び始め、社会学者への道を歩むことになる。その後、ワルシャワ大学で講師の職を得、1964年には教授になったが、第三次中東戦争の余波のなかで反シオニズムの気運が高まり、1968年にポーランド青年に反動的影響を与え腐敗させたという理由で大学を解雇される。そのためポーランドを出国し、イスラエル、カナダ、アメリカ、オーストラリアを経て、1971年にイギリスのリーズ大学の社会学教授に就任する。その後は、他の大学に移ることなく、1990年、65歳で退官するまでリーズ大学の教授であった。バウマンは、リーズ大学とワルシャワ大学から名誉教授の称号を得ている。2017年1月9日、リーズの自宅にて91歳で死去。この間、1948年に結婚し、ユダヤ人の妻ヤニーナとの間に3人の娘を設けた。ヤニーナは2009年、82歳でその生涯を終えている。その6年後、バウマンは社会学者と再婚した。

　バウマンは、多筆なことでも知られる。リーズ大学退官後も、年に1冊、多いときには複数冊の著書を上梓し、死ぬまで現役であり続け生涯の著作数は60冊以上にのぼる。バウマンの数奇な人生経験と彼の思想の歩みとの間には、当然深い関係があることが想定されるが、バウマンの思想的経緯の大きな特徴は、1980年代後半に大きな変化が見られることである。デニス・スミスは、これをバウマン思想における〈分水嶺〉と呼んでいる。この時期のバウマンは、1987年に『立法者と解釈者』、1989年に『近代とホロコースト』、1991年に『近代とアンビヴァレンス』という近代を研究対象にした重要な著作を立て続けに完成させている。ちなみに、バウマンはこの3冊をモダニティの三部作と自ら呼んでいる（第2章参照）。『立法者と解釈者』では、モダニティとポストモダニティにおける知識人の役割の変化が中心的なテーマ

である。すなわち、モダニティにおいて知識人は社会の秩序化を推し進める立法者であったのに対して、断片化するポストモダニティでは多様な文化の解釈者と見なされるようになるとバウマンは言う。彼の代表作とも言える『近代とホロコースト』では、これまでの通説に反して、ホロコーストを引き起こしたものは、単に伝統的な反ユダヤ感情といったものではなく、モダニティの合理的、官僚制的システムが体系的に導く〈責任の浮遊〉にあったことをバウマンは力説する。このホロコースト研究が、バウマンと道徳社会学を結びつける直接の動機となったわけだが、それについては次節で詳しく見ることにする。『近代とアンビヴァレンス』では、モダニティの特徴的なことは秩序への関心であって、近代人は必然性の条件の下でくつろぎを感じ、よそ者や差異に象徴される偶然性は不快と不安の源泉であった。しかしながら、ポストモダニティでは、アンビヴァレンスと共に生きることが強いられるようになったとバウマンは言う。このアンビヴァレンスに支配されたポストモダニティの人間の条件と、バウマンの道徳論の展開との間にも重要な関連が見られるが、それは次節で扱うことにする。

　つまり、この時期バウマンの焦点が、それまでの社会主義と資本主義の区別から、モダニティとポストモダニティの区別へと移行したことが、スミスの言う思想の〈分水嶺〉なのである。〈分水嶺〉以前のバウマンは、明らかに社会主義の信奉者であった。この時期は、1989年のベルリンの壁崩壊に象徴されるように、東ヨーロッパ、ソビエト連邦における国家社会主義が崩壊したときである。バウマンがモダニティの研究から導き出した結論は、彼が強い思い入れを持っていた社会主義のプロジェクトを含めて、モダニティが失敗する運命にあるということであった。それ以降、モダニティはなぜ失敗したのか、また、モダニティの破壊から救出し得るものは何かがバウマンの研究テーマになっていった。社会主義的ユートピアの実現が困難だとみたバウマンは、人類に残された最も実質的な資源は、私たちが保有する他者を思いやる生来の道徳的衝動なのだと考えるようになる。その後、バウマンは2000年に彼のもう一つの代表作と言える『リキッド・モダニティ』を公刊する。そこでは、現代の社会状況の分析に焦点が合わされ、現代社会の人間同

士の結びつきの儚さや、常に変動する世界が生み出す不確実性の問題が中心的なテーマになっている。なぜ〈リキッド〉という語彙を用いるのかは、本書第3章に訳出したインタビュー記録に詳しいので参照してほしい。2000年代、バウマンは、『リキッドな生活』、『リキッドな愛』、『リキッドな監視』といったような、リキッドがタイトルの頭に付く書物を数多く出版するようになり、バウマンと言えばリキッド・モダニティの社会学者という印象を強く与えることになった。ただし、バウマンの現代社会論には、その根底に常に倫理・道徳論があることを見逃してはならないであろう。

第1章の自伝的エッセイ「バウマンについてのバウマン」は、基本的に自らの経歴を語ることを好まないバウマンが自分自身について書いたという意味でも貴重な文章である。エッセイ冒頭、これまで経歴を語ることに抗ってきた理由として、自伝的試みというようなものが大方、共感を得られない自己宣伝か自己弁護に陥ると思っていたし、今も思っていることが明かされる。思想的には、アルベルト・カミュの『反抗的人間』とアントニオ・グラムシの『獄中ノート』から大きな影響を受けたこと、また社会学的には、ライト・ミルズの『社会学的想像力』やワルシャワ大学時代の講義から大きな影響を受けたことなど、若きバウマンの思想形成を理解するうえで貴重な内容である。そして、「社会学は私にとって現存の社会的現実の批判でしたし、今でもそうです。社会学は現状の相対性を顕わにし、もう一つ別の社会的あり方や生活の仕方の可能性を啓発することに意味があり、TINA（他にやりようがない）のイデオロギーや人生哲学に逆らって作用することに意味があります。（中略）生のままの人間経験の解釈として、社会学の使命は、私がずっと初めから理解していたように、別の選択があるということを示すことでした」という文章は、バウマンの社会学に対するスタンスをよく物語るものになっている。バウマンの社会学の真髄は、事象の因果論的説明にあるのではなく、人々の複雑な生の生活経験との対話を通して、それを解釈することにあるのである。方法論的には、それは数量的分析の方向からは当然のこととして距離を置くことになる。

第2章の「社会学、ポストモダニティ、追放」は、リーズ大学退官という

節目の年（1990年）に行われたバウマンへのインタビュー記録であり、〈分水嶺〉に至るバウマンの社会学的関心の対象とその変遷の背景を知るうえで貴重な文章である。バウマンの著作が、また彼の学究生活が、一つは労働者階級ないしは社会のなかで不遇な立場にいる人々と、もう一つは文化というトピックに関心を持ち続けてなされてきたことが語られる。そして彼の言う文化とは、静態的な概念ではなく、常に変化する創造的なプロセスとして捉えていることが主張される。マルクス主義や構造主義との関係、社会学の役割や他の分野との違い、自由や消費主義との関わりといった興味深いテーマが、インタビュアーの質問に答える形で比較的分かりやすく語られているのでぜひ一読してほしい。

　第3章の「関係性を断つ行為」は、電子メールを用いて行われたものであるが、バウマンの晩年（2014年）のインタビュー記録なので、〈分水嶺〉以降のバウマンの思考の展開を知るうえで貴重な文章と言える。小見出しが、〈モダニティ、ポストモダニティ、液状化〉であることも、〈分水嶺〉以降のバウマンの思想の歩みを象徴している。このインタビューのなかでバウマンは、なぜポストモダニティという概念が、現代の状況分析にとって中心的な概念になったのか、また、なぜその概念を使うのを止めて、〈リキッド・モダニティ〉という概念を使うようになったのかについて要領よく説明している。また、リキッドな近代の負の側面に着目し、そこから抜け出す〈再固体化〉とも言えるような人々の協同や連帯の具体的方向性を示唆していることにも注目したい。グローバル化の状況において、物事を決める権力とそれを実行する政治が乖離してしまったという、晩年のバウマンの自論が展開されている。

2　バウマンの道徳論

　第Ⅱ部「バウマンの道徳論」では、「顔の消去——道徳的近さの社会的処理について」、「倫理なしの道徳性」、「不確実性の時代における道徳性の見込みは如何に？」の3編の論文を訳出した。いずれも『理論、文化と社会』誌に掲載された、バウマン自身による道徳社会学に関する論文である。言うま

でもなく、この第Ⅱ部が本書の中核を形成する。

　バウマンの道徳論を語るうえで、避けて通れないのが前節で触れたバウマンのホロコースト研究である。バウマンがホロコースト研究に着手したのは、『近代とホロコースト』（1989年）においてである。彼の生涯において、早くから反ユダヤ主義に苦しめられていたことを考えると、このテーマに本格的にとりかかったのは遅い感じもするが、直接のきっかけは、妻ヤニーナのユダヤ人ゲットーでの隠れ家生活の手記『冬の朝』を読み、感銘を受けたことであった。『近代とホロコースト』の緒言で、バウマンは「ヤニーナの本を読んで、私は自分がいかに無知であったか、また、むしろ、何も考えていなかったかを考えはじめた」と告白している。そして、それまでの自分のホロコースト観は、客観的に眺めることを許された「壁に掛けられた絵」のようなものであったと言う。

　バウマンのホロコースト研究の特徴は、すでに述べたように、伝統的、前近代的なユダヤ憎悪とホロコーストの実行とを直接関連させるのではなく、近代の特質（モダニティ）と関連づけて解釈する点である。我が国におけるバウマン道徳社会学の数少ない優れた研究書である『バウマン社会理論の射程——ポストモダニティと倫理』で中島道男が指摘するように、バウマンの主張の基本線は、「ホロコーストの実行が可能だったのは、原始の道徳的動因を無化・中和化し、そうした動因が生起し適応される領域から殺人機構を孤立させ、そして、そうした動因をその課題にとってマージナルあるいはまったく無関係にする、といったことが条件になる。この、中和化・孤立化・マージナル化こそ、近代の産業・交通・科学・官僚制・技術を採用したナチの政治体制が成し遂げたことにほかならないのではないか」ということである。ここに、ホロコーストの分析を通して、モダニティ研究とバウマンの道徳論とが結びつくことをはっきりと見て取ることができる。より具体的には、『近代とホロコースト』の第7章「道徳の社会学的理論へ向けて」で、バウマンの道徳論が詳細に展開される。この章はバウマンの道徳社会学を理解するうえで必読の論文である。幸い森田典正の邦訳があるので、本書第Ⅱ部所収論文と合わせてぜひ読んでいただきたいが、以下では第Ⅱ部に収めた論文を理解するうえでそ

の前提となる、あるいはそこでも繰り返されるバウマンの主張の要点をこの論文から見ておくことにする。

　バウマンはこの論文の初めで、道徳と社会学の関わりについて触れ「ほとんどの社会学的物語は道徳に言及しない」と言う。科学としての社会学は、価値から中立であろうとするため、社会学者たちは何が道徳的かということは語らず、道徳は類型化され、原則的に道徳とは無関係の現象との関係から、つまり制度の観点から説明される。その典型がデュルケームの社会学である。そこでは道徳とは、社会の規範に従うことである。それゆえ、すべての道徳は社会に由来し、社会の外側に道徳は存在しない。バウマンは、それを〈道徳生産工場としての社会〉と呼ぶ。その前提にある人間観は、人間という動物の前社会的欲動は利己主義的、残酷つまりは野蛮なものなので、社会的強制が取り除かれれば、人類は野蛮状態に逆戻りしてしまうというものである。この考えは、社会に自らの判断で道徳的と認めた行動を構成員に強制する権利を認めており、道徳は他律的なものとして人々に外在している。

　彼のホロコースト研究は、この一般的になった道徳観への反省を迫るものであった。もし、社会の規範に従うことが道徳的であり、規範から逸脱することが非道徳であるとするならば、ナチ支配下時代のドイツ社会においては、ユダヤ人を抹消することが支配的な社会規範であり、それこそが道徳的な行為と解釈されてしまう。一方、窮地にあるユダヤ人を救うことは、社会規範からの逸脱であり、非道徳的な行為になってしまう。これは、やはりおかしいのではないか。これがバウマンの基本的な問題提起である。

　この問題を考えるうえでバウマンは、道徳の起源に考察を進める。そして、それを「他者と共に存在すること」（他の人間と共に生きること）の意味から説き起こそうとする。これまでの社会学にとって他者とは、行動のコンテクスト、行為者の状況あるいは環境といったものにすぎなかったとバウマンは言う。そして、レヴィナスの倫理哲学を参照し、「他者に対する責任」こそが、道徳であり、それは対人関係の最も純粋な基本構造なのだと結論づける。道徳の本質が他者に対する義務、責任であるならば、社会的なプロセスが出来上がるのは、その根底に道徳が存在するからなのである。それゆえ道

徳の起源は、社会に先立ってある。バウマンはそれを、道徳の前ソサエタル的起源と呼ぶ。つまり、道徳は社会の産物ではなく、社会が操作する何かなのである。また、レヴィナスによれば、責任こそが主体の本質的、基本的構造なのだと言う。自己は他者への責任によって道徳的主体を形成する。その場合、道徳的判断は自律的なものとして主体に内在している。つまり、人々は自己のうちに道徳的衝動を保有しているわけである。

次いでバウマンは、道徳的責任と社会的距離の関係に焦点を当て、あらゆる道徳的行為の源である責任は、他者との近接性から生じると言う。近接性は責任を意味し、責任は近接性を意味する。近接性が侵食されると責任は沈黙する。つまり、仲間や同胞が他者に変容すると、責任は憎しみに取って代わられる。ここでバウマンは、ホロコーストを実行させたものは、社会的距離の生産を通して道徳的責任を社会的に抑圧した結果だと言う。そして、この社会的距離の生産を可能にしたものが、科学技術や官僚制といった近代の〔モダニティ〕条件であったというのが彼の主張であり、この論文の結論である。すなわち、近代という条件無くしてホロコーストは起こらなかったし、また、モダニティの条件さえあれば、ホロコースト的な事象が起こり得る可能性がいまだ残っているということでもある。

第4章「顔の消去——道徳的近さの社会的処理について」（1991年）は、『近代とホロコースト』の直後に書かれた論文であり、この社会による距離の生産という問題に焦点を合わせたものである。ちなみに、この論文が公表される前年（1990年）、バウマンは『近代とホロコースト』で、権威あるアマルフィ・ヨーロッパ賞を受賞し、その受賞記念で、『道徳の社会的操作——道徳的行為者、無関心行動』という講演を行っている（この講演の邦訳は『近代とホロコースト』の補遺に掲載されている）。第4章の論文は、この講演の内容を深めたものと言える。タイトルにある〈顔〉とは、レヴィナスの倫理哲学の基本概念であり、目の前の他者を前にして、その他者の尊厳に応えることを求められる当為意識である。より分かりやすく言えば、苦しんでいる他者を前に「助けてやらねばならない」と感じるとき、私は顔を感じているのである。この論文では、官僚制や科学技術、都市環境をベースにした社

会的操作による〈顔の消去〉が道徳的無関心を導くものとして詳細に論じられている。また、中島が指摘するように、バウマンの道徳論の理解にとって、ソサエタルとソーシャルの区別は重要である。先にも見たように、道徳は、超個人的媒体である社会（それは訓練や強制を強いる）に先立って、前ソサエタル的起源を持つのであり、道徳的行動は、顔と顔が対面するソーシャル（つまり、他者と共にあるという状況）な文脈で生じるのである。この論文の結論で述べられるように、バウマンの道徳社会学の基本は、従来の支配的な社会学とは正反対の命題、すなわち人間は生まれながらにして道徳的能力、道徳的衝動を持つという前提から理論化を始めることにある。

　分水嶺以降、バウマンの思想の中心がモダニティとポストモダニティのダイナミックな関係を探ることに移行していったことはすでに述べた。ここでは、そのことがバウマンの道徳論とどのような関係にあるのかを見ていこう。そのためには、まず、バウマンのモダニティ三部作のもう一つの著作『近代とアンビヴァレンス』を参照する必要がある。そのなかでバウマンは、近代という時代が合理的な秩序を追い求めた時代であったことを強調する。そこでは、秩序と真理が支配的な力を持つことになり、そのような理性的・普遍的世界においては、アンビヴァレンス（偶然性や曖昧さ）は排除の対象以外の何ものでもなかった。拘束力のある規則や規範が、アンビヴァレンスから逃れ、必然性を手に入れるために必要不可欠なものであった。しかし、ポストモダニティと呼ばれる時代の変容において、人々はアンビヴァレンスと共に生きることを強いられるようになったというのがバウマンの時代認識である。現代は、確固たる規範が揺らぐ、不確実性の時代、まさかの時代なのである。モダニティを特徴づけていた普遍性・確実性・透明性の希望は捨て去らなければならない。

　しかしバウマンは、このことを否定的には捉えておらず、その反対に解放への道の第一歩だと言う。アンビヴァレンスのなかで生きざるを得ない人々は、自分たちの定め（宿命）を受け入れることで、それをめぐりあわせ（運命）に変えることが可能だとバウマンは言う。より分かりやすく言えば、たとえば、現在、恵まれた職にある者は、たまたま倒産にも合わず、めぐりあ

わせで恵まれた職に就いているのであって、失業者になる可能性が常にある
ことが、偶然性、不確実性を受け入れることで理解できるようになるという
ことである。そのことは、他者や差異、弱者に対する寛容性（やさしさ）を
育む可能性につながり、それをバウマンは解放の可能性と言っているのであ
る。しかし、めぐりあわせに基づく寛容さが、高尚な無関心に陥らないとい
う保証はない。そうならないためには、他者への尊敬が必要だとバウマンは
言う。他者の差異を尊敬することによってのみ自分自身の差異を尊敬するこ
とができるのだと。このようにバウマンは、アンビヴァレンスのなかで生き
ざるを得ない条件、すなわちポストモダニティという条件下で〈寛容から連
帯へ〉というテーマを追求する。

　ポストモダニティという時代を、このようなアンビヴァレンス（偶然性、
不確実性）という概念で捉えたバウマンは、バウマン道徳社会学の代表作で
ある『ポストモダニティと倫理』（1993年）と『断片のなかの生』（1995年）
を刊行し、そのなかでポストモダニティにおける自らの倫理・道徳論を展開
する。第5章「倫理なしの道徳性」（1994年）は、『断片のなかの生』の第1
章にほぼそのままの形で再録されている。まず、この論文で重要なことは、
タイトルにもなっている倫理と道徳性の区別である。ここに倫理とは、社会
規範に則った行為をすることであり、より簡単に言えば、規則を守る行動で
あり、これは基本的に他律的な行為である。一方、道徳性は、人々が生まれ
つき持っている道徳的能力、道徳的衝動を発揮する行為であり、基本的に自
律的な行為である。秩序が支配していた近代の道徳は、規範や規則に従う行
動が求められた。それゆえ、倫理が支配的であった。それに対して、アンビ
ヴァレンスが支配的なポストモダニティの道徳は、外的な規範や規則自体が
曖昧なものになってしまっているため、それに従うことではなく、自律的な
道徳判断が私たちに求められるというのである。文字通り〈倫理なしの道徳
性〉がポストモダニティの時代を特徴づけているのである。この論文でバウ
マンは、その変容の社会的プロセスを詳細に検討したうえで、「ポストモダ
ン時代の住人は、いわば自分たちの道徳的自律性、従ってまた自分たちの道
徳的責任に面と向かうことを強いられている。これは道徳的苦悩の原因であ

る。しかしまた、これは道徳的自己が以前には決して直面しなかった好機^{チャンス}でもある」という文章で締めくくっている。

　ポストモダニティの時代が、道徳性にとって好機^{チャンス}かもしれないというこの認識の下、今後の展望を素描したものが、第6章「不確実性の時代における道徳性の見込みは如何に？」（1998年）という比較的短い論文である。モダニティは倫理、すなわち他律的な道徳の時代であったのに対して、不確実性の時代、すなわちポストモダニティは道徳、すなわち自律的な道徳の時代という理解をベースに、この論文では道徳性の意味を探究する。そこでは、かなり哲学的な議論が展開されるが、しばしば批判の的ともなる（第Ⅲ部参照）、レヴィナスの無条件の他者への責任、ロッグストップの他者の要求の非言及性への応答という考え方に道徳の原初の意味をバウマンは見出している。そしてそれらがともに、〈二人の道徳的出会い〉に象徴されるミクロ・ソーシャルな領域の問題であることを認め、グローバル化する時代の大問題は、道徳性の問題というよりも、公正という政治の問題であることを認める。しかし、バウマンは、そういう状況のなかでも、人間が生まれつき持っている道徳的能力、道徳的衝動というものが現実の社会生活に提供できるものがあるのではないかと考える。人間が生まれつきの移動能力（具体的には足）を持っていたがゆえに、移動手段を開発し、グローバルな移動が可能になったように、人間の生まれつきの道徳的能力（衝動）が、より大きな世界の問題解決への礎石になり得るのではないかとバウマンは期待するのである。この結論が、どれだけ説得力を持つかは読者の判断に委ねるしかないが、ユートピアの喪失した時代において、バウマンは、人々の道徳的能力に（最後の）希望を見出そうとしているのである。

3　バウマンの道徳論批判

　第Ⅲ部「バウマンの道徳論批判」では、マニー・クロネ「倫理に関するバウマン──グローバル世界に対する親密な倫理？」（2008年）、ニコラス・フックウェイ「ジグムント・バウマンの道徳的聖人──道徳の社会学における自己の再生」（2017年）、ショーン・ベスト「ジグムント・バウマンの倫理

著作における声と一般化された他者」（2017年）の３編を訳出した。ここで批判論文を取り上げる目的は、言うまでもなく、バウマンの道徳論の理解をより一層深めることである。

　これまでのバウマンの道徳論への大きな批判の一つは、バウマンが道徳性の原初の形態とする〈二人の道徳的出会い〉は、前社会的な道徳的衝動の議論をしているのであって、それは社会学的概念とは言えないというものであった。この批判は、マティアス・ユンゲの論文「ジグムント・バウマンの道徳性という毒入りの贈り物」（2001年）に代表される。この論点については、すでに中島が、これはバウマンの言うソサエタルとソーシャルを混同した結果であると適切な再批判を行っている（中島『バウマン社会理論の射程』、第３章「道徳論の解釈をめぐって――批判的検討」参照）。バウマンの言う〈前社会的〉とは、プレ・ソサエタルであって、プレ・ソーシャルではない。〈二人の道徳的出会い〉は、その限りで社会的（ソーシャル）な概念なのである。この第Ⅲ部では、それ以降の比較的最近の批判論文を取り上げた。

　第７章のクロネ論文は、1990年代のポストモダニティの道徳性についてのバウマンの分析が、社会学分野への挑戦と倫理についての社会学的理論の刷新に貢献したにもかかわらず、社会学分野への影響は限られたものであったのはなぜかという問いを検討している。そして、そこには主要な二つの問題が関係しているとクロネは言う。一つは、理論的なレベルの問題で、バウマンの社会学的道徳理論は社会学的広がりを持った理論の定式化に失敗していること。もう一つは、経験的レベルの問題で、バウマンの道徳性の理論は、現代社会すなわちポストモダニティの社会における社会的実体の展開を適切に捉えることに失敗しているとクロネは言う。分かりやすく言えば、第一の問題は、バウマンの近接性に基礎を置く道徳、つまり〈二人の道徳的出会い〉を基礎にした道徳の理論化が、規範が非道徳的になるホロコースト的な状況、ある意味では非常事態ないしは特殊な状況には適合するが、より一般的な、無限の責任を必要としないような普通の状況には適用できないということである。すなわち、ここで問題にされているのは、理論の適用範囲の限定であって、それ自体は重要な指摘である。つまり、理論の適用範囲が狭すぎ

て、社会学分野への影響が限られたものになったということであろう。ここでは、この点にこれ以上の深入りはしないが、すでに述べたように、バウマンは、リキッド・モダンであろうとそれがモダニティの条件下にある以上、現在でもホロコースト的状況が生まれる危険性を否定し得ないと再三警告を発していることには留意しておこう。

　第二の問題は、バウマンが言うようなポストモダンの道徳性が、ポストモダンの時代における経験的証拠に支持されないということである。ポストモダンの世界は、〈道徳の時代〉になったわけではなく、何にもまして消費の世界になっており、現在〈道徳の時代〉に入りつつあるという経験的証拠はないとクロネは言う。確かに現状はその通りかもしれないが、先に見たように、ユートピアの喪失した時代に、人々の道徳性に最後の希望を見出そうとするバウマンの思考は、それがたとえ〈べき〉論であったとしても、私たちの社会学的想像力を刺激し解放するものであろう。

　この社会学への影響が限られているという問題認識を背景に、最終的で重要な問いは、バウマンによって提起された近接の道徳性が現代社会の倫理的問題に対処するうえで適切なものかどうかを検討することだとクロネは言う。そして、その結論は、グローバル化の時代の今日、求められるのは、マクロな倫理論であり、社会的、政治的な正義の領域の理論であるので、バウマンの近接性に根ざしたミクロな倫理論と近接性が確保されないマクロな倫理論とを繋ぐ、言い換えれば、前社会的な道徳性の領域と正義の領域とを繋ぐ理論が必要である。そして、そのためには、道徳性と政治と正義の領域がお互いにどのように関連し合っているのかを明確に示すことのできる、より洗練された政治理論が必要であると言う。

　このミクロとマクロの乖離という問題意識に関しては、公表された年は遡るが（1998年）、第6章の論文ですでにバウマン自身が自問しているところでもあった。しかし、先に見たように、その回答の試みが移動の問題との比喩でのたとえ話であったので、それが必ずしも説得力があったとは言えないであろう。ただし、クロネ自身が論文の最後でバウマン自身の「問いを発する術を忘れた、あるいはこの術を忘れさせるような社会は、決して直面して

いる問題に適切な解決策を見出すことはないであろう」という文章を引いてバウマンを擁護しているように、バウマンの最大の存在意義は、この倫理・道徳の問題においても、問いを発し続けることにあると言ってもよいのではないか。その問いの答えを考え続けなければならないのは、まさに私たち自身なのである。

第8章のフックウェイ論文と第9章のベスト論文はともに、その批判の中心はバウマンの道徳論の基本である〈他者のためにある〉という考え方に関するものである。この考えは、極めて強くレヴィナスの倫理哲学に負っているので、当然のこととしてレヴィナス解釈にも関係している。まず、フックウェイは、バウマンの道徳社会学が、現在における道徳の理論化において重要な貢献をしたことを認めたうえで、他者への無限の責任のなかに自己を喪失していると批判する。そして、バウマンの道徳論は、〈道徳的聖人〉、つまり常に他者のためにある道徳的人格を論じることはできても、普段の道徳における自己の働きを論じるものではないと言う。そのうえで、自分への配慮と他者への配慮という両極端の間の中間領域の理論化が必要であると主張する。

一方、ベスト論文には、多くの批判点のなかに、セクシャリティの問題や社会主義ユートピアの問題など、私には必ずしも説得的とは思えない主張が含まれるが、それはさておき、ここでは、〈他者のためにある〉という考えに直接関係する論点を取り上げよう。ベストは、バウマンの道徳的自己は、〈全権大使〉の役割を身につけていると批判する。つまり、道徳的自己はとても強力で、他者との対話なしに他者に対して何が真実なのかを決める権利を持っていると言う。そして、そのような相互性を失った、バウマンの声なき受け身の他者は、倫理的関係内での自らの地位を否定されていると言う。そのうえで、バウマンは他者のために何かをするという倫理的な見方を支える、温情主義的で慈悲深い感情を脱構築する必要があるとベストは主張する。

要するに、バウマンの道徳論の基本になっている〈他者のためにある〉という概念の解釈をめぐって、フックウェイは自己の喪失を、ベストは他者の

否定を問題視しているわけである。ここで参考となるのが、中島が注目する、レヴィナスにおける〈他者と共にある〉と〈他者のためにある〉との区別の問題である。中島は岩田靖夫のレヴィナス解釈を参照しつつ、下図のようにこの問題を整理する（図の一部分省略）。そして、「〈他者のためにある〉というのは、〈他者と共にあること〉に対して垂直に切り込んでいる次元だと言える。現象的世界の存在者としての他者と私との関係を示しているのが〈他者と共にあること〉であり、現象的世界の存在者ではないものとしての他者と私との関係が〈他者のためにあること〉と言うことができるだろう。後者によってこそ、道徳的主体としての私がはじめて構成される」と言う（中島、2009: 72）。多少難解だが、ここで他者（the Other）、大文字の Other と他人（other）、小文字の other が区別されていることが重要である。〈他者のためにある〉の他者は、現実の世界の他人とまったく別ではないが、その背後から、〈存在のかなた〉から、より大きなものが射し込んでいるのである。

このレヴィナス解釈を、岩田自身の言葉で補足すれば、「汝は、とりあえずは人間としての他者であり、この人間としての他者のうちに、それを回路として〈不在〉（存在のかなた：筆者注）がわれわれに関わってくるのである。

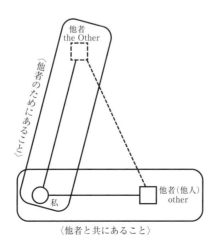

だから、われわれは人間に関わると同時に神に関わるのである」（岩田、2001: 185）。そして、「その不在が、殺すな、孤独のうちに見棄てるな、側にいてほしいと嘆願し、命令しているのである。それが神の言葉であり、神の栄光である」（同上: 187）と言う。岩田によれば、われわれが神と関わる唯一のあり方は、他者との倫理的な関係であり、力のない弱い他者の顔において、われわれは神と出会う。神は愛であり、そうであれば、神は力のない弱い者でなければならないのである。ここで重要なことは、神の存在証明ではなく、神の言葉の意味が解ることなのである。

　このように、〈他者への責任〉には、現実世界の他者（他人）への応答責任に加えて、超越的な存在者への責任が含まれている。それゆえ、〈他者のためにあること〉が道徳的自己の形成に繋がるのである。このように考えれば、他者への無限の責任や無条件の責任は、一方的な自己犠牲であり自己の喪失であるというフックウェイの主張はあまりにも一面的すぎるのではないか。〈他者のためにある〉ことは、超越的な存在を介して、当人の自己実現に深く関わっているのである。また、バウマンの道徳的自己は全権大使であり、他者との相互性を欠いているというベストの批判もあまりにも表面的すぎるのではないか。道徳的自己は、他者を否定しているわけではなく、その反対に道徳的自己は、声を発することのできない弱者の声を無視できない、それに無関心ではいられないのである。さらに、大文字の他者と小文字の他者（他人）を区別することで、フックウェイのバウマンの言う他者とは誰かという疑問と、ベストのバウマンの他者は一般化された他者であるという批判に、一定程度は答えることができるのではなかろうか。ここで取り上げたフックウェイとベストの批判はともに、〈他者のためにあること〉と〈他者と共にあること〉の区別、および、それと関連した大文字の他者と小文字の他者の区別を混同した結果だと言えるのではないか。ただし、中島も指摘しているように、バウマン自身がその著作のなかで、この区別を必ずしも明確にしているわけではないことは断っておかねばならない。

4　バウマン道徳社会学の意義

　最後に、これまでの議論も踏まえつつ、バウマンの道徳社会学の意義を確認しておこう。そこでは、理論的な次元、言い換えれば社会学理論の領域での意義と、経験的な領域、より正確には現代社会論的な次元における意義とを便宜的に分けて考えることが可能であろう。

　まず、バウマンが行った個人の道徳性（他者への応答責任）に重きを置いた、現在の倫理・道徳の理論化という作業は、二重の意味で従来の社会学への挑戦であった。第一にそれは、従来の社会学の〈価値中立的〉性質への挑戦である。バウマンは、現在支配的な対象を客観的に扱う自然科学をモデルにした社会科学の立場とは一線を画し、〈語る主体の多様性〉や〈人間経験の複数性〉といった事柄を重視する。それは〈人文科学としての社会学〉、〈公共哲学としての社会学〉と呼べる立場の強調である。バウマンがしばしば社会学と小説の共通性を主張するのはそれゆえのことである。バウマンの道徳社会学は、人々の責任・連帯を基盤に良き生、良き社会を構想する、価値に深くコミットした社会学であることに間違いはない。それは人々を拘束する〈不自由の社会学〉ではなく、人々を解放する〈自由の社会学〉への歩みなのである。

　第二は、個人の道徳的能力、道徳的衝動に道徳の源泉を見出そうとするバウマンの理論化は従来の社会学とはまったく反対の仮説（人間観）から出発していることである。すなわち、従来の社会学はデュルケームに象徴されるように、〈生まれつき人間は不道徳な存在〉という仮説から社会学の理論を構築してきた。それゆえ、人間が道徳的になるには社会を必要とすると考えた。社会が成り立つためには、社会規範、社会規則が必要であり、それによる社会化、強制・訓練が不可欠であった。つまり、社会規範に従うことが道徳なのであった。それに対して、バウマンは、〈生まれつき人間は道徳的な存在〉という対抗仮説を持ち出し、そこから倫理なしの道徳性、すなわち規範に従うのではなく、自ら善悪を判断する主体を見出そうとした。それは、他律的な道徳に対する自律的な道徳の提示であった。ただし、バウマンも言うように、この二つの相対立する仮説はどちらも論証できるものではない。

それゆえ、バウマンが行ったことは、従来の社会学への根源的な挑戦であり、オルタナティブな社会学の方向性の示唆であった。

　さて、このような既存の社会学への挑戦にどのような意義があると言えるのであろうか。このことを考えるうえでは、より経験的な領域、すなわちバウマンの現代社会論の次元でその意義を検討してみることが不可欠である。当然予想される反論は、個人の道徳性などに今さら期待を寄せて何の意味があるのかというものであろう。すでに見たように、バウマンの道徳論の出発点はホロコースト研究にあった。そこでの結論的なことは、どんなに弱々しく見えても、悪をおこなえという命令に従わないために、個人に植えつけられる良心に賭けるしか他に選択肢がないということであった。ユートピアを喪失した現在、良き社会を構想するうえで、それは弱いものかもしれないが個人の道徳性に賭ける他ないし、またそれは賭けるに足るものであるというのがバウマンの基本認識である。そのことは、バウマンが〈希望のユートピアン〉と呼ばれる所以でもある。〈希望〉こそが、TINA（他にやりようがない）のイデオロギーや人生哲学に逆らって、もう一つ別のあり様を社会学的に模索しようとするバウマン社会学の肝である。ますます閉塞性が強まり、出口の見えない今日の社会状況において、個人の道徳性に賭ける選択肢（希望）を先ずは排除しないことが理論的にも、実践的にも重要なのではないか。この領域に、独創的に風穴を開けたバウマンの道徳社会学と真摯に向き合い、それを深め発展させていくことが私たちに課せられた緊要の課題なのではなかろうか。

　加えて、すでに見たように、この〈希望〉がまったくの絵空事でないことをバウマンの現代社会論、ポストモダニティ論が示唆している。ポストモダニティの時代は、モダニティの時代とは異なり、偶然性、不確実性、アンビヴァレンス（曖昧さ）と共に生きることが稀なことではなく、正常な状態になる。ポストモダニティは、一言で言えば、絶えず日常的な選択を迫られる時代なのである。ポストモダニティは〈幻想のないモダニティ〉だとバウマンは言う。モダニティは、人間界の乱雑で無秩序な状態は、一時的な状態にすぎず、理性の秩序立った体系的な規則によって遅かれ早かれ取って代わら

298

れるという信念に支えられていた。それがバウマンは幻想だと言うのである。ポストモダニティの乱雑で無秩序な状態の方こそが人間界の真実なのだ。そして、そのことが人間の道徳的能力にまともに面と向かう機会をもたらすのだとバウマンは言う。無秩序化するポストモダニティでこそ、まさに倫理規範なしの道徳性が問題となるのである。社会を可能にし、社会の持続的存在や社会の幸福を可能にするのは、個々の成員の道徳的能力なのである。そして、人間の共生（連帯）の道徳を形成する素材は、他ならぬ道徳的衝動であり、道徳的責任であり、道徳的親密さなのである。このような意味合いで、ポストモダニティ（現代）は道徳の時代（好機）なのである。

　しかし、このようなバウマンの主張に対しては、すでに見たようにクロネ（第7章）の経験的妥当性についての批判がある。クロネは、ポストモダニティは〈消費の時代〉になったのであって、現在私たちが〈道徳の時代〉に入りつつあるという経験的証拠はないと言う。現在確かに、消費がモダニティの時代の官僚制や合理性に代わって、個人主義をベースにした道徳的無関心化を推し進めていることは否定できないし、それはバウマン自身も認めているところでもある。ただし、晩年のインタビュー（第3章）や比較的最近の著作からも分かるように、バウマンは、リキッド・モダニティの現実は、他者との連帯によってしか改善し得ないものであり、また、グローバル化した世界においては、連帯的な人間性によってしか問題は解決しないと考えている。そして、その解決の糸口がまったくないというわけではないとバウマンは言うのである。すなわち、個人の道徳的能力に一貫して希望を持ち続けている。バウマンがしばしば、自分のことを「短期的には悲観主義者だが、長期的には楽観主義者だ」と表現するように、将来における〈道徳の可能性〉を諦めてはいない。

　クロネが批判論文の最後で、今日の倫理・道徳的問題に問いを発し続けるバウマンの姿勢を評価したように、〈希望〉への具体的道筋はそれほど明確とは言えないが、バウマンの発した問いに耳を傾け、議論し、答えを模索し続けることが、現代人としての私たちの責務なのではなかろうか。バウマンの著作の翻訳の多くが、リキッド・モダニティに代表される現代社会論を対

象とし、その重要性に比較して日本語で読めるバウマンの倫理・道徳論が少ないのではないかという個人的な認識ないしは不満が、バウマンの道徳論を理解するうえで重要と思われる論文を中心にした翻訳集を作成してみたいという動機になっている。少しでも、バウマンの問いをめぐる航海の海図として役に立つことができれば、翻訳者として、それに勝る喜びはない。

【参考文献】

Bauman, Z.（1989=2006）*Modernity and the Holocaust.*（森田典正訳『近代とホロコースト』大月書店）

─────（2008=2009）*The Art of Life.*（山田昌弘解説、高橋良輔・開内文乃訳『幸福論──"生きづらい"時代の社会学』作品社）

五木寛之（2018）『マサカの時代』新潮社

岩田靖夫（2001）『神なき時代の神──キルケゴールとレヴィナス』岩波書店

中島道男（2009）『バウマン社会理論の射程──ポストモダニティと倫理』青弓社

Smith, D. (1999) *Zygmunt Bauman: Prophet of Postmodernity.* Polity.

あとがき

　今年（2020年）は、新型コロナウイルス感染症の世界的大流行<ruby>（<rt>パンデミック</rt>）</ruby>によって、期せずして歴史に残る、また人々の記憶に残る年となった。定年退職し、基本的に年金生活者の身である私でさえ、不要不急の外出自粛には悩まされ、閉塞感の抜けない一年であった。この先の見通せない不安のなかで、あえてポジティブな側面を見出すとすれば、それは〈コロナ後の世界〉、〈コロナ後の社会〉、あるいはまた〈コロナ後の生き方〉を模索・展望する好機になったことであろう。いま手元にある新書本のタイトルをざっと見ただけでも、『変質する世界』（PHP新書）、『コロナ後の世界』（文春新書）、『コロナ後の世界を語る』（朝日選書）、『コロナ後の世界を生きる』（岩波新書）などがあり、内外の知識人がこの問題に強い関心を寄せているのが分かる。もしバウマンが生きていたら、いま何を語ったであろうかと考えるのは多分私だけではないであろう。

　新型コロナ対策として自粛が要請されていた最中、私は〈コロナ・ピューリタニズム〉という聞き慣れない言葉を新聞で目にした（読売新聞、2020年6月1日）。精神科医の斎藤環氏が考案した言葉だと言う。それは、「自らも感染しているという前提で、他人にうつさないように振る舞うべきだ」という行動規範に則り、「医学的な要請を道徳的要請と捉え、無意識のうちに倫理観として内面化しつつある」現象のことだと言う。具体的には、〈3密回避〉への過剰反応や〈自粛警察〉によるバッシングなどに現れている。また、斎藤氏はコロナ・ピューリタニズム（CP）は「他者に触れてはならない」という新しい倫理観をもたらし、他人と親密な関係を築くことを難しくすると言う。その程度はともあれ、〈コロナ後の社会〉、〈コロナ後の生き方〉を展望するうえで、私たちは今一度、自分たちの倫理観や道徳観を検討してみる必要がありそうである。

　その際、本書で紹介したバウマンの倫理・道徳論は、一つの参照理論<ruby>（<rt>リファレンス</rt>）</ruby>として役立つのではないか。ホロコーストの事例やレヴィナスの哲学を基礎にするバウマンの議論は、極端な思考であり日常生活とはかけ離れているという批判を完全に否定はしないが、それでも、〈他者のためにある〉ということの意味を超越的なもの、絶対的なものとの関連で論じ、道徳的自己の形成を真の自己実現と見なして、それを現代社会論に統合しようとするバウマンの主張には、これからの倫理・道徳を考

えるうえでの重要な示唆が含まれているように思う。また、バウマンやレヴィナスが論じている、弱者としての〈他者の顔〉に神を重ねる、神は弱い存在だという見方は、これまでの絶大な力を持った神という西洋の神のステレオタイプを覆すものであり、神の意味の多様性を考えさせることになろう。ただし、バウマンの主張がユダヤ・キリスト教文明圏の議論であることは否めず、日本の伝統的なアニミズム文化、儒教・仏教文化においてどこまで説得力を持つことができるのか、比較文化論的な検討も今後の課題となろう。

　ところで、本書は私の初めての翻訳本である。学生時代から語学が得手でなかった自分が、古稀を過ぎて翻訳書を手掛けるとは夢にも思っていなかった。翻訳の動機や狙いは、訳者解題に触れたので繰り返さないが、私の専門は都市社会学でもあり、翻訳の過程は、バウマンの文章の難解さに、まさに〈後悔先に立たず〉という感じであった。自分なりに最善は尽くしたつもりだが、大きな誤りがないことを祈るばかりである。このような試みを、曲がりなりにも貫徹できたのは、上智大学社会学研究科の講義「現代社会理論特講」を受講して下さった大学院生と共に、バウマンの著作や翻訳の基になった論文を一緒に講読することができたお陰である。退職後４年間にわたって、非常勤講師として当該授業を担当させて下さった社会学科の教員の皆さんと、そこに参加して下さった大学院生の皆さんに心よりお礼を申し上げます。
　最後に、コロナ禍のなか、本書の企画段階から出版まで一貫して貴重な示唆を与えて下さった上智大学出版事務局と、複数の翻訳権の取得という手間のかかる作業を始めとして、印刷・製本に至るまでの面倒な企画・編集業務を丁寧に成し遂げて下さった（株）ぎょうせいの皆さんに心よりお礼を申し上げます。

2020年12月

園 部 雅 久

人名索引

事項索引

【訳者紹介】

園部雅久（そのべ　まさひさ）

1950年　東京生まれ

1981年　東京都立大学大学院社会科学研究科博士課程修了、博士（社会学）

現　在　上智大学名誉教授

主　著　『現代大都市社会論——分極化する都市？』東信堂、2001年（日本都市社会学会賞）

　　　　『ロバート・リンド——アメリカ文化の内省的批判者』東信堂、2008年

　　　　『都市計画と都市社会学』上智大学出版、2008年

　　　　『再魔術化する都市の社会学——空間概念・公共性・消費主義』ミネルヴァ書房、2014年（日本都市社会学会賞）

バウマン道徳社会学への招待
　　──論文・インタビュー翻訳集──

2021年1月30日　第1版第1刷発行

訳　者：園　部　雅　久

発行者：佐　久　間　　　勤

発　行：Sophia University Press
　　　　上　智　大　学　出　版

〒102-8554　東京都千代田区紀尾井町7-1
URL：https://www.sophia.ac.jp/

制作・発売　㈱ぎょうせい

〒136-8575　東京都江東区新木場1-18-11
URL：https://gyosei.jp
フリーコール　0120-953-431

〈検印省略〉

©Masahisa Sonobe, 2021
Printed in Japan
印刷・製本　ぎょうせいデジタル㈱
ISBN978-4-324-10901-4
（5300305-00-000）
［略号：（上智）バウマン道徳社会学］

Sophia University Press

上智大学は、その基本理念の一つとして、
「本学は、その特色を活かして、キリスト教とその文化を
研究する機会を提供する。これと同時に、思想の多様性を
認め、各種の思想の学問的研究を奨励する」と謳っている。

大学は、この学問的成果を学術書として発表する「独自
の場」を保有することが望まれる。どのような学問的成果
を世に発信しうるかは、その大学の学問的水準・評価と深
く関わりを持つ。

上智大学は、(1) 高度な水準にある学術書、(2) キリス
ト教ヒューマニズムに関連する優れた作品、(3) 啓蒙的問
題提起の書、(4) 学問研究への導入となる特色ある教科書
等、個人の研究のみならず、共同の研究成果を刊行するこ
とによって、文化の創造に寄与し、大学の発展とその歴史
に貢献する。

Sophia University Press

One of the fundamental ideals of Sophia University is "to embody the university's special characteristics by offering opportunities to study Christianity and Christian culture. At the same time, recognizing the diversity of thought, the university encourages academic research on a wide variety of world views."

The Sophia University Press was established to provide an independent base for the publication of scholarly research. The publications of our press are a guide to the level of research at Sophia, and one of the factors in the public evaluation of our activities.

Sophia University Press publishes books that (1) meet high academic standards; (2) are related to our university's founding spirit of Christian humanism; (3) are on important issues of interest to a broad general public; and (4) textbooks and introductions to the various academic disciplines. We publish works by individual scholars as well as the results of collaborative research projects that contribute to general cultural development and the advancement of the university.

Invitation to Bauman's Moral Sociology

©Masahisa Sonobe, 2021

published by
Sophia University Press

production & sales agency : GYOSEI Corporation, Tokyo
ISBN978-4-324-10901-4
order : https://gyosei.jp